SILVIA FEDERICI

—

REENCANTANDO O MUNDO

—

FEMINISMO
E A POLÍTICA
DOS COMUNS

TRADUÇÃO COLETIVO SYCORAX: SOLO COMUM

NOTA DAS TRADUTORAS 7
PREFÁCIO — PETER LINEBAUGH 13
AGRADECIMENTOS 20
INTRODUÇÃO 26

2

SOBRE OS COMUNS

INTRODUÇÃO 140 · SOB OS ESTADOS UNIDOS, OS COMUNS (2011) 141 · OS COMUNS CONTRA O CAPITALISMO E ALÉM DELE (2013) 150 · A UNIVERSIDADE: UM COMUM DO CONHECIMENTO? 170 · AS LUTAS DAS MULHERES POR TERRAS NA ÁFRICA E A RECONSTRUÇÃO DOS COMUNS (2011) 174 · A LUTA DAS MULHERES PELA TERRA E PELO BEM COMUM NA AMÉRICA LATINA (2017) 199 · MARXISMO, FEMINISMO E OS COMUNS (2014) 221 · DA CRISE AOS COMUNS: TRABALHO REPRODUTIVO, TRABALHO AFETIVO, TECNOLOGIA E A TRANSFORMAÇÃO DA VIDA COTIDIANA (2015) 254 · REENCANTANDO O MUNDO: TECNOLOGIA, CORPO E CONSTRUÇÃO DOS COMUNS (2015) 272

7

1
OS NOVOS CERCAMENTOS

39

INTRODUÇÃO 44 • ACUMULAÇÃO PRIMITIVA, GLOBALIZAÇÃO E REPRODUÇÃO (2013) 46 • INTRODUÇÃO AOS NOVOS CERCAMENTOS (1990) 61 • A CRISE DA DÍVIDA, A ÁFRICA E OS NOVOS CERCAMENTOS (1990) 74 • CHINA: QUEBRANDO A TIGELA DE ARROZ DE FERRO (1990) 101 • DA COMUNALIDADE À DÍVIDA: A FINANCEIRIZAÇÃO, O MICROCRÉDITO E A ARQUITETURA EM MUTAÇÃO DA ACUMULAÇÃO CAPITALISTA (2014) 114

135

CRÉDITO DAS IMAGENS 287
REFERÊNCIAS 288
SOBRE A AUTORA 315

287

NOTA DAS TRADUTORAS

Em junho de 2020, em meio à primeira onda da pandemia de coronavírus, a artista, escritora e tradutora estadunidense Jennifer Hayashida acrescentava o verbete *translation* ao *Glossary of Common Knowledge* [Glossário do conhecimento comum]:[1]

> *Translation*
> *Solidarity in Translation — Translation in Solidarity*
> [Solidariedade em tradução — tradução em solidariedade]
>
> A tradução comunizante torna a tradução um ato de solidariedade, não de fidelidade ou lealdade.
> A tradução comunizante serve para insistir que a tradução é praticada por muitos, e não por poucos.
> A tradução comunizante nos lembra de que a tradução é um ato de contingência, não de certeza.
> A tradução comunizante requalifica a tarefa de tradutoras e tradutores que já estão precarizados, desenraizados.
> A tradução comunizante rejeita o conceito rarefeito da tradução baseada na fluência em favor do esforço coletivo, baseado na solidariedade.
> A tradução comunizante mobiliza tradutoras e tradutores hesitantes que se expressam em fragmentos inteiros.
> A tradução comunizante afirma o direito de traduzir em decorrência de uma solidariedade compartilhada em relação ao texto ou à tarefa em questão.

---

[1] Disponível em: http://glossary.mg-lj.si/referential-fields/commons-solidarity/translation-3?hide=21.

A tradução comunizante, a tradução solidária, não é uma tradução colonial, que busca levantar ou revelar, civilizar e vender. A solidariedade não pode ser reivindicada por ninguém.

A tradução comunizante pode não falar com ninguém ou falar com poucos.

A tradução comunizante tem como tarefa diária a mobilização contra o privilégio branco e a supremacia branca.

Enquanto Hayashida, no Norte global, discutia o verbete com o grupo que elabora coletivamente o *Glossary of Common Knowledge*, nós, aqui no Sul, sem termos conhecimento do grupo, do glossário ou do verbete, traduzíamos coletivamente, entre mulheres, o livro *Reencantando o mundo: feminismo e a política dos comuns*, de Silvia Federici, e buscávamos maneiras de fazer com que o nosso trabalho se tornasse cada vez mais uma prática de tradução comunizante, um ato de solidariedade, de produção e reprodução coletiva do conhecimento, em conexão, do início ao fim do processo, com a luta anticapitalista contra o poder e contra os privilégios.

Longe de ser "apenas" a maior crise sanitária de nossa época, a pandemia do novo coronavírus — que, desde a origem, evidencia a relação predatória e inconsequente entre os seres humanos e a natureza numa sociedade capitalista — revela seu impacto social intensificando problemas preexistentes e constantemente invisibilizados; seus próprios efeitos variam globalmente. As assim chamadas "periferias do capitalismo" são expostas às suas consequências sociais, políticas e econômicas, sem mediações.

Quatro décadas de neoliberalismo reduziram os salários e os investimentos públicos em serviços sociais, atacando

nossos bens comuns, dos sistemas de saúde à educação, à habitação, à seguridade social e aos transportes, revogando direitos duramente conquistados e piorando ainda mais as condições de vida da classe trabalhadora. O projeto neoliberal também intensificou o envenenamento das águas, do solo e do ar, e aprofundou a expropriação de famílias e comunidades, nas cidades e nos campos.

No mundo inteiro, a insuficiência dos sistemas de saúde para atender e tratar suas populações durante a pandemia de um vírus potencialmente letal deixa clara a vocação histórica (e inerente) do sistema capitalista de sobrepor o lucro à vida. O desemprego em massa lança milhões de famílias e comunidades à própria sorte, e são particularmente as mulheres que arcam com os mais pesados ônus desta crise. Elas são a maioria das pessoas que perderam empregos — os quais já eram, em muitos casos, informais e mal remunerados. São elas também que compõem majoritariamente a linha de frente dos profissionais de saúde e dos chamados "serviços essenciais". Por esse motivo, a maior parte da tarefa de cuidar das famílias e dos lares — em suma, de reproduzir a vida humana — é relegada às mulheres.

Nesse contexto, cada vez mais pessoas se dão conta da necessidade urgente de pôr em prática um novo projeto de sociedade, de fundar uma nova forma de vida baseada justamente naquilo que nos foi tirado: um planeta saudável que pertence a todos os seres vivos, e relações sociais fundadas na solidariedade, e não na propriedade privada, na acumulação e na exploração. A crise atual, nesse sentido, não pode ser creditada a um vírus, mas ao capitalismo, que destrói populações e ecossistemas inteiros. Para nós, assim como para o grupo que elabora coletivamente o *Glossary of Common Knowledge*, a tradução comunizante é uma das inúme-

ras práticas coletivas que, associadas a outras, podem contribuir para a transformação do mundo em que vivemos, para a reconstrução de formas comunais de vida que nos foram usurpadas.

Um dos aspectos principais da tradução coletiva é a soma de conhecimentos e perspectivas. Quando se trabalha coletivamente, com um grupo grande de mulheres de diversas áreas do conhecimento, o nível de aprendizagem e de compartilhamento de interpretações traz maior criticidade para o processo tradutório e expande os olhares das próprias tradutoras envolvidas. A oportunidade de poder discutir escolhas tradutológicas por diferentes perspectivas enriquece a experiência, como se cada uma fizesse, de maneira conjunta, a tessitura tanto do texto (a trama) quanto do conhecimento sobre ele (a urdidura).

A tradução de uma obra que apresenta a possibilidade e, principalmente, a necessidade de construção de uma sociedade baseada nos comuns não poderia ter sido feita de outra maneira. Utilizando os conceitos centrais deste livro, formamos um grupo solidário e autônomo, que, além de proporcionar discussões sobre termos específicos a serem traduzidos, fez da própria tradução uma ferramenta de formação teórica e militante. Silvia Federici fala da dificuldade de pôr em palavras o que é viver uma experiência comunal. Em grupo, descobrimos ser possível conversar sobre os comuns, teorizar sobre eles e, ao mesmo tempo, vivê-los, pois a palavra, ainda que não abarque tudo, é uma das ferramentas possíveis na construção de uma experiência coletiva.

Curiosamente, as palavras de tradução mais difícil foram justamente *commons* e suas variações *commoning* e *commoners*. Ainda que não existam termos correlatos para esses conceitos e usos em português, não queríamos manter as expressões em inglês. Em português, usamos, muitas vezes, "o comum" e "o bem comum". Na maioria

dos casos, optamos por manter o plural, como a autora, para evidenciar a multiplicidade de formas assumidas pelos comuns e para diferenciar o termo usado por Silvia Federici dos vocábulos escolhidos por outros autores, como Antonio Negri, que utiliza *"the common"*, traduzido como "o comum".

A expressão "bem comum" carrega diversas acepções em português e pode assumir conotação material ou uma relação com o "bem-estar comum". Essa tradução foi possível apenas em alguns casos, pois *commons*, na maioria das vezes, refere-se também a elementos intangíveis, como conhecimento, relações, afetos.

Outro termo que gerou discussão foi *"people of color"*, expressão usada em países de língua inglesa, cuja origem remonta às lutas antirracistas e aos estudos críticos de raça nos Estados Unidos, e que faz uso de amplas categorias de raça, etnicidade, origem geográfica e até religião para se referir a pessoas que experimentam processos de violência racial e étnica e vivências fora da normatividade branca. Dela fazem parte indígenas, negros, caribenhos, asiáticos, nativos das ilhas do Pacífico, pessoas do Oriente Médio, latinos, romani, muçulmanos, judeus, entre outros. Não há consenso sobre a tradução do termo para o português, que, em *O ponto zero da revolução*, foi traduzido como "pessoas não brancas".

No entanto, seguindo o rastro das discussões sobre feminismo, tradução e decolonialidade, e fazendo eco ao trabalho de outras tradutoras brasileiras, como Tatiana Nascimento e Stephanie Borges, assim como às traduções ao espanhol, que têm incorporado também a expressão *"de color"*, optamos por manter, neste livro, "pessoas de cor". O termo, cujo significado político ainda passa por diversas transformações na língua inglesa, não se define, no contexto das traduções latino-americanas recentes,

pela negação de pertencimento a um grupo, mas pela afirmação da solidariedade entre vários grupos na luta antirracista. Ainda assim, o uso desse termo em português não possui o alcance e a tradição de que ele dispõe nos Estados Unidos, onde a generalização dos efeitos da supremacia branca a "pessoas de cor" também tem sido questionada. Isso reforça o fato de que as categorias de raça e etnicidade, as discussões dos estudos críticos de raça estadunidenses e sua passagem e tradução para o contexto latino-americano não são monolíticas e, portanto, refletem as diferentes tradições de pensamento.

Sabemos que toda escolha linguística é motivada e que a expressão de um ponto de vista por meio da linguagem vai muito além de escolhas lexicais. Modos e tempos verbais expressam perspectivas particulares de conceitualizar um acontecimento: enquanto a porção de realidade a que chamamos passado já foi definida, e o futuro ainda será construído, o presente está em processo. O gerúndio, ou presente contínuo, é usado para representar ações que já se iniciaram e perduram indefinidamente, como se os tempos se sobrepusessem.

Quando optamos por traduzir *re-enchanting* como "reencantando", queríamos ressaltar que as lutas estão há muito acontecendo, no presente contínuo: não começaram agora, já estavam em processo — e assim continuarão. Entendemos que as lutas, tais como a forma verbal do gerúndio, não são finitas: não terminam aqui e não começaram agora. Um verbo sem flexão de tempo (como seria "reencantar"), em sua "eternidade atemporal", caracteriza-se pela imutabilidade. E o que queremos aqui é expressar a mudança, presente e contínua.

Pouco a pouco, palavras novas, ou palavras velhas com novas traduções, ganham espaço no vocabulário da teoria e da luta.

COLETIVO SYCORAX: SOLO COMUM
MARÇO-DEZEMBRO DE 2021

PREFÁCIO
PETER LINEBAUGH

Em fevereiro de 1493, a bordo de um navio, voltando de sua primeira viagem à América, Cristóvão Colombo escreveu ao rei da Espanha um relato sobre as pessoas que acabara de conhecer. "De tudo o que têm, se algo lhes for solicitado, nunca recusam; em vez disso, convidam a pessoa a aceitá-lo e mostram tanto amor que dariam seu coração" (Brandon, 1986, p. 7-8).

Colombo havia encontrado um comum.

Silvia Federici escreve inspirada por esses povos: não só por aqueles que outrora viveram e compartilharam o comum, como também pelos que o vivem e o compartilham agora, no nosso mundo. Federici não romantiza o "primitivo" — está interessada em um mundo novo, reencantado.

Em vez de escrever a bordo de um navio e se reportar ao rei, Federici voa pelos oceanos, viaja em ônibus sacolejantes, se junta a multidões nos metrôs, anda de bicicleta e conversa com pessoas comuns, especialmente mulheres, na África, na América Latina, na Europa e na América do Norte. Com caneta, lápis, máquina de escrever ou computador, registra não o "planeta das favelas", mas o planeta dos comuns. Como mulher e feminista, ela observa a produção dos comuns nos trabalhos cotidianos de reprodução — lavar, abraçar, cozinhar, consolar, varrer, agradar, limpar, animar, esfregar, tranquilizar, espanar, vestir, alimentar os filhos, *ter* filhos e cuidar de doentes e idosos.

Federici é professora, teórica social, ativista, historiadora, e não separa a política da economia nem as ideias da vida. Ela escreve a partir de locais onde a história é feita: a calçada cheia de vendedores ambulantes, a

cozinha coletiva, o comércio coletivo, o parque, o abrigo para mulheres, e ali se põe a ouvir enquanto fala. Seu marxismo feminista é uma ferramenta analítica afiada com uma atitude brechtiana. Para ela, o marxismo não é mais um "ismo" ou uma opção ideológica do consumidor intelectual individual, e sim uma conquista de subjetividades coletivas, uma parte essencial de nossa inteligência partilhada. Ela ajuda a transformar em senso comum os murmúrios de quem sofre. O centro gravitacional de seu pensamento analítico não é mais o trabalho assalariado, mas as hierarquias do trabalho e as relações desiguais de poder que desagregam os comuns (Federici, 2012 [2019]).[2]

Ela é também uma estudiosa que reconhece generosamente sua dívida para com outros acadêmicos da América Latina, da África, da Europa e da América do Norte. Reconhece o trabalho de Mariarosa Dalla Costa, Nawal El Saadawi, Maria Mies e Raquel Gutiérrez. Menciona o coletivo Midnight Notes. As mulheres zapatistas são um de seus pontos de referência, assim como sua Lei Revolucionária das Mulheres de 1993 (Klein, 2015). Suas referências bibliográficas vão satisfazer a pesquisadora engajada, seja ela iniciante, seja experiente.

Federici é uma intelectual do povo e, como tal, um antídoto para o peso de Hannah Arendt. No poder de seu raciocínio, há algo da obra *Três guinéus*, de Virginia Woolf; em sua lealdade de classe à vida comum do proletariado, há algo de Meridel Le Sueur; e, na intensidade ética de seu espírito, há algo da força de Simone Weil. Sua paixão é acompanhada pelo que chamo de decoro revolucionário. Para Federici, o decoro revolucionário não tem a ver com

---

[2] As referências às obras já traduzidas ao português estão entre colchetes; os dados completos de cada obra constam na seção "Bibliografia", p. 290-315. [N.E.]

falsa cortesia, muito menos com propriedade. Por mais explosiva que possa ser sua condenação "das coisas como são", ela mantém uma modéstia na expressão, muito alinhada ao compromisso mútuo inerente aos comuns.

Como estudiosa e teórica social, ela tanto critica quanto presta homenagem à sua tradição, como fica claro no título deste livro, *Reencantando o mundo*, que alude à palestra do sociólogo alemão Max Weber em 1917. Em meio ao sangrento massacre da Primeira Guerra Mundial e às vésperas da Revolução Russa, Weber falou sobre o *desencantamento* do mundo.

Como estudiosa feminista-marxista, Federici olha muito além da superfície — o asfalto do campus da universidade, por exemplo. Lembrando o grande slogan de Paris em 1968, ela encontra, embaixo dos paralelepípedos, não a praia, mas a grama. A vida do comum não é coisa do passado; ela o viu na Universidade de Calabar, na Nigéria, onde há gado pastando no campus. Ela espia por baixo da superfície, em outro sentido. A tecnologia requer diamantes, coltan, lítio e petróleo. Para extraí-los, o capitalismo deve privatizar terras comunais. Weber disse que a racionalização tecnológica era inevitável, um requisito essencial para o progresso. Federici denuncia a assim chamada natureza progressiva do modo de produção capitalista e vê a universalização do conhecimento e da tecnologia como um legado colonial. A mecanização do mundo foi precedida pela mecanização do corpo; a última é a escravidão, e a primeira, o efeito do trabalho dos escravizados.

Acompanhando seus escritos ao longo dos anos, descobrimos que, em vez de amolecer com o tempo, ela se tornou mais eficaz, persuasiva e eficiente. Federici não é de gastar saliva. Permanece feroz, intransigente e concentrada como sempre. As chamas da paixão juvenil, longe de se

reduzirem a brasas agonizantes, formaram, internacionalmente, uma nova geração de mulheres e homens.

Rejeitando a ideia de uma cultura política universalizante, ela vê os comuns como criações realizadas a partir de histórias distintas de opressão e luta, cujas diferenças, no entanto, não criam divisões políticas. No coração dos comuns está a recusa do privilégio, um tema sempre presente no trabalho de Federici. "Precisamos ressignificar o que o próprio conceito de comunismo significa para nós", diz ela, "e nos libertar da interiorização das relações e dos valores capitalistas, de modo que o comum defina não apenas nossas relações de propriedade mas também nossas relações com nós mesmos e com o resto das pessoas. Em outras palavras, os comuns não são um dado, e sim um produto da luta". Ninguém pode esperar sair ileso de uma sociedade podre.

Reencantando o mundo ressignifica as categorias marxistas, reinterpretando-as em uma perspectiva feminista. "Acumulação" é um desses conceitos, assim como "reprodução". "Luta de classes" é um terceiro, inseparável do quarto, "capital". Para Federici, a "teoria do valor do trabalho" ainda é a chave para entender o capitalismo, apesar de sua leitura feminista redefinir o que é trabalho e como o valor é produzido. Ela mostra, por exemplo, que a dívida também é produtiva para o capital: uma poderosa alavanca de acumulação primitiva – empréstimos estudantis, hipotecas, cartões de crédito e microfinanças – e um mecanismo de divisões sociais. A reprodução (educação, assistência médica, pensões) tem sido financeirizada. Esse cenário vem acompanhado de uma deliberada etnografia da vergonha, sintetizada pelo Grameen Bank, que toma até as panelas dos "empreendedores" inocentes e empobrecidos que atrasam os pagamentos. John Milton, autor de *Paraíso perdido*, o poema épico da Revolução

Inglesa, condenava a prática de "apreender panelas e frigideiras dos pobres" (Milton, 1667). Ele também viu a vergonha e a astúcia: primeiro, cercar a terra; depois, apossar-se da panela. (Ou seria o contrário?)

Federici toma partido e faz isso de forma distinta de outros autores. Existe a escola de "recursos comuns", os comuns sem a luta de classes. Há a escola que enfatiza a informação e o capitalismo cognitivo, mas ignora o trabalho das mulheres na base material da economia cibernética. A escola da "crítica da vida cotidiana" esconde o trabalho interminável e não remunerado das mulheres. A reprodução de um ser humano é não só um projeto coletivo como também o mais intensivo de todos os trabalhos. Aprendemos que "as mulheres são as agricultoras de subsistência do mundo. Na África, elas produziam 80% da comida consumida pelas pessoas". As mulheres são guardiãs da terra e da riqueza comunitária. São também as "tecelãs da memória". Federici olha para o corpo em um *continuum* com a terra, pois ambos possuem memória histórica e estão envolvidos na libertação.

Desde 1973, a reorganização em larga escala do processo de acumulação — da terra, da casa, do salário — está em andamento. A terra inteira é vista como um *oikos* a ser administrado, e não como um terreno de luta de classes. Surgiu um feminismo neoliberal que aceita "racionalidades" de mercado e vê, como centro simbólico de sua arquitetura, o teto, não a lareira; e, como mobília, a escada, em vez da mesa redonda.

Ao recuperar o feminismo revolucionário e rejeitar a celebração neoliberal do privado e do indivíduo que nos dá o *Homo idioticus* (da palavra grega para "privado"), Federici nos oferece a *Femina communia*. Na sua visão política, não há comuns sem comunidade, e não há comunidade sem mulheres.

O que são os comuns? Enquanto Federici evita uma resposta essencialista, seus ensaios giram em torno de dois pontos: a reapropriação coletiva e a luta coletiva contra a maneira como fomos divididos. Os exemplos são múltiplos. Às vezes ela oferece quatro características: (i) toda a riqueza deve ser compartilhada; (ii) comuns exigem obrigações e direitos; (iii) comuns de cuidado também são comunidades de resistência que se opõem a todas as hierarquias sociais; e (iv) comuns são o "outro" do modelo estatal. De fato, o discurso dos comuns está enraizado na crise do Estado, que agora deturpa o termo para seus próprios fins.

O capitalismo faz pose de guardião ambiental da Terra, "o comum planetário", assim como o condomínio fechado posa de "comum" enquanto deixa pessoas desabrigadas, e os shopping centers se apresentam como os "comuns da mercadoria". À luz da perversão capitalista dos comuns, podemos entender a insistência da autora em apontar nosso corpo e nossas terras como a pedra de toque dos comuns.

Federici é mais persuasiva, apaixonada, comprometida e direta quando exige que desafiemos as condições sociais determinantes para que a vida de alguns se realize em favor da morte de outros. Isso não é divisão do trabalho; é governo pela morte, tanatocracia.

O que é encantamento? É ser arrebatado por influências mágicas. Em 1917, no entanto, os significados do vocábulo mudaram, perderam as conexões com o sublime ou o sagrado. Tal como aconteceu com as palavras "feitiço", "magia" e "glamour", seu significado passou a ser atrelado à alta-costura, às artes decorativas e a Hollywood. Esses termos deixaram de expressar os poderes do cosmos e do corpo, e ficaram restritos ao superficial, ao supérfluo.

Para Federici, "encantamento" não se refere ao passado, mas ao futuro. Talvez seja essa a parte principal do projeto revolucionário dos comuns, além de ser inseparável deles. A única coisa sagrada em relação à Terra é que podemos ajudar a criá-la e a cuidar dela... bem, nós e também os vermes.

A palavra "encantamento" vem de uma palavra francesa, *chanter*, que significa cantar. Decerto, "cantar" o mundo para trazê-lo à existência pode ser meditativo — às vezes, o movimento precisa parar e não fazer nada. Mas, se entendermos que "canção" inclui poesia, o apelo para encantar o mundo, para cantar a criação, é rapsódico e profético. É uma realização em coro. Antigamente, quando Colombo navegava, o povo da América cantava enquanto o milho crescia; acreditava-se que esse canto gerava o crescimento. O primeiro historiador europeu das Américas, Peter Martyr, coletou histórias de conquistadores à medida que voltavam de suas viagens. Martyr resumiu a sabedoria dos povos que já habitavam o continente americano: "O que é meu e o que é vosso (as sementes de todo o prejuízo) não têm lugar".

Nada se ganha ansiando e postergando. Leia, estude, pense, ouça, converse e, ao lado de outras pessoas, aja, isto é, *lute*. Como Federici nos diz, o novo mundo está à nossa volta, diz respeito a nós, e somente nossa luta pode trazê-lo à existência e reencantá-lo.

MICHIGAN, 2017

PETER LINEBAUGH nasceu em 1942, nos Estados Unidos. Historiador especializado em história britânica, do trabalho e colonial, é membro do coletivo Midnight Notes e autor de *The Magna Carta Manifesto: Liberties and Commons for All* [O manifesto da Carta Magna: liberdades e comuns para todos] (University of California Press, 2009)

AGRADECIMENTOS

Este livro só foi possível graças a discussões com dezenas de companheiras e companheiros em várias partes do mundo. Mencionarei aqui apenas algumas das mulheres e homens que, ao longo dos anos, me inspiraram com suas pesquisas, seu ativismo e sua visão de um mundo diferente, traduzidos na prática de apoio mútuo e amizade. Minha mais profunda gratidão a George Caffentzis, com quem colaborei por muitos anos, repensando a história dos comuns e refletindo sobre os princípios políticos envolvidos, inclusive como parte do coletivo Midnight Notes; a Hans Widmer, também conhecido por PM, um dos primeiros a me apresentar à política dos comuns, com seus escritos e pinturas imaginativas que documentam o cercamento do espaço urbano em Nova York e suas experiências de moradia coletiva em Zurique, nas tantas cooperativas, como Carthage e Kraftwerk; a Nick Faraclas, cujo estudo dos pidgins[3] da África e da Papua-Nova Guiné me possibilitou visualizar a dimensão comunal da linguagem; a Chris Carlsson, que, diante de um neoliberalismo triunfante, ousou dizer que os comuns não são uma utopia e pôs isso em prática na retomada das ruas por meio da Massa Crítica;[4] a Kevin Van Meter, Craig e o coletivo Team Colors, com os quais, no ABC no Rio [espaço cultural coletivo em Nova York], iniciamos uma longa discussão sobre o comunal e os movimentos que se autorreproduzem; a

---

3 Língua de contato entre falantes de idiomas diferentes. [N.E.]
4 Movimento criado em 1992, em San Francisco, Estados Unidos, que reúne grupos de pessoas para andar de bicicleta. Hoje o movimento está presente em centenas de cidades do mundo. No Brasil, ficou conhecido como Bicicletada. [N.E.]

Maria Mies, que nos ensinou que, no coração dos comuns, existe um profundo senso de responsabilidade em relação às outras pessoas e à terra, e que criar o comum é juntar as partes de nossa vida social que foram fragmentadas pelo capitalismo; a Peter Linebaugh, irmão e camarada de toda a vida, que tornou o "comum" e a vivência daqueles que lutaram para construir mundos comunitários o principal tema de seu trabalho histórico — a ele devo minha compreensão da história como comum; a Massimo De Angelis, que não só escreveu textos clássicos sobre os comuns como também pôs o comum em prática em uma vila nas montanhas dos Apeninos italianos (Massimo vive um cotidiano "fora do capitalismo", algo que, a seu ver, é recriado por nossos atos rotineiros de recusa individual e coletiva); à Universidad de la Tierra, em Oaxaca, no México, e a seu fundador e promotor, Gustavo Esteva, que, mesmo no momento mais sombrio de nossa história recente, nunca se cansou de afirmar que os comuns já estão à nossa volta; a Raquel Gutiérrez Aguilar, cujo relato poderoso dos ritmos de Pachacuti, nas guerras pela água na Bolívia, trouxe à vida o poder insurgente das formas comunitárias de reprodução; a Mina Lorena Navarro, que nos mostrou que a preservação e a recriação da memória coletiva são condição essencial para a defesa dos comuns; a Gladys Tzul Tzul, que nos deu uma descrição perspicaz de como, nos regimes comunais, a política emana da reprodução da vida cotidiana, além de me possibilitar uma compreensão melhor do significado das relações comunitárias. Também agradeço a Gladys por haver recentemente intermediado encontros meus na Guatemala com mulheres de diferentes organizações indígenas. Minha gratidão ainda se estende a Beatriz García e Ana Méndez de Andés, que me apresentaram ao movimento 15-M e organizaram minha jornada pelos povoados espanhóis que testemunharam a infame

guerra aos comuns que foi a caça às bruxas; e a Joen Vedel, que me apresentou a Christiania e a outros comuns em Copenhague. Minha gratidão também a Lucia Linsalata, Verónica Gago, Natalia Quiroga, Betty Ruth Lozano, Marina Sitrin, Richard Pithouse, Caitlin Manning, Iain Boal, Mercedes Olivera Bustamante, Rosaluz Perez-Espinosa, Raúl Zibechi, Mariana Menéndez, Noel Sosa, Yvonne Yanez, Jules Falquet, Mariarosa Dalla Costa, Ariel Salleh e, em particular, Elizabeth Downer, cujas pinturas poderosas fornecem uma expressão visual da reivindicação contínua de espaços e atividades comunais no continente americano. Agradeço a Josh MacPhee e a Erik Ruin, do Justseeds, por sua pintura da dança da fita, intitulada "Reclaim the Commons" [Reivindicar os comuns]. Também quero lembrar o falecido Rodolfo Morales, um dos artistas mexicanos mais importantes do século XX, que dedicou a vida à celebração da capacidade das mulheres de construir comunidades e mantê-las unidas com seus corpos e atividades.

Agradeço também aos muitos que, ao longo dos anos, me mostraram ou enviaram seus trabalhos sobre os comuns ou me direcionaram a fontes importantes. Agradeço a Kasia Paprocki por compartilhar comigo sua pesquisa sobre microcrédito em Bangladesh, a Ousseina Alidou por suas anotações sobre a gestão do microcrédito no Níger, a Betsy Taylor por me enviar o livro *Recovering the Commons* [Recuperando os comuns], a Giovanna Ricoveri por me presentear com seu livro *Beni Comuni: Fra Tradizione e Futuro* [Bens comuns: entre tradição e futuro], e a Orla Donovan por organizar uma conferência sobre os comuns em Cork, na Irlanda, em 2015.

Desejo expressar minha gratidão e solidariedade aos ativistas que encontrei em diferentes partes do mundo e cujas lutas se direcionam à defesa das formas de vida comunitárias e à construção de novos modelos solidários.

Minha solidariedade, acima de tudo, aos ativistas do movimento No TAV [Não ao trem de alta velocidade] no Vale de Susa, na Itália; à rede Clandestina, na Grécia; à Acción Ecológica e ao coletivo Miradas Críticas, no Equador; à Frente Popular Darío Santillán, às mulheres do Movimiento por la Dignidad e à Corriente Villera Independiente da Villa Retiro Bis, em Buenos Aires, na Argentina; ao Centro Indígena de Capacitación Integral, em San Cristóbal de Las Casas, no México, especialmente a seu fundador e coordenador, Raymundo Sánchez Barraza; ao movimento Abahlali em Durban, na África do Sul; às companheiras do coletivo Minerva e à revista *Contrapunto*, no Uruguai; às companheiras Mujeres Creando em La Paz, na Bolívia, especialmente a María Galindo; ao Bristol Radical History Group, na Inglaterra; a Bob Stone, a Betsy Bowman e ao Center for Global Justice, em San Miguel de Allende, no México; ao movimento Cute em Québec, no Canadá, que está lutando para desprivatizar a educação. Agradeço também a Montserrat Fernández Arén e aos outros organizadores da Semana Galega de Filosofia, um evento único que envolveu toda a população de Pontevedra, na Espanha, e que em 2018 foi dedicado ao tema dos comuns.

    Um agradecimento especial às pessoas que me ajudaram a produzir este livro. Antes de tudo, a Camille Barbagallo, com quem compartilhei tantos projetos e espaços políticos que posso dizer que a colaboração para este livro é realmente um produto dos comuns. Agradeço a Arlen Austin por converter pacientemente meus PDFs para documentos do Word. Agradeço aos tantos editores de periódicos e livros que me autorizaram reimprimir os artigos incluídos neste livro. Não menos importante, agradeço a Ramsey Kanaan, da PM Press, por seu apoio, paciência e incentivo vigoroso e consistente.

"Acumulação primitiva, globalização e reprodução" foi originalmente publicado em alemão como "Ursprüngliche Akkumulation, Globalisierung und Reproduktion" em *Die globale Einhegung: Krise, ursprüngliche Akkumulation und Landnahmen im Kapitalismus* [O cercamento global: crise, acumulação primitiva e apropriação territorial no capitalismo], de Maria Backhouse, Olaf Gerlach, Stefan Kalmring e Andreas Nowak (Münster: Westfälisches Dampfboot, 2013, p. 40-52).

"Introdução aos novos cercamentos" é uma versão editada do original publicado em *The New Enclosures: Midnight Notes*, n. 10, p. 1-9, 1990.

"A crise da dívida, a África e os novos cercamentos" é uma versão editada do original publicado em *The New Enclosures: Midnight Notes*, n. 10, p. 10-7, 1990.

"China: quebrando a tigela de arroz de ferro" foi originalmente publicado como "Inscrutable China: Reading Struggles through the Media" [China inescrutável: compreendendo as lutas através da mídia] em *The New Enclosures: Midnight Notes*, n. 10, p. 30-4, 1990.

"Da comunalidade à dívida: a financeirização, o microcrédito e a arquitetura em mutação da acumulação capitalista" veio a público pela primeira vez no *South Atlantic Quarterly*, v. 113, n. 2, p. 231-44, maio 2014.

"Sob os Estados Unidos, os comuns", foi publicado originalmente no *Journal of Labor and Society*, v. 14, n. 1, p. 41-6, mar. 2011.

"Os comuns contra o capitalismo e além dele" foi publicado pela primeira vez em *Upping the Anti: A Journal of Theory and Action*, n. 15, p. 83-98, set. 2013.[5]

---

[5] O ensaio "Feminismo e a política do comum em uma era de acumulação primitiva" faz parte da edição original deste livro (*Re-enchanting the World: Feminism and the Politics of the Commons*. Oakland: PM Press, 2019, p. 102-15).

"As lutas das mulheres por terras na África e a reconstrução dos comuns" foi publicado pela primeira vez em *WorkingUSA*, v. 14, n. 1, p. 41-56, mar. 2011.

"A luta das mulheres pela terra e pelo bem comum na América Latina" foi originalmente publicado como "In Struggle to Change the World: Women, Reproduction, and Resistance in Latin America" [Na luta para mudar o mundo: reprodução e resistência na América Latina], em *Documenta 14 Reader* (Munique: Prestel Verlag, 2017, p. 603-30).

"Marxismo, feminismo e os comuns" foi publicado originalmente em *Communism in the 21st Century* [Comunismo no século XXI], v. 1, organizado por Shannon K. Brincat (Santa Bárbara: Praeger, 2014, p. 171-94).

"Da crise aos comuns: trabalho reprodutivo, trabalho afetivo, tecnologia e a transformação da vida cotidiana" foi publicado pela primeira vez em *Psychology and the Conduct of Everyday Life* [Psicologia e a conduta da vida cotidiana], organizado por Ernst Schraube e Charlotte Højholt (Londres: Routledge, 2015, p. 192-204).

"Reencantando o mundo: tecnologia, corpo e construção dos comuns" foi publicado pela primeira vez em *The Anomie of the Earth: Philosophy, Politics, and Autonomy in Europe and the Americas* [A anomia da Terra: filosofia, política e autonomia na Europa e nas Américas], organizado por Federico Luisetti, John Pickles e Wilson Kaiser (Durham: Duke University Press, 2015, p. 202-15).

---

e também da edição espanhola (*Reencantar el mundo: El feminismo y la política de los comunes*. Madri: Traficantes de Sueños, 2020, p. 159-76). Optamos, porém, por não o incluir nesta edição brasileira, pois o mesmo já foi publicado em *O ponto zero da revolução: trabalho doméstico, reprodução e luta feminista* (Elefante, 2019, p. 303-23). [N.E.]

INTRODUÇÃO

Publicar um livro dedicado à política dos comuns pode parecer um sinal de ingenuidade, uma vez que estamos cercados de guerras, crises econômicas e ecológicas que devastam regiões inteiras, e de organizações supremacistas brancas, neonazistas e paramilitares em ascensão, que agora operam com impunidade quase completa em todas as partes do mundo. No entanto, a própria sensação de que estamos vivendo à beira de um vulcão torna ainda mais crucial reconhecer que, em meio a tanta destruição, outro mundo vem despontando, como grama nas fendas do asfalto urbano, desafiando a hegemonia do capital e do Estado, afirmando nossa interdependência e nossa capacidade de cooperação. Embora articuladas de modos diferentes – *commoning, el común, comunalidad* –, a linguagem e a política dos comuns são hoje a expressão desse mundo alternativo. Isso porque os comuns, em essência, representam o reconhecimento de que não vale a pena viver em um mundo hobbesiano, no qual uma pessoa compete com as demais e a prosperidade é conquistada à custa dos outros – receita infalível para o fracasso. Esse é o significado e a força de muitas lutas travadas por pessoas de todo o planeta para se opor à expansão das relações capitalistas, defender os comuns existentes e reconstruir o tecido de comunidades destruídas durante anos de ataque neoliberal aos meios mais básicos de nossa reprodução.

Sobre esse tema, uma vasta literatura foi produzida ao longo dos anos, à qual sou profundamente grata. Mas a principal inspiração para o meu trabalho sobre os comuns vem de minha experiência como professora na Nigéria, no início dos anos 1980, e de alguns movimen-

tos sociais e organizações de mulheres com os quais me reuni depois, na América do Sul.

Ao longo dos três anos em que lecionei na Universidade de Port Harcourt, percebi que grande parte das terras em que pedalava para ir à escola ou ao mercado ainda era mantida pela comunidade, e aprendi ainda a reconhecer os sinais deixados pelo comunalismo na cultura, nos modos e nos hábitos das pessoas que conheci. Deixei de me surpreender, por exemplo, quando via uma aluna pegando comida do prato de uma amiga ao entrar em um *mama-put* ou *buka*;[6] quando ia pedalando para as aulas e via mulheres cultivando na beira da estrada, se reapropriando de terras que lhes haviam sido tomadas para a construção do campus; ou quando os colegas balançavam a cabeça ao saber que minha única segurança era um salário e que eu não tinha uma vila para onde voltar, nenhuma comunidade para me apoiar em caso de dificuldades. O que aprendi na Nigéria teve um efeito grandioso em meu pensamento e em minha política. Como resultado, durante anos, a maior parte do meu trabalho político nos Estados Unidos foi dedicada a lutar ao lado de colegas da África contra o fim da educação gratuita na maior parte do continente — uma exigência do Fundo Monetário Internacional (FMI) prevista em seu "programa de ajuste estrutural" — e a fazer campanha pelo movimento antiglobalização.[7] Foi ao longo desse processo

---

6 *Mama-put* ou *buka* são nomes que os estudantes deram aos lugares próximos à universidade nos quais costumam comer. Esses locais são geralmente administrados por mulheres.
7 Em 1990, com colegas da África e dos Estados Unidos, fundamos o Comitê de Liberdade Acadêmica na África (Cafa), com o objetivo de analisar a conjuntura e gestar uma mobilização contra a destruição dos sistemas educacionais no continente africano, especialmente no nível superior, planejado pelo FMI e pelo Banco Mundial como parte das medidas de austeridade adotadas sob a rubrica de "ajuste estrutural". Durante treze anos, o Cafa produziu boletins

que entrei em contato com a literatura sobre os comuns produzida por feministas como Vandana Shiva e Maria Mies. Na época do levante zapatista, enquanto eu escrevia sobre a luta das mulheres contra os cercamentos na Europa do século XVI, encontrei o trabalho de Shiva e Mies, que me abriu novos horizontes políticos. Na década de 1970, havia feito campanha por salários para o trabalho doméstico, que eu então via como a estratégia feminista mais adequada para acabar com o "dom" feminino do trabalho não remunerado e para iniciar um processo de reapropriação da riqueza produzida pelas mulheres por meio do trabalho. Ler o relato de Shiva sobre o movimento Chipko e sua descrição da floresta indiana como um sistema reprodutivo completo — fornecendo comida, remédios, abrigo e nutrição espiritual — expandiu minha visão do que poderia ser uma luta feminista pela reprodução.[8] Nos últimos anos, o encontro com a luta de mulheres na América do Sul — *indígena, campesina, villera* [periférica] — me convenceu ainda mais de que a reapropria-

---

e fez campanhas contra o Banco Mundial, incluindo sua participação em conferências de estudos africanos — escandalosa, em nossa visão, considerando o papel que o banco desempenhou nos cortes ao financiamento de universidades e programas de pesquisa africanos. Mais importante, documentamos as lutas que estudantes e professores estavam travando em todo o continente, com o objetivo de aumentar o apoio a eles nas universidades estadunidenses. Ver Federici, Caffentzis & Alidou (2000).
8 Conforme descreve Shiva (1989, p. 57-77), o movimento Chipko teve início nas regiões montanhosas do Himalaia "para proteger a floresta da exploração comercial" e depois se espalhou para outras regiões ao norte e ao sul das terras altas da Índia central: "A filosofia e a orientação política do movimento foram desenvolvidas para expressar as necessidades e os conhecimentos das mulheres. As camponesas rejeitaram o uso comercial e a destruição das florestas, e até enfrentaram os homens de suas comunidades que haviam sido, cognoscitiva, econômica e politicamente, colonizados pelo sistema". Shiva também escreveu extensivamente sobre o princípio dos comuns em *Earth Democracy: Justice, Sustainability, and Peace* [Democracia da Terra: justiça, sustentabilidade e paz] (2005).

ção da riqueza comum e a desacumulação de capital – os dois principais objetivos da campanha pela remuneração do trabalho doméstico – poderiam ser igualmente alcançadas, e de maneira mais poderosa, por meio da desprivatização da terra, da água e dos espaços urbanos e pela criação de formas de reprodução construídas com base na autogestão, no trabalho coletivo e na tomada de decisões também coletiva.

Essa visão, articulada no trabalho de algumas das mais importantes pesquisadoras feministas da América Latina, inspira muitos dos ensaios presentes neste volume. A Parte 1, no entanto, dedica-se a uma análise das novas formas de cercamento, que são a espinha dorsal da globalização do capital em nosso tempo e, de certa maneira, a motivação para o surgimento da política dos comuns. A literatura sobre esse assunto é agora imensa e cada vez mais numerosa. Incluem-se três ensaios publicados nos anos 1990 pelo *Midnight Notes*, um periódico de crítica radical com o qual colaborei entre 1980 e 2000. Esses textos rememoram o início de um processo que hoje tem alcance global e corre o risco de ser normalizado.[9] Nesse contexto, é particularmente importante o artigo intitulado "Introdução aos novos cercamentos", escrito coletivamente e uma das primeiras publicações, nos Estados Unidos, que interpreta a globalização como um processo de "acumulação primitiva". Nele, refleti sobre a minha experiência de idas e vindas no trajeto Nigéria-Estados Unidos, observando nas ruas do Brooklyn [bairro de Nova York] os efeitos dos deslocamentos forçados na Nigéria, concretizados na figura de estudantes africanos trabalhando em lava-rápidos ou se virando com a venda de mercado-

---

[9] Os referidos artigos apareceram na edição n. 10 do *Midnight Notes*, intitulada *The New Enclosures* [Os novos cercamentos], publicada no outono de 1990. [Ver detalhes na seção Agradecimentos – N.E.]

rias nas ruas, em uma nova diáspora que adiciona milhões de pessoas ao mercado de trabalho mundial. A perspectiva teórica proposta em "Introdução aos novos cercamentos" é ampliada nos artigos sobre a "crise da dívida" na África e a transição para o capitalismo na China, os quais demonstram que, apesar das diferenças de contexto social, a destruição de regimes comunitários de terra continua a ser a espinha dorsal da atual fase do desenvolvimento capitalista, bem como a causa da onda de violência que afeta tantas regiões em todo o mundo — embora hoje a desapropriação também seja imposta pela generalização da dívida.

No entanto, esses artigos também documentam as intensas lutas travadas por pessoas na África e na China contra as múltiplas formas de desapropriação (de terras, territórios, meios de subsistência, conhecimentos e poder de decisão) às quais estão sujeitas. Na literatura esquerdista, tais lutas são, com frequência, descartadas como puramente defensivas. Mas essa visão está profundamente equivocada. É impossível, de fato, defender os direitos comunais existentes sem criar uma nova realidade, isto é, novas estratégias, novas alianças e novas formas de organização social. Uma mina é aberta, ameaçando o ar que as pessoas respiram e a água que bebem; perfurações são feitas em águas costeiras para extrair petróleo, envenenando o mar, as praias e as terras agrícolas; um bairro antigo é devastado para abrir espaço a um estádio — imediatamente, um novo perímetro é estabelecido. Reestruturam-se não só as comunidades como também as famílias, e muitas vezes em direções opostas, pois tais ameaças têm um efeito de conscientização, exigindo que todos tomem uma posição e definam seus princípios de comportamento social e ético.

Enquanto a Parte 1 reconstrói o contexto social em que a política dos comuns amadureceu, a Parte 2 olha para os comuns tanto como uma realidade já presente — sobretudo

nas formas comunitárias de organização social já existentes — quanto através de uma perspectiva que antecipa, de maneira embrionária, um mundo para além do capitalismo e que instaura, no centro da mudança social, a questão da reprodução. De um ponto de vista feminista, uma das atrações exercidas pela ideia dos comuns é a possibilidade de superar o isolamento em que as atividades reprodutivas são realizadas e a separação entre as esferas privada e pública, que tanto têm contribuído para esconder e racionalizar a exploração das mulheres na família e no lar.

Não é um esforço totalmente novo. Nos Estados Unidos, na segunda metade do século XIX, como documentou Dolores Hayden (1985), uma variedade de "feministas materialistas" — socialistas utópicas (fourieristas, owenistas, saint-simonianas), bem como feministas reformistas — decidiu desprivatizar a casa e o trabalho doméstico, propondo a construção de edifícios com cozinhas coletivas e planos urbanos centrados na habitação cooperativa. No século XIX, esses experimentos eram relativamente limitados, realizados sobretudo por mulheres brancas de classe média — que, muitas vezes, não hesitavam em empregar outras mulheres para executá-los —, mas hoje o impulso de socializar a reprodução da vida vem dos estratos mais pobres do proletariado feminino mundial, motivado não pela ideologia, mas pela necessidade, com o objetivo de reorganizar as atividades reprodutivas em uma base coletiva e também de se reapropriar dos recursos materiais necessários para sua realização.

Como já mencionei, o que há de mais substancial em minha análise neste trabalho inspirou-se em movimentos de mulheres que se organizam sob a categoria de "feminismo popular" na América do Sul. Na América do Norte, porém, não faltam exemplos de uma comunalização da reprodução motivada pela necessidade de sobrevivência

econômica e resistência à exploração capitalista. É exemplar o grande comum formado em Standing Rock em 2016, organizado principalmente por iniciativa de mulheres indígenas que se autodenominavam "protetoras da água". Elas lideraram cozinhas, criaram escolas, organizaram a chegada de suprimentos e apoiaram, no auge da mobilização, mais de sete mil pessoas em condições ambientais muito difíceis e sob constante ameaça de violência.[10]

Assim como os acampamentos de Standing Rock e do Occupy,[11] algumas das atividades comunais relatadas neste livro não existem mais. Com o fim do estado de emergência econômica que os havia originado, alguns dos comuns reprodutivos construídos nesses acampamentos foram abandonados. Isso levantou questões sobre a sustentação desses esforços e até que ponto tais iniciativas podem fornecer a base para uma mudança mais ampla no modo de (re)produção. São preocupações válidas. Contudo, o desenvolvimento capitalista hoje traz apenas mais dificuldades, forçando milhões de pessoas a agir e organizar coletivamente sua reprodução, o que é bastante significativo. As apropriações de espaços urbanos e rurais estão sendo constantemente reencenadas, e o resultado é um número crescente de assentamentos nos quais espaços e recursos são compartilhados, decisões sobre a reprodução

---

[10] Standing Rock é o nome de uma reserva indígena do povo Sioux localizada entre os estados de Dakota do Norte e Dakota do Sul, nos Estados Unidos, que abrigou um acampamento de resistência à construção do oleoduto Dakota Access Pipeline, empreendimento que ameaçava contaminar tanto o Rio Missouri, do qual depende o abastecimento de água da reserva, quanto suas áreas de solo sagrado.
[11] Movimento de protesto contra a desigualdade social e econômica iniciado em 17 de setembro de 2011 com uma ocupação no Zuccotti Park, em Nova York, cujo slogan era "Somos os 99%", em oposição ao 1% da população que controla boa parte da riqueza mundial. Por ocorrer no centro financeiro dos Estados Unidos, a mobilização atraiu atenção internacional e foi reproduzida em diversas cidades. Os manifestantes foram desalojados pela polícia em 15 de novembro de 2011. [N.E.]

diária são tomadas coletivamente e as relações familiares são redefinidas. Além disso, as atividades comuns criadas em condições de emergência não desaparecem sem deixar rastros, embora nem sempre sejam visíveis a olho nu. O grande acampamento em Standing Rock, ao qual milhares se dirigiram em uma espécie de peregrinação política para ajudar, aprender e testemunhar com os próprios olhos esse evento histórico, produziu uma nova consciência nos movimentos de justiça social dos Estados Unidos e uma conexão com a luta de povos indígenas que, até então, na melhor das hipóteses, só tinha sido alcançada em nível local. Da mesma forma, atividades reprodutivas comuns, organizadas em mais de seiscentas cidades estadunidenses no outono de 2011, no auge do movimento Occupy, começaram a mudar a forma de fazer política, seguindo maneiras até então típicas apenas de organizações feministas. A necessidade de uma política que se recuse a separar o tempo de organização política do de reprodução é uma lição que muitos militantes do Occupy não esqueceram, e é um dos principais temas deste volume (Gelder & Yes! Magazine, 2011; Gitlin, 2012).

A reprodução não diz respeito apenas às nossas necessidades materiais, como moradia, preparação de alimentos, organização do espaço, criação dos filhos, sexo e procriação. Um de seus aspectos importantes é a reprodução de nossa memória coletiva e dos símbolos culturais que dão sentido à nossa vida e alimentam nossas lutas. Por isso, o primeiro ensaio da Parte 2 reconhece o legado dos povos indígenas americanos, os primeiros que partilharam dos bens comuns nesse território. Isso é importante, porque não podemos pensar em transformar ou mesmo esperar transformar a América do Norte em uma terra de comuns se não nos unirmos à luta dos povos indígenas para que deixem de ser prisioneiros nas reservas e recuperem a terra que lhes pertence. Outros comuns existiram após a fundação dos Estados Unidos, dos quais também preci-

samos nos lembrar e com os quais podemos aprender. Em um artigo ainda inédito, George Caffentzis (2015) traçou os contornos de uma pesquisa sobre os comuns africanos que os escravizados fugitivos (*marrons* [quilombolas]) construíram no coração das economias de plantation.[12] Também precisamos revisitar os experimentos radicais com o comunalismo que os socialistas, e até mesmo grupos religiosos como os Shakers,[13] criaram em diferentes partes do país (Nordhoff, 1966), e, não menos importante, as comunas construídas na década de 1960 no norte da Califórnia (Boal *et al.*, 2012).[14] Como afirma a ativista indígena Paula Gunn Allen, "nós, feministas, devemos estar cientes da história deste continente", pois "a raiz da opressão é a perda da memória" (Allen, 1988, p. 18-9). Esse é um fato que o governo dos Estados Unidos nunca esqueceu, e por isso dedicou muitos recursos e muita energia à destruição, nacional e internacional, de tudo que pudesse fortalecer o sentimento de orgulho e identidade dos povos que pretendia conquistar e explorar. Também por isso promoveu a política de demolição constante, através da "renovação urbana" ou, como agora no Oriente Médio, de bombardeios de saturação, transformando cidades em pilhas de escombros, acabando com casas, infraestruturas, edifícios históricos, qualquer coisa que possa constituir um laço com a terra e com a história de lutas e culturas passadas.

---

[12] A autora faz referência ao regime de plantações muito empregado nos países colonizados pelos europeus, e não a qualquer tipo de cultivo. Essas plantações eram baseadas em monocultura de exportação e empregavam mão de obra escravizada ou muito barata. [N.T.]

[13] Os Shakers, também conhecidos como United Society of Believers in Christ's Second Appearing [Sociedade unida dos crentes na segunda aparição de Cristo], foram uma seita fundada na Inglaterra na década de 1740 e que passou a se organizar nos Estados Unidos nos anos 1780, marcada por valores como comunalismo, pacifismo e igualdade entre homens e mulheres. [N.E.]

[14] Referência aos movimentos contraculturais e hippie. [N.E.]

Contudo, revisitar a história dos comuns nos adverte que, embora garantam a reprodução de seus membros, eles nem sempre foram meios igualitários de organização social. Ainda hoje, em várias comunidades nativas da África e da América do Sul, as mulheres não têm o direito de participar de assembleias decisórias e correm o risco de ver negado o acesso de seus filhos à terra, porque a adesão aos comuns é estabelecida através de linhagens masculinas. Neste volume, examino esse problema e mostro como o Banco Mundial tem tirado proveito dessa conjuntura para promover a privatização de terras comunais — e como as mulheres das comunidades indígenas estão respondendo a essa ameaça. Ao mesmo tempo, defendo a necessidade de distinguir entre formações sociais comunais/comunitárias que atuam dentro de um horizonte não capitalista, e comuns que são compatíveis com a lógica da acumulação e podem funcionar como uma válvula de segurança por meio da qual o sistema em crise tenta difundir as tensões inevitavelmente geradas por suas políticas. Essa, no entanto, é uma distinção que já tem seus críticos.

Em *Omnia Sunt Communia: On the Commons and the Transformation to Postcapitalism* [Tudo é comum: sobre os comuns e a transformação ao pós-capitalismo], Massimo De Angelis (2017) alerta, por exemplo, sobre a tentativa de restringir o caráter necessariamente fluido e experimental de toda forma de comunalismo inserido em modelos ideológicos aprioristicamente definidos. Da mesma forma, é impossível antecipar a evolução de um banco de tempo,[15] de um

---

[15] Os bancos de tempo são um sistema de troca de serviços que não envolve dinheiro. Trata-se de uma troca de tempo por tempo, ou seja, as horas de um serviço prestado podem ser trocadas pelas horas de qualquer outro serviço. O usuário se cadastra no banco de tempo e sinaliza qual serviço pode oferecer. Para cada hora de trabalho realizado, ele receberá não dinheiro, mas uma hora em crédito, que poderá utilizar como quiser. Um exemplo: uma pessoa faz duas horas de serviços de

jardim comunitário ou de um edifício ocupado. Todavia, é importante identificar os elementos distintivos do comum sem cair numa postura dogmática, uma vez que o concebemos como um princípio de organização social e estamos cercados de comuns que se unem de uma forma que protege privilégios e exclui pessoas em razão de etnia, classe, identidade religiosa ou nível de renda. Assim, em "Os comuns contra o capitalismo e além dele", escrito com George Caffentzis, traço algumas distinções amplas com implicações imediatas nos movimentos de justiça social, como a distinção entre o comum e o público ou entre bens comuns que operam fora do mercado — como é o caso da maioria das atividades nos territórios zapatistas — e comuns que produzem para o mercado. Essas distinções são fluidas, estão sujeitas a mudanças, e não devemos presumir que, em um mundo governado por relações capitalistas, os comuns possam escapar ilesos de contaminação; elas nos lembram, porém, que os comuns existem em um campo de relações sociais antagônicas e podem facilmente se tornar meios que acomodam o *status quo*.

    Nessa mesma linha, na Parte 2, também examino a relação entre comunalismo e comunismo nas obras de Karl Marx e Friedrich Engels — ao menos aquelas que Marx decidiu publicar e que influenciaram diretamente o movimento socialista internacional.[16] Meu escopo, nesse sentido, é

---

jardinagem. Ela será remunerada com um crédito de duas horas, que poderá trocar por qualquer outro serviço disponível no banco de tempo: aulas particulares, faxina, massagens, serviço de babá, consultoria jurídica, enfim, uma gama de possibilidades. Nos bancos de tempo, não há dívida nem empréstimo. [N.E.]

16 Com o fim da Comuna de Paris [em maio de 1871], Marx aparentemente mudou sua visão sobre o potencial dos comuns como base para o desenvolvimento do comunismo. Depois de ler os escritos de Lewis Henry Morgan, Marx sugere, em sua correspondência com um revolucionário russo, a possibilidade de uma transição para o comunismo que não exigisse um processo de acumu-

bastante limitado. Ausenta-se de meu relato um questionamento do processo pelo qual a "comunhão de bens", identificada, principalmente, como o uso comunitário da terra — até o século XVIII, o principal ideal dos revolucionários na Europa, de Winstanley[17] a Babeuf[18] —, foi substituída, no século XIX, pelo "comunismo", identificado com a abolição da propriedade privada e a administração da riqueza comunitária pelo Estado proletário. Por exemplo: o que teria induzido Engels (1872 [2015]) a declarar, em *Sobre a questão da moradia*, que trabalhadores da indústria de sua época eram absolutamente desinteressados na posse de terras? É um ponto importante. Mas minha principal preocupação neste volume é outra: demonstrar que o princípio dos comuns, hoje defendido por feministas, anarquistas, ecologistas e marxistas não ortodoxos, contrasta com o pressuposto compartilhado pelos desenvolvimentistas marxistas, pelos aceleracionistas e pelo próprio Marx no que concerne

---

lação primitiva, mas que fosse construído, ao menos na Rússia, por meio da comunidade camponesa; ver Shanin (1983 [2017]).
17 Gerrard Winstanley (1609-1676), religioso inglês protestante e ativista político, um dos fundadores do grupo True Levellers [Verdadeiros niveladores], também chamado de Diggers [Escavadores], que ocupava terras públicas, derrubando sebes para plantar. Em um tratado intitulado "The True Levellers Standard Advanced" [O modelo avançado do True Levellers], Winstanley escreveu que a terra é um tesouro comum a todas as pessoas, ricas ou pobres; ver Winstanley (1649).
18 O jornalista François Noël Babeuf (1760-1797), também conhecido como "Gracchus", denunciou o fracasso da Revolução Francesa em construir uma sociedade verdadeiramente igualitária. Foi condenado por conspiração contra a República e executado. Durante o julgamento, manifestou-se contra a privatização da terra: "Declaramos que somos incapazes de tolerar essa situação [...] em que a grande maioria dos homens trabalha e transpira a serviço do prazer de uma pequena minoria. [...] Que chegue ao fim [...] esse grande escândalo no qual nossa posteridade nunca acreditará! Que desapareçam, finalmente, distinções revoltantes entre ricos e pobres, grandes e pequenos, senhores e servos, governantes e governados" (Fried & Sanders, 1964, p. 51-5).

à necessidade de privatização da terra como um caminho para a produção em larga escala, e da globalização como instrumento de unificação do proletariado mundial.

Os que hoje defendem os comuns repudiam o papel progressivo do capital, exigem controle sobre as decisões que mais afetam sua vida, afirmam sua capacidade de autogoverno e rejeitam a imposição de um modelo unitário de vida social e cultural, no espírito do lema zapatista *"Un no, muchos sís"* [Um não, muitos sins] — isto é, há muitos caminhos para o comum, que correspondem a nossas diferentes trajetórias culturais e históricas e contextos sociais. Além disso, 150 anos após a publicação de *O capital*, podemos verificar que o desenvolvimento tecnológico, ao qual Marx atribuiu a tarefa de construir as bases materiais do comunismo, está destruindo não apenas os regimes comunitários que ainda restam mas também a possibilidade de vida e reprodução para um número crescente de espécies no planeta.

Ademais, devemos nos perguntar: será que a mecanização e a robotização de nossa vida cotidiana são o melhor que milhares de anos de trabalho humano puderam produzir? Podemos imaginar a reconstrução de nossa vida em torno da comunalidade de nossas relações com os outros, incluindo animais, águas, plantas e montanhas que certamente serão destruídos pela construção de robôs em larga escala? Esse é o horizonte que o discurso e a política dos comuns nos abrem hoje: não a promessa de um retorno impossível ao passado, mas a perspectiva de recuperar o poder de decidir coletivamente nosso destino na Terra. É isso que chamo de reencantar o mundo.

SILVIA FEDERICI
NOVA YORK, 2019

PARTE 1
—
OS NOVOS CERCAMENTOS

INTRODUÇÃO 44 · ACUMULAÇÃO PRIMITIVA, GLOBALIZAÇÃO E REPRODUÇÃO (2013) 46 · INTRODUÇÃO AOS NOVOS CERCAMENTOS (1990) 61 · A CRISE DA DÍVIDA, A ÁFRICA E OS NOVOS CERCAMENTOS (1990) 74 · CHINA: QUEBRANDO A TIGELA DE ARROZ DE FERRO (1990) 101 · DA COMUNALIDADE À DÍVIDA: A FINANCEIRIZAÇÃO, O MICROCRÉDITO E A ARQUITETURA EM MUTAÇÃO DA ACUMULAÇÃO CAPITALISTA (2014) 114

O MOVIMENTO HISTÓRICO QUE TRANSFORMA OS PRODUTORES EM TRABALHADORES ASSALARIADOS APARECE, POR UM LADO, COMO A LIBERTAÇÃO DESSES TRABALHADORES DA SERVIDÃO E DA COAÇÃO CORPORATIVA, E ESSE É O ÚNICO ASPECTO QUE EXISTE PARA NOSSOS HISTORIADORES BURGUESES. POR OUTRO, NO ENTANTO, ESSES RECÉM-LIBERTADOS SÓ SE CONVERTEM EM VENDEDORES DE SI MESMOS DEPOIS DE LHES TEREM SIDO ROUBADOS TODOS OS SEUS MEIOS DE PRODUÇÃO, ASSIM COMO TODAS AS GARANTIAS DE SUA EXISTÊNCIA QUE AS VELHAS INSTITUIÇÕES FEUDAIS LHES OFERECIAM. E A HISTÓRIA DESSA EXPROPRIAÇÃO ESTÁ GRAVADA NOS ANAIS DA HUMANIDADE COM TRAÇOS DE SANGUE E FOGO.

— KARL MARX, *O CAPITAL*, LIVRO I (1990 [2011])

NAQUELE BREVE INSTANTE, O MUNDO TAMBÉM PARECEU FICAR IMÓVEL, À ESPERA. O SILÊNCIO ERA ABSOLUTO. OS HOMENS DE UMUÓFIA, MUDOS, CONFUNDIAM-SE COM O CENÁRIO DE GIGANTESCAS ÁRVORES E TREPADEIRAS, E ESPERAVAM. A MAGIA FOI QUEBRADA PELO CHEFE DOS GUARDAS.
— DEIXE-ME PASSAR — ORDENOU.
— O QUE É QUE VOCÊ VEIO FAZER AQUI?
— O HOMEM BRANCO, CUJO PODER VOCÊS ESTÃO FARTOS DE CONHECER, ORDENOU QUE ESTA REUNIÃO SEJA SUSPENSA.

— CHINUA ACHEBE, *O MUNDO SE DESPEDAÇA* (1958 [2009])

INTRODUÇÃO

Os artigos incluídos nesta seção se concentram em um conjunto de programas que, a partir do final da década de 1970, abriu um novo processo de acumulação "primitiva" (originária). O objetivo destes textos é mostrar: a continuidade entre os "programas de ajuste estrutural" do Banco Mundial e do FMI, impostos à maior parte do antigo mundo colonial em meados da década de 1980; a transição da China comunista para o capitalismo; e o desenvolvimento de uma economia da dívida, permitindo que a dívida individual amplificasse as consequências da dívida nacional. A esses desenvolvimentos estruturais, dei o nome de "novos cercamentos", pois seus efeitos foram tão devastadores quanto os da colonização e expulsão dos camponeses das terras comunais — processos que, como sabemos, estabeleceram as condições para o avanço capitalista na Europa do século XVI e no chamado Novo Mundo.

A decisão de iniciar minha discussão sobre os comuns por meio de um conjunto de artigos sobre os novos cercamentos vem da necessidade de contextualizar o novo interesse nas relações comunitárias em diferentes movimentos radicais — feministas, ecológicos, anarquistas e até marxistas —, e também porque percebi que esses acontecimentos, que apenas três décadas atrás marcaram época, desapareceram da memória das novas gerações. No entanto, não podemos entender a profundidade da urgência em que vivemos sem calcular o impacto acumulado dessas políticas, que resultaram no deslocamento de milhões de pessoas de seus lares ancestrais, frequentemente as condenando a uma vida de miséria e morte.

Assim, incluí na Parte 1 os três artigos publicados no periódico *Midnight Notes*, n. 10, sob o título de "The

New Enclosures" [Os novos cercamentos]. Os textos originais foram bastante editados para ressaltar, entre as análises, os aspectos mais relevantes às preocupações atuais. A Parte 1 discute ainda a disseminação global do microcrédito e das microfinanças, que descrevo como um ataque flagrante não apenas aos meios de subsistência das pessoas mas também às relações de ajuda mútua e de solidariedade entre as mulheres.

Esta seção está longe de ser um panorama completo da guerra aos comuns. Não há, por exemplo, um relato do desaparecimento dos comuns causado pelo agravamento da crise ecológica. Além disso, as consequências do "extrativismo" nas economias e culturas comunais são discutidas somente de forma geral, assim como a violência, condição necessária ao programa extrativista, especialmente contra as mulheres. Para uma discussão de tais aspectos dos novos cercamentos, remeto a leitora e o leitor ao crescente corpo de textos sobre esses tópicos. Meu principal objetivo na Parte 1 é identificar os desenvolvimentos sociais correspondentes ao novo interesse nos comuns e às novas formas de resistência organizadas em todo o mundo, em áreas rurais e urbanas. Ao destacar o caráter estrutural/sistêmico dos novos cercamentos e sua continuidade em relação a tendências passadas do desenvolvimento capitalista, também pretendo demonstrar que o crescente interesse pelos comuns não é uma moda política passageira. Mesmo para muitos de nós, que crescemos em um mundo no qual a maior parte da riqueza necessária para nosso sustento vem sendo cercada, o princípio dos comuns hoje aparece como garantia de sobrevivência econômica, agência e solidariedade social – em suma, essa harmonia com nós mesmos, com os outros e com o mundo natural, que, no sul do continente americano, é expresso pelo conceito de Bem Viver.

ACUMULAÇÃO PRIMITIVA, GLOBALIZAÇÃO E REPRODUÇÃO (2013)

REPENSANDO A ACUMULAÇÃO PRIMITIVA

A começar pelo periódico *Midnight Notes*, n. 10, a respeito dos "novos cercamentos" (Cleaver, 1990), seguido pela teoria da "acumulação por espoliação" de David Harvey (2003 [2004]) e dos muitos ensaios sobre acumulação primitiva publicados na revista *The Commoner*,[19] uma extensa literatura explorou o significado político desse conceito e o aplicou a uma análise sobre a "globalização". Esse processo teve, aliás, a contribuição de artistas. Um excelente exemplo foi a exposição Princípio Potosí, apresentada em 2010 por artistas, curadores e curadoras da Alemanha, da Bolívia e da Espanha (Creischer, Hinderer & Siekmann, 2010), que demonstraram a continuidade entre as imagens encontradas em várias pinturas coloniais do século XVI produzidas na região andina, no ápice da acumulação primitiva no "Novo Mundo", e as imagens dos "novos cercamentos", centrais para o avanço da globalização. Os trabalhos de autoras feministas como Maria Mies (1986), Mariarosa Dalla Costa (1995, p. 7-16) e Claudia von Werlhof (2000, p. 731) também foram muito importantes nesse contexto, pois reconheceram "até que

---

[19] *The Commoner*, n. 2, set. 2001. Disponível em: https://thecommoner.org/back-issues/issue-02-september-2001/.

ponto a economia política moderna, ainda na atualidade, é construída sobre a expropriação permanente e global e a privação de poder de produtores, dos homens e, mais ainda, das mulheres".

Graças a esses estudos e a essas contribuições artísticas, agora reconhecemos que a acumulação primitiva não é um evento histórico único, confinado às origens do capitalismo como ponto de partida da "acumulação em si", mas um fenômeno constitutivo das relações capitalistas de todos os tempos, eternamente recorrente, "parte do processo contínuo de acumulação capitalista" (Werlhof, 2000, p. 732) e "sempre contemporâneo à sua própria expansão" (Lazzarato, 2012, p. 44). Isso não significa que a acumulação primitiva possa ser "normalizada" ou que devamos subestimar a importância desses momentos na história – dos tempos de desagregação, de guerras, de campanhas imperiais, nas quais "grandes massas humanas são arrancadas, súbita e violentamente, de seus meios de subsistência e lançadas no mercado de trabalho como proletários livres como os pássaros" (Marx, 1990, p. 876 [2011, p. 787-8]).

No entanto, significa que deveríamos conceber a "separação do produtor dos meios de produção" – a essência da acumulação primitiva, para Marx – como algo que precisa ser sempre reencenado, especialmente em tempos de crise capitalista, quando relações de classe são desafiadas e devem receber novas bases. Ao contrário da visão de Marx, segundo a qual o desenvolvimento do capitalismo faria surgir uma classe de trabalhadores que acredita nas relações capitalistas como "leis naturais e evidentes" (Marx, 1990, p. 899 [2011, p. 808]), a violência – o segredo da acumulação primitiva em Marx (*apud* Werlhof, 2000, p. 733) – é, na verdade, sempre necessária para estabelecer e manter a disciplina

do trabalho capitalista. Em resposta ao ápice de um ciclo de lutas sem precedentes – anticolonial, operária (*blue-collar*),[20] feminista – nos anos 1960 e 1970, não surpreende que a acumulação primitiva tenha se tornado um processo global e, ao que tudo indica, permanente (Werlhof, 2000, p. 728-47), com crises econômicas, guerras e expropriações massivas que hoje surgem em todas as partes do planeta como precondições para a organização da produção e da acumulação em escala mundial. É graças aos debates políticos anteriormente mencionados que agora podemos entender melhor a "natureza da força dos cercamentos com que estamos lidando" (De Angelis, 2007, p. 134), a lógica que a conduz e suas consequências. Pensar a economia política global através do prisma da acumulação primitiva é pôr-se imediatamente em um campo de batalha.

Mas, para compreendermos totalmente as implicações políticas desse processo, precisamos expandir de várias formas, e para além da descrição de Marx, o próprio conceito de acumulação primitiva. Primeiramente, temos de reconhecer que a história da acumulação primitiva não pode ser entendida do ponto de vista de um sujeito universal abstrato, pois um aspecto essencial do projeto capitalista é a desarticulação do corpo social pela imposição de diferentes regimes disciplinares, produzindo uma acumulação de "diferenças" e hierarquias que afetam profundamente a maneira como as relações capitalistas são vivenciadas. Temos, portanto, diferentes histórias de acumulação primitiva, que fornecem perspectivas particulares sobre as relações capitalistas necessárias para

---

20 *Blue-collar worker*, em inglês, é o termo para se referir à pessoa que exerce um trabalho manual não agrícola, em geral em fábricas, construções, manutenção, mineração, saneamento etc. [N.T.]

reconstruir sua totalidade e desmascarar os mecanismos pelos quais o capitalismo vem mantendo o seu poder. Isso significa que a história do passado e do presente da acumulação primitiva só poderá ser completamente compreendida quando for escrita do ponto de vista não só dos trabalhadores assalariados, passados e futuros, mas também dos escravizados, dos colonizados, dos povos indígenas – cujas terras continuam a ser o principal alvo de cercamentos – e dos vários sujeitos sociais cujos lugares na história do capitalismo não podem ser assimilados pela história dos trabalhadores assalariados.

Essa foi a metodologia que usei em *Calibã e a bruxa* para analisar a acumulação primitiva do ponto de vista de seus efeitos nas "mulheres", no "corpo" e na produção da força de trabalho, argumentando que essa abordagem nos dá um entendimento muito mais amplo dos processos históricos que moldaram a ascensão do capitalismo do que o trabalho de Marx, no qual a discussão da acumulação primitiva é centrada nas precondições da formação do trabalho assalariado (Federici, 2004a [2017]).

Dois processos em particular têm sido mais essenciais do ponto de vista histórico e metodológico: (i) a constituição do trabalho de reprodução – isto é, o trabalho de reproduzir indivíduos e força de trabalho – como "trabalho de mulher" e como uma esfera social separada, localizada aparentemente fora das relações econômicas, e, como tal, desvalorizada do ponto de vista capitalista, um processo contemporâneo à separação do campesinato da terra e à formação de um mercado de commodities; e (ii) a institucionalização do controle do Estado sobre a sexualidade e a capacidade reprodutiva das mulheres por meio da criminalização do aborto e da introdução de um sistema de vigilância e punição que, literalmente, expropria a mulher de seu corpo.

Ambos os processos, característicos da extensão das relações capitalistas em todos os períodos históricos, tiveram consequências sociais determinantes. Expulso da esfera das relações econômicas e enganosamente relegado à esfera do "privado", do "pessoal" e, sobretudo, do "feminino", excluído da acumulação capitalista, o trabalho reprodutivo foi invisibilizado como trabalho, e sua exploração foi naturalizada (Federici, 2004a [2017]; Fortunati, 1995). Esse fenômeno também representou a base da instituição de uma nova divisão sexual do trabalho e de uma nova organização familiar, subordinando as mulheres aos homens e até mesmo diferenciando homens e mulheres do ponto de vista social e psicológico. Ao mesmo tempo, a apropriação estatal do corpo das mulheres e de sua capacidade reprodutiva foi o começo da regulação dos "recursos humanos", a primeira intervenção "biopolítica" do Estado, no sentido foucaultiano do termo,[21] e, de certo modo, sua contribuição para a acumulação do capital, uma vez que se trata essencialmente da multiplicação do proletariado (Marx, 1990, p. 764 [2011, p. 691-2]).

Como já demonstrei, a caça às bruxas, que ganhou espaço em vários países da Europa e nas regiões andinas nos séculos XVI e XVII, levando à execução de centenas de milhares de mulheres, foi fundamental para esse processo. Nenhuma das mudanças históricas na organização do trabalho reprodutivo que descrevi teria sido possível, ou seria possível hoje, sem um grande ataque ao poder social das mulheres, da mesma forma que o desenvolvimento capitalista não teria obtido sucesso sem o comércio de escravizados, sem a conquista das Américas, sem uma

---

21 Foucault usou o conceito de "biopolítica" para descrever uma nova forma de poder que surgiu na Europa no século XVIII e era exercida por meio da regulação dos processos da vida, como saúde, doença e procriação.

incansável campanha imperial (que segue em curso) e sem a construção de uma teia de hierarquias raciais que efetivamente dividiu o proletariado global.

ACUMULAÇÃO PRIMITIVA E REESTRUTURAÇÃO DA REPRODUÇÃO SOCIAL NA ECONOMIA GLOBAL

Segundo essas premissas e essa abordagem teórica, analiso neste ensaio, a "globalização" como um processo de acumulação primitiva, desta vez imposta em escala global. Sem dúvida, essa visão vai de encontro à teoria neoliberal que celebra a expansão das relações capitalistas como evidência da "democratização" da vida social. Todavia, é também contrária à visão dos autonomistas marxistas acerca da reestruturação da economia global, que, focando o computador, a revolução informacional e a ascensão do capitalismo cognitivo, descreve essa fase do processo capitalista como um passo em direção à autonomização do trabalho.[22] Em vez disso, proponho que o pilar dessa reestruturação tem sido um ataque articulado

---

[22] Aqui me refiro à discussão desenvolvida por Hardt e Negri em diversas obras, de *Império* (2000 [2001]) a *Bem-estar comum* (2009 [2016]). Os autores postulam que, na fase atual do desenvolvimento capitalista, presumivelmente caracterizado pela tendência de predominância do trabalho imaterial, os capitalistas se retiram da organização do processo de trabalho, de modo que os trabalhadores atinjam um grau mais alto de autonomia e controle sobre as condições laborais. Essa teoria segue Marx ao acentuar o caráter progressivo do desenvolvimento capitalista, visto como a realização (imposta) dos objetivos expressados pelas lutas dos trabalhadores, que o capitalismo, contrariando os próprios interesses, deve incorporar para reativar o processo de acumulação. Para uma crítica a essa teoria e, em particular, ao conceito do capitalismo cognitivo, ver Caffentzis & Federici (2009, p. 119-24) e Federici (2011a, p. 57-74).

aos nossos meios de reprodução mais básicos — a terra, a casa e o salário –, com o objetivo de expandir a mão de obra global e reduzir drasticamente o custo do trabalho (Federici, 2012 [2019]). Ajuste estrutural, desmantelamento do Estado de bem-estar social, financeirização da reprodução (que levou à crise da dívida e da hipoteca) e guerra: foram várias as políticas necessárias para ativar a nova campanha da acumulação. Esse processo de acumulação implicou a destruição de nossa "riqueza comum"; não fez diferença o fato de que, ao longo dos anos, seus idealizadores tenham se multiplicado com a chegada da China e de outros poderes capitalistas emergentes, que se uniram ao Banco Mundial, ao FMI, à Organização Mundial do Comércio (OMC) e aos governos apoiadores dessas instituições, como concorrentes em um banquete. Por trás das aparências e das particularidades nacionalistas, há uma única lógica conduzindo as novas formas de acumulação primitiva: a formação de um contingente de trabalhadores reduzido ao trabalho abstrato, pura força de trabalho, sem direitos, sem garantias, pronta para se mover de um lugar a outro, de um serviço a outro, geralmente empregada por meio de contratos de curto prazo e com o menor salário possível.

Qual é o significado político desse processo? Mesmo se aceitarmos que a acumulação primitiva é parte endêmica da vida e do trabalho no capitalismo — como insistiu Massimo De Angelis (2007), entre outros autores –, de que maneira podemos explicar o fato de que, depois de quinhentos anos de exploração incansável de trabalhadores no mundo inteiro, a classe capitalista, em suas diferentes encarnações, ainda precisa pauperizar multidões mundo afora?

Não há resposta óbvia a essa pergunta. Mas, se refletirmos sobre o modo como a "globalização" está mudan-

do a organização da reprodução social, conseguimos chegar a algumas conclusões preliminares. O capitalismo pode prover apenas migalhas de prosperidade a populações restritas de trabalhadores por um determinado tempo, e está pronto para destruí-las (como fez durante as últimas décadas por meio do processo de globalização) assim que suas necessidades e seus desejos excederem os limites impostos pela demanda da rentabilidade. Nunca houve a intenção de generalizar a prosperidade limitada, alcançada por trabalhadores assalariados em países industrializados no pós-Segunda Guerra Mundial. Enquanto a revolta se espalhava, das plantations coloniais da África e da Ásia aos guetos, às fábricas, às escolas, às cozinhas e até ao front das guerras, minando tanto o intercâmbio fordista entre salários mais altos e maior produtividade quanto o uso (externo e interno) das colônias como depósitos de trabalho barato e não pago, a classe capitalista recorreu à estratégia que sempre usou para confrontar crises: violência, expropriação e expansão do mercado de trabalho global.

Seria necessário um Marx para descrever as forças sociais destrutivas mobilizadas para essa tarefa. Nunca tantas pessoas foram atacadas, e em tantas frentes, de uma só vez. Precisamos remontar ao comércio de escravizados para encontrar formas de exploração tão brutais quanto aquelas que a globalização produziu em várias partes do mundo. A escravidão vem reaparecendo de várias formas, a fome voltou e surgiram formas canibais de exploração inimagináveis nos anos 1960 e 1970, incluindo o tráfico de órgãos humanos. Em alguns países, até o comércio de cabelo, remanescente dos romances do século XIX, foi retomado. Mais comumente, nos mais de oitenta países afetados, a globalização tem sido uma história de doenças sem tratamento, crianças desnutridas,

vidas perdidas e desespero. Em boa parte do mundo, o empobrecimento alcançou uma magnitude nunca antes vista, afetando agora até 70% da população. Só na África subsaariana, o número daqueles que vivem em meio à pobreza, à fome crônica e à desnutrição atingiu 239 milhões em 2010,[23] enquanto vultosas somas de dinheiro foram desviadas de forma obscena de todo o continente para bancos de Londres, Paris e Nova York.

Assim como na primeira fase do desenvolvimento capitalista, as mais diretamente afetadas por essas políticas são as mulheres, em especial as de baixa renda e de cor,[24] que, em suas comunidades ao redor do mundo, não possuem meios para reproduzir a si mesmas e a suas famílias, ou só podem fazê-lo vendendo seus serviços no mercado de trabalho global e cuidando da reprodução de outras famílias e crianças que não as suas próprias, em condições que as apartam de suas comunidades e tornam seu trabalho reprodutivo mais abstrato e sujeito a múltiplas formas de restrição e vigilância. Como alternativa, muitas entregam seus filhos para a adoção, trabalham

---

[23] World Hunger Education Service, "Africa Hunger and Poverty Facts" [Fatos sobre a fome e a pobreza na África], 2018. Disponível em: https://www.worldhunger.org/africa-hunger-poverty-facts-2018/.

[24] O termo "pessoas de cor" (do inglês *people of color*) é uma expressão usada em diversos países de língua inglesa para se referir a negros, caribenhos, latino-americanos, asiáticos, muçulmanos, indígenas. Não há consenso sobre a tradução do termo para o português, que adota, muitas vezes, a expressão "pessoas não brancas". No entanto, seguindo o rastro das discussões sobre feminismo, tradução e decolonialidade, e fazendo eco ao trabalho de outras tradutoras brasileiras, assim como às traduções ao espanhol, que têm incorporado também a expressão *"de color"*, optamos por manter "pessoas de cor". O termo, cujo significado político passou por diversas transformações na língua inglesa ao longo dos anos, não se define pela negação de pertencimento a um grupo, como seria com "pessoas não brancas", mas, ao contrário, pela afirmação da solidariedade entre vários grupos na luta antirracista. Ver também Nota das tradutoras, p. 11-2. [N.T.]

como barrigas de aluguel ou (em processos mais recentes) vendem seus óvulos para laboratórios médicos realizarem pesquisas com células-tronco. Elas também têm menos filhos, uma vez que a necessidade de assegurar alguma renda tem um efeito esterilizante. Mas, em todo lugar, a capacidade de controlar a própria reprodução está sob ataque. Paradoxalmente — e recapitulando as condições que moldaram a entrada das mulheres na sociedade capitalista e instigaram dois séculos de caça às bruxas —, a mesma classe política que tornou quase impossível às mulheres sustentarem a si mesmas e a suas famílias criminaliza as tentativas de aborto. Nos Estados Unidos, a simples condição de gravidez já aumenta o risco de mulheres pobres, particularmente as negras, serem presas (Paltrow & Flavin, 2013a, 2013b).

Mulheres também são alvo por causa de suas atividades de sustento, especialmente por seu envolvimento — sobretudo na África — com a agricultura de subsistência, que atrapalha a tentativa do Banco Mundial de criar mercados de terra e pôr todos os recursos naturais nas mãos de empresas comerciais. Como escrevi em outras ocasiões (Federici, 2008a, p. 21-35; 2018, p. 60-85 [2019, p. 107-38]), o Banco Mundial adotou a crença de que só o dinheiro é produtivo, entendendo que a terra se torna estéril e causadora de pobreza quando usada "apenas" para subsistência. Assim, o banco não só fez campanha contra a agricultura de subsistência, por meio da reforma das leis de terras, escrituras individuais e abolição da posse consuetudinária, como também não poupou esforços para submeter mulheres ao controle das relações monetárias — por exemplo, através da promoção do microfinanciamento, uma política que já transformou milhões em servas e servos contratualmente presos a bancos e organizações não governamentais (ONGs) que controlam os empréstimos (Karim, 2011).

Assim, depois de anos promovendo o controle populacional através da venda massiva de contraceptivos, o banco agora obtém o mesmo resultado ao privar mulheres de batalhar por uma vida através da agricultura de subsistência, que, ao contrário do que ele alega, representa, para milhões, a diferença entre viver ou morrer (Hostetler *et al.*, 1995, p. 3). É importante acrescentar que a violência institucional contra mulheres e a desvalorização das atividades em torno das quais constroem a vida se complementam pelo aumento dos atos de violência perpetrados contra elas por homens em suas comunidades. Com a diminuição de salários e do acesso a terras, muitos veem o trabalho e o corpo – e, em muitos casos, a vida – das mulheres como portas de entrada para o mercado global, a exemplo do tráfico e do feminicídio por dote. A caça às bruxas também retornou com a globalização, sendo executada, em muitas regiões do mundo – particularmente em países da África e na Índia –, por homens jovens e desempregados, ansiosos para tomar as terras das mulheres as quais acusam de bruxaria (Hostetler *et al.*, 1995, p. 3).

Há múltiplos exemplos de como o processo de globalização recapitula formas antigas de acumulação primitiva. Minha preocupação mais imediata, no entanto, não é descrever as formas específicas dessa retomada, mas entender o que ela revela sobre a natureza do sistema capitalista e o que projeta para o futuro.

A primeira certeza dessa análise é que a acumulação capitalista continua a ser acumulação de trabalho e, assim sendo, continua a demandar produção de miséria e escassez em escala global. Ela segue exigindo a degradação da vida humana e a reconstrução de hierarquias sociais e divisões baseadas em gênero, raça e idade. Mais importante, após persistirem por quinhentos anos de desenvolvimento capitalista, esses "pecados originais"

demonstram ser os aspectos estruturais do sistema capitalista, impedindo qualquer possibilidade de reforma. De fato, os programas econômicos e sociais estabelecidos pelo capital internacional para derrotar os movimentos libertários dos anos 1960 e 1970 garantem, por si só, que a expropriação (de terras e de quaisquer direitos adquiridos), a precariedade de acesso a renda e emprego, a vida sob a marca da incerteza e da insegurança e o aprofundamento de hierarquias sexuais e raciais sejam as condições produtivas para as gerações vindouras. É evidente, por exemplo, que, ao minar a autossuficiência de cada região e criar uma interdependência econômica total, mesmo entre países distantes, a globalização gera não só crises alimentares recorrentes mas também uma necessidade de exploração ilimitada do trabalho e do meio ambiente.

Como no passado, o alicerce desse processo é o cercamento de terras. Atualmente, essa atividade está tão disseminada que mesmo zonas rurais até então intocadas, onde comunidades camponesas se reproduziam autonomamente, agora são privatizadas, tomadas por governos e empresas para extração de minerais e outras empreitadas comerciais. Como o "extrativismo"[25] triunfa em muitas regiões, agravado pela corrida por terras para produção de biocombustível, a propriedade comunitária é legalmente liquidada, e a expropriação é tão imensa que

---

[25] Política por meio da qual os governos financiam seus programas econômicos e políticos ao exportar recursos minerais de seus países, uma prática que gera pobreza e um processo interno de colonização. O termo "extrativismo" foi usado especialmente por teóricos sociais da América Latina (Alberto Acosta, Luis Tapia, Raúl Zibechi, Maristella Svampa, entre outros) para descrever e criticar políticas econômicas de governos teoricamente progressistas, como os da Bolívia, do Equador e do Brasil.

estamos rapidamente nos aproximando de um estágio descrito por Marx, em que

> parte da sociedade exige da outra tributo pelo direito de habitar a Terra, assim como, de modo geral, está implícito na propriedade fundiária o direito dos proprietários de explorar o corpo terrestre, as entranhas da Terra, a atmosfera e, com isso, a manutenção e o desenvolvimento da vida. (Marx, 1991, p. 908-9 [2017, p. 833-4])

Na África, em particular, calcula-se que, se as tendências atuais perdurarem, 50% da população africana viverá fora do continente até a metade do século XXI. No entanto, essa pode não ser uma situação excepcional; em todos os lugares, em razão do empobrecimento e do deslocamento desencadeados pela globalização, a figura do trabalhador se fundiu à do migrante, do itinerante (Martin, 2002), do refugiado. A velocidade com que o capital é capaz de viajar, destruindo lutas e economias locais, e a campanha implacável para extrair cada gota de petróleo e cada mineral que a terra traz em suas entranhas aceleram esse processo.

Nessas circunstâncias, a expectativa de vida da classe trabalhadora está decaindo até mesmo em países "ricos", como Alemanha e Estados Unidos, e há projeções de que os "pobres" tenham uma expectativa de vida menor que a de seus pais pela primeira vez desde a Segunda Guerra Mundial.[26] Enquanto isso, alguns países de "Terceiro

---

26 Como relata Maurizio Lazzarato (2012), na Alemanha a expectativa de vida para trabalhadores de baixa renda caiu de 77,5 anos em 2001 para 75,6 anos em 2011, ao passo que na antiga Alemanha Oriental a queda foi de 77,9 anos para 74,1 anos. Lazzarato (2012, p. 177) comenta que, nesse ritmo, com mais duas décadas de cortes e "esforços para 'salvar' a *social security* [previdência social]", a idade de aposentadoria finalmente vai coincidir

Mundo" se aproximam de uma situação semelhante à que prevaleceu entre os séculos XVI e XVIII, quando a classe trabalhadora mal era capaz de se reproduzir. De fato, Marx e Engels, no *Manifesto comunista*, postulam que o desenvolvimento capitalista produz o empobrecimento absoluto da classe trabalhadora — argumento agora empiricamente verificável. Testemunhamos a incessante migração do "Sul" para o "Norte" desde o final dos anos 1980, motivada principalmente pela necessidade econômica e pelas guerras fundadas na ganância corporativa por recursos minerais. Dizem-nos que não há remédio para esse "empobrecimento". A classe capitalista, apoiada em seus arsenais militares, está segura de que, querendo ou não, os "99%" não têm alternativa senão viver sob o capitalismo. Confiando no alcance global desse sistema, que sempre proporcionará grandes mercados e

---

com o tempo médio de vida. Nos Estados Unidos, os pobres também estão vivendo menos. De acordo o *Journal of Health Affairs*, de 1990 a 2008 houve um declínio na expectativa de vida das populações negra e branca que não haviam completado o ensino médio. O estudo descobriu que homens brancos com dezesseis anos ou mais de educação formal vivem catorze anos a mais do que homens negros que estudaram por menos de doze anos, e as disparidades seguem aumentando. Em 1990, as mulheres e os homens mais instruídos viviam, respectivamente, 7,7 anos e 13,4 anos a mais do que seus pares menos instruídos. A descoberta mais chocante do estudo é a velocidade com que a lacuna aumentou. Por exemplo, "em 1990, a diferença na expectativa de vida entre as mulheres brancas mais e menos instruídas era de 1,9 ano; agora é de 10,4 anos" (Griswold, 2012). Sobre o declínio da expectativa de vida entre brancos nos Estados Unidos, ver Sabrina Tavernise, "Life Spans Shrink for Least-Educated Whites in the U.S." [Expectativa de vida encolhe entre brancos com menor grau de escolaridade nos Estados Unidos], *The New York Times*, 20 set. 2012. Entre os brancos menos instruídos, a expectativa de vida caiu quatro anos entre 1990 e 2012. O declínio da expectativa de vida nos Estados Unidos também se acelerou nos últimos anos devido à epidemia de uso de opioides; ver Olga Khazan, "A Shocking Decline in American Life Expectancy" [Um declínio chocante na expectativa de vida estadunidense], *The Atlantic*, 21 dez. 2017.

amplos suprimentos de trabalho, essa classe tem agora pouca pretensão de progresso, declarando que crises e catástrofes são aspectos inevitáveis da vida econômica, enquanto se apressa em suprimir as garantias obtidas por mais de um século de lutas dos trabalhadores.

Eu argumentaria, porém, que tal confiança não possui fundamento. Sem ceder a qualquer otimismo — o que seria irresponsável, dada a inominável devastação em curso diante de nossos olhos —, eu afirmaria que vem tomando forma uma consciência global de que o capitalismo é "insustentável" e de que a criação de um sistema socioeconômico diferente é a tarefa mais urgente para a população mundial. Essa consciência se traduz cada vez mais em ações, pois qualquer sistema incapaz de reproduzir sua força de trabalho, e que só tem a oferecer mais e mais crises, é um sistema irrecuperável. Se, depois de explorar cada parte do planeta por séculos, o capitalismo não é capaz de fornecer nem sequer as mínimas condições reprodutivas para todos e precisa continuar a submeter milhões à miséria, então esse sistema está falido e deve ser substituído. Além disso, nenhum sistema político pode se sustentar em longo prazo simplesmente pelo uso da força. Ainda assim, é claro, a força é a única jogada do capitalismo, que agora só se sustenta pela violência que mobiliza contra aqueles que se opõem a ele.

INTRODUÇÃO AOS NOVOS CERCAMENTOS (1990)

> O dócil Sambo poderia se tornar, e de fato se tornou, o revolucionário Nat Turner da noite para o dia. Os escravizados, sob a liderança dos membros das sociedades africanas mais complexas, lutavam e fugiam, roubavam e se passavam por inocentes, fingiam estar doentes no trabalho enquanto pareciam trabalhar o máximo possível. E eles viveram para lutar mais um dia.
> — George Rawick, *From Sundown to Sunup* [Do pôr do sol ao amanhecer] (1973)

Glasnost,[27] fim da Guerra Fria, Europa unida, "We Are the World",[28] salve a floresta amazônica.

Esses slogans são comuns atualmente. Sugerem uma era de abertura histórica, globalismo e quebra de barreiras políticas e econômicas. Contudo, a última década viu o maior cercamento dos bens comuns da história mundial. Esta introdução explica o significado e a importância dos cercamentos, antigos e novos, na luta de classes em todo o mundo.

---

[27] *Glasnost* [transparência] foi uma política implantada na União Soviética pelo governo de Mikhail Gorbachev a partir de 1986, associada à *perestroika* [reestruturação]. [N.T.]

[28] Canção de Michael Jackson e Lionel Richie, gravada em 1985 por 45 estrelas da música estadunidense como parte de um projeto conhecido como USA for Africa [Estados Unidos pela África] com o objetivo de arrecadar fundos para o combate à fome no continente. [N.E.]

Os antigos cercamentos foram um processo contrarrevolucionário, mobilizado, após um século de altos salários e o colapso da autoridade feudal iniciado no final dos anos 1400, por oficiais do Estado e grandes proprietários que expropriaram as terras dos agricultores na Inglaterra. Eles foram transformados em indigentes, vagabundos e mendigos, e, mais tarde, em trabalhadores assalariados, enquanto a terra era trabalhada para alimentar o incipiente mercado internacional de commodities agrícolas.

De acordo com a tradição marxista, os cercamentos foram o ponto de partida da sociedade capitalista. Eram o dispositivo básico da "acumulação primitiva", que criou uma população de trabalhadores "livres" de qualquer meio de reprodução e, portanto, obrigados (em dado tempo) a trabalhar em troca de salário. Os cercamentos, entretanto, não são um processo antigo extinto no alvorecer do capitalismo; são uma recorrência regular no caminho da acumulação capitalista e um componente estrutural da luta de classes.

O FIM DE TODOS OS ACORDOS

Hoje, mais uma vez, os cercamentos são um denominador comum da experiência proletária no mundo inteiro. Na maior diáspora do século XX, em todos os continentes, milhões são arrancados de suas terras e de seus empregos, perdem suas casas por causa de guerras, fome, pragas e desvalorizações ordenadas pelo FMI – os quatro cavaleiros do Apocalipse moderno – e acabam se espalhando pelos quatro cantos do globo.

Na Nigéria, as pessoas são expulsas de terras comunitárias pelos militares para dar lugar a plantações admi-

nistradas pelo Banco Mundial. O governo justifica essas medidas em nome da "crise da dívida" e do "programa de ajuste estrutural", supostamente planejado para resolvê-la. O programa de ajuste estrutural nigeriano é semelhante ao implementado no restante da África, bem como na Ásia e na América Latina, e inclui a comercialização da agricultura e a desmonetização da economia por meio de desvalorizações maciças, reduzindo os salários ao valor do papel. O resultado é a destruição de comunidades e povoados, acompanhada de migrações.

Também nos Estados Unidos, milhões estão desabrigados e se deslocando. As causas imediatas são bastante conhecidas: a crise agrícola, o aumento acentuado dos preços do aluguel e da hipoteca em relação aos salários, a especulação de apartamentos ociosos e o processo de gentrificação, o colapso da rede de segurança social e a quebra dos sindicatos. Por trás desses fatores, no entanto, existe uma realidade em comum. O acordo interclasse pós-Segunda Guerra Mundial, que garantiu aumentos salariais reais — em troca do aumento da produtividade –, chegou ao fim, e mesmo aqueles que escaparam de seu colapso sofrem a perda dos bens comuns naturais devido ao desaparecimento da camada de ozônio e à queima de florestas. Há também novos cercamentos na China. A transição para uma "economia de livre-mercado" levou ao deslocamento de cem milhões de pessoas tiradas de terras administradas coletivamente. Enquanto isso, quem mora nos centros urbanos enfrenta a perda do emprego garantido em fábricas e escritórios e precisa migrar de cidade em cidade em busca de salário. A "tigela de arroz de ferro"[29]

---

[29] Termo chinês usado para se referir a empregos com renda estável e benefícios. [N.T.]

está rachando, e um cenário semelhante vem se desenvolvendo na União Soviética[30] e no Leste Europeu.

A "crise da dívida", a "falta de moradia" e o "colapso do socialismo" são frequentemente tratados como fenômenos diferentes pela mídia e pela esquerda. No entanto, são aspectos de um único processo que opera em todo o planeta de maneiras diferentes e completamente interdependentes. Sob a lógica da acumulação capitalista nesse período, para cada fábrica em uma zona de livre-comércio na China – privatizada e vendida para um banco comercial de Nova York –, ou para cada hectare cercado por um projeto de desenvolvimento do Banco Mundial na África ou na Ásia – como parte de uma troca de "dívida por capital" –, um cercamento correspondente deve ocorrer nos Estados Unidos e na Europa Ocidental. Cada redução dos "direitos comuns" no "Terceiro Mundo" ou dos "direitos socialistas" na União Soviética e na China leva a uma subtração de nossos aparentemente sagrados "direitos sociais" nos Estados Unidos. Essa subtração é tão completa que até a definição do que significa ser humano está sendo revisada.

Os novos cercamentos representam uma reorganização em larga escala do processo de acumulação em andamento desde meados da década de 1970, com o objetivo principal de desenraizar trabalhadores do terreno em que seu poder organizacional foi construído, para serem, como os africanos escravizados transplantados para as Américas, forçados a trabalhar e lutar em um ambiente estranho, onde as formas de resistência de que dispunham em seu local de origem não são mais viáveis.

---

[30] Como já mencionado, este texto foi originalmente publicado em 1990. A União Soviética se desintegrou em 1991. [N.E.]

Assim, outra vez, como nos primórdios do capitalismo, a fisionomia do proletariado mundial é a do pobre, do vagabundo, do criminoso, do traficante, do vendedor ambulante, da costureira de sweatshop[31] *refugiada, do mercenário e do vândalo.*

MÉTODOS E CONSEQUÊNCIAS DOS NOVOS CERCAMENTOS

Os novos cercamentos articulam o fim do controle comunitário sobre os meios de subsistência, do mesmo modo como operavam os antigos cercamentos. Hoje em dia, pouquíssimas populações ainda podem suprir diretamente as próprias necessidades com suas terras e seu trabalho. As últimas populações "aborígines", da Indonésia ao Amazonas, estão sendo violentamente cercadas em reservas governamentais. Os "camponeses" no "Terceiro Mundo" hoje sobrevivem graças ao dinheiro enviado por parentes que migraram para Nova York ou trabalham em condições perigosas, cultivando papoulas ou folhas de coca para exportação, prostituindo-se para os detentores da moeda forte (o maior e talvez único afrodisíaco desta era), deslocando-se para cidades próximas ou para o exterior, e juntando-se às fileiras crescentes de diaristas, vendedores ambulantes e trabalhadores da "zona de livre-comércio", cujas condições são geralmente mais perigosas do que nos campos de papoulas em sua terra natal.

---

31 "Fábrica" ou "oficina de suor", em tradução livre, é um termo usado pejorativamente para designar um local de trabalho em condições insalubres e degradantes, com longas jornadas e baixos salários. [N.E.]

Tal qual no passado, um método comum para pôr em prática os novos cercamentos é a apreensão de terras para pagamento de dívidas. Assim como a corte dos Tudor,[32] que vendeu enormes extensões de terras comunais a seus credores, os governos africanos e asiáticos de hoje capitalizam e "racionalizam" as terras agrícolas para satisfazer os auditores do FMI, que somente desse modo "perdoam" empréstimos estrangeiros. Da mesma maneira que os chefes de clãs das Terras Altas da Escócia do século XVIII — que eram coniventes com comerciantes e banqueiros locais, de quem eram devedores, para "esvaziar a terra" dos próprios homens e mulheres do clã —, os chefes locais na África e na Ásia atualmente trocam direitos de terras comunais por empréstimos não quitados. Agora, como no passado, o resultado é a destruição dos direitos consuetudinários e das formas de subsistência. Esse é o segredo da "crise da dívida".

Os novos cercamentos fazem prevalecer o trabalho móvel e imigrante. Somos hoje a força de trabalho mais geograficamente móvel desde o advento do capitalismo. O capital nos mantém em constante movimento, separando-nos de nossos países, fazendas, jardins, casas e locais de trabalho, porque isso garante salários baixos, desorganização comunitária e alta vulnerabilidade perante a lei, os tribunais e a polícia. Outra consequência dos novos cercamentos é um aumento dramático da competição internacional entre trabalhadores e uma enorme expansão do mercado de trabalho mundial. Os trabalhadores socialistas — um terço da força de trabalho global — serão agora forçados a competir com o restante do proletariado internacional, em troca de um

---

[32] Dinastia real que governou a Inglaterra entre 1485 e 1603. [N.E.]

acesso há muito tempo proibido ao mercado mundial de commodities.

Outro aspecto dos novos cercamentos é o ataque a nossa reprodução, que nos torna mutantes e também migrantes. O desaparecimento da floresta tropical, o buraco na camada de ozônio, a poluição do ar, dos mares e das praias e o encolhimento de nossos espaços se somam para destruir nossos comuns terrestres. Até o alto-mar foi cercado, na década de 1980, com a dramática expansão dos limites territoriais tradicionais. Não é ficção científica imaginar que somos cobaias de um experimento capitalista em uma mudança não evolutiva de espécies. Não estamos sozinhos nesse processo. Animais, de protozoários a vacas, estão sendo criados e patenteados para ingerir derramamentos de óleo, produzir mais ovos por hora, secretar mais hormônios. A terra é cada vez menos valorizada pela quantidade de alimento que pode cultivar ou por quais tipos de construção consegue sustentar; o que importa é a quantidade de resíduos radioativos que possa armazenar "com segurança". *Assim, os comuns terrestres cansados, presente de bilhões de anos de transformação sem esforço, encontram corpos humanos cansados.*

O capital há muito tempo sonha em nos enviar para trabalhar no espaço, onde nada nos restaria exceto as máquinas e nossas relações de trabalho rarefeitas e opressivas. Mas o fato é que a Terra está se tornando uma estação espacial em que milhões de pessoas já vivem nas condições das colônias espaciais: sem oxigênio para respirar, com contato social e físico limitado, vida dessexualizada, dificuldades de comunicação, falta de sol e vegetação... Até as vozes dos pássaros migratórios estão desaparecendo. Nosso próprio corpo está sendo cercado. A aparência e a atitude agora são monitoradas de perto em empregos nas "indústrias de serviços", de restauran-

tes a hospitais. Aqueles que "trabalham com o público" têm seu corpo – da urina às glândulas sudoríparas, passando pelo cérebro – constantemente checado. O capital nos trata hoje como os inquisidores de outrora, procurando a luta de classes como uma marca do diabo em nosso corpo e nos abrindo para inspeção. O dever de parecer agradável e aceitável explica a crescente busca dos trabalhadores por cirurgias reparadoras. Os seios de silicone da nova miss Estados Unidos, amplamente divulgados, são um exemplo dessa tendência. Não são apenas as rainhas da beleza e os galãs que precisam comprar e reconstruir o corpo, peça por peça: a cirurgia plástica é agora uma obrigação para muitos empregos no setor de serviços, o que é bastante revelador da natureza mercantil das relações capitalistas.

A ESPIRAL DA LUTA

Os novos cercamentos, contudo, vêm sendo ferozmente combatidos. O planeta reverbera manifestações contra o FMI, protestos e rebeliões. Em 1989, as ruas e os campi na Venezuela, na Birmânia [atual Mianmar], no Zaire [atual República Democrática do Congo], na Nigéria e na Argentina foram palco de confrontos entre tropas armadas e estudantes e trabalhadores gritando "Morte ao FMI", saqueando mercados estrangeiros de commodities, libertando prisioneiros e incendiando bancos. Não é mera resistência à forma dinheiro. Dos Andes à América Central e ao México, está em curso uma guerra pelo controle da terra. Na África Ocidental, as lutas de agricultores contra a apreensão de terras pelo Estado e pelos bancos de desenvolvimento são descritas erroneamente nos

Estados Unidos como "guerras tribais". No sul da África, a batalha pela terra, tanto nas capitais quanto no interior, faz parte da luta contra o apartheid. A luta pela terra é o cerne da "questão palestina". No Afeganistão, na Índia, no Sri Lanka, nas Filipinas e na Indonésia, os proletários estão em pé de guerra contra os novos cercamentos. Não se trata de um fenômeno apenas do "Terceiro Mundo". De Berlim Ocidental[33] a Zurique, Amsterdã, Londres e Nova York, ocupantes (*squatters*) e moradores de rua lutam contra a polícia, os incendiários pagos pelos empreendedores imobiliários e outros agentes da "desconcentração espacial", exigindo não somente "moradia" mas terra.

Os novos cercamentos também tiveram consequências não intencionais. Levaram a um aumento expressivo do conhecimento proletário. O proletariado da África Ocidental, na década de 1980, sabe quais acordos podem ser feitos no Brooklyn, em Londres ou em Veneza. Os proletários jamais haviam sido obrigados a superar o regionalismo e o nacionalismo de maneira tão veemente. A própria intensidade da crise da dívida obrigou os trabalhadores a desenvolver novas formas de autonomia e a organizar a reprodução fora da relação monetária e dos procedimentos operacionais típicos da sociedade capitalista.

---

33 Referência à divisão da Alemanha e da cidade de Berlim entre as porções Ocidental (capitalista) e Oriental (socialista), vigente de 1949 a 1990. [N.E.]

O FANTASMA MARXISTA À MEIA-NOITE

É irônico que, no exato momento em que o socialismo está entrando em colapso, as previsões de Marx sobre o desenvolvimento do capitalismo estejam se confirmando. Embora os intelectuais pós-modernos dancem no túmulo do filósofo e os "marxistas" tentem desesperadamente revisar seu currículo, a teoria de Marx nunca pareceu tão verdadeira. O que vemos agora não seria o famoso "empobrecimento da classe trabalhadora", "a expansão do mercado mundial", a "competição universal entre os trabalhadores" e a "crescente composição orgânica do capital"?[34] Como podemos entender algo sobre este mundo sem usar os axiomas da teoria marxista do trabalho, do dinheiro e do lucro?

Assim, o fantasma de Marx, em teoria, ainda fala conosco à meia-noite. Estrategicamente, no entanto, Marx e Engels falham neste momento dos novos cercamentos. O Marx de *O capital* entenderia os novos cercamentos à semelhança dos antigos: um estágio na "natureza progressiva" do desenvolvimento capitalista, preparando as condições materiais para uma sociedade comunista. As duas conquistas decisivas nesse desenvolvimento, segundo Marx, são a quebra das barreiras locais e a unificação da classe trabalhadora internacional, produzindo um ser humano verdadeiramente universal, capaz de se beneficiar da produção mundial de riqueza cultural e material e de reconhecer um interesse comum.

---

[34] O "empobrecimento da classe trabalhadora", a "expansão do mercado mundial" e a "competição mundial entre trabalhadores" são tendências do desenvolvimento capitalista antecipadas por Marx e Engels em 1847 em *A ideologia alemã* (1970 [2007]) e, em 1848, no *Manifesto comunista* (1967 [2010]).

De fato, apesar de todo "sangue e fogo" que causaram, os cercamentos foram, para Marx, um evento historicamente positivo, pois provocaram a desagregação da propriedade privada com base no trabalho do proprietário.

Segundo Marx, ao destruírem um modo de produção no qual o "trabalhador é livre proprietário privado de suas condições de trabalho, manejadas por ele mesmo – o camponês, da terra que cultiva; o artesão, dos instrumentos que manuseia como um virtuoso" (Marx, 1990, p. 927 [2011, p. 831]) –, os cercamentos prepararam o terreno para a criação da propriedade privada capitalista baseada na produção socializada. Os cercamentos são, para Marx, portanto, o processo de transformação incomparavelmente mais "prolongado, duro e difícil" que facilita a "expropriação de poucos usurpadores pela massa do povo" na revolução comunista.[35]

O problema dessa análise é simples: os novos cercamentos (e muitos dos antigos) não são voltados para pequenos produtores privados e seus bens. Visam destruir terras e espaços comuns que são o alicerce do poder proletário. Uma aldeia quiché nas colinas da Guatemala, um pedaço de terra cultivada comunitariamente no Delta do Níger, um bairro urbano como Tepito, na Cidade do México, ou uma vila em torno de uma fábrica de papel controlada por trabalhadores em greve, como Jay, no Maine, Estados Unidos, não se encaixam no conceito de Marx sobre o alvo dos cercamentos. Seria absurdo, de fato, ver o desaparecimento de tais aldeias, áreas e bairros como sacrifícios necessários e positivos, em última

---

35 Referência a Marx (1990, p. 930 [2011, p. 833]): enquanto o desenvolvimento capitalista se baseava na "expropriação da massa do povo por poucos usurpadores, aqui se trata da expropriação de poucos usurpadores pela massa do povo".

análise, ao desenvolvimento de um proletariado verdadeiramente "universal". Os proletários devem ter onde fincar os pés, fazer greve em algum trabalho, descansar em algum espaço, retornar para algum lugar. A guerra de classes não acontece em um quadro abstrato, trazendo lucros e perdas; ela precisa de um chão.

Em 1867, Marx não viu o poder emergir da organização comunitária da vida de milhões na África, na Ásia, na Oceania e nas Américas. Esse erro continua sendo um elemento-chave de sua teoria. Marxistas do "Terceiro Mundo" ainda falam do caráter progressivo da acumulação primitiva. Assim, embora lutem oficialmente contra os novos cercamentos do capital, vislumbram uma era em que seu partido e o Estado vão pôr em prática seus próprios cercamentos, de maneira mais eficiente do que os capitalistas. Eles também acreditam que a propriedade comunitária de terra e de mercados locais não tem lugar em uma sociedade revolucionária. Seu objetivo é nacionalizar terras e acabar com esses mercados, bem como expulsar o FMI e a burguesia "compradora" de seus países. Consequentemente, entram em choque com muitas pessoas que lutam contra os novos cercamentos. A confusão aumenta na hora da vitória, quando há uma tendência de criar plantações estatais (como em Moçambique) e fazendas capitalistas (como no Zimbábue) à custa de possibilidades e realidades comunitárias. Inevitavelmente, as condições para a contrarrevolução amadurecem, enquanto a execução de medidas econômicas autárquicas se torna impossível, já que as estruturas que poderiam ter sustentado a autossuficiência e negado terras aos *contras*[36]

---

[36] Referência aos grupos contrários à Revolução Sandinista, ocorrida na Nicarágua em 1979. [N.T.]

foram destruídas pelas próprias forças revolucionárias. Portanto, a crise da esquerda do "Terceiro Mundo" está enraizada não apenas nas manobras da Agência Central de Inteligência dos Estados Unidos (CIA) mas também no fracasso da visão marxista dos cercamentos. Por outro lado, a leitura capitalista dos novos cercamentos perante o colapso do modelo socialista e da crise da revolução do "Terceiro Mundo" é o "fim da história" — ou seja, o triunfo do mercado mundial como marca de uma mercantilização planetária glorificada como "ocidentalização" e "democratização".

A seriedade com que devemos encarar esse produto do pós-modernismo do Departamento de Estado estadunidense é discutível, mas o cenário sugerido é simples. Ele traz a luta de classes de volta à situação anterior à Primeira Guerra Mundial, oferecendo duas opções aos trabalhadores dos países-membros da Organização para Cooperação e Desenvolvimento Econômico (OCDE): "liberalismo" ou "imperialismo". A primeira aceita o "mecanismo de mercado", para o qual somos funções do processo de trabalho em um ambiente de triagem, de tal maneira que atualizar nossas "habilidades de sobrevivência" se torna o único objetivo na vida. Já a segunda promove a internacionalização da conquista e da pilhagem, por meio da qual nos tornamos cúmplices de nossos chefes na exploração de outros proletários, de modo que a vitória significa um acordo sul-africano: melhores salários e um lar protegido por lei marcial, células de tortura em âmbito doméstico e no exterior e uma arma na bolsa. Provavelmente, teremos uma mistura perigosa das duas.

A CRISE DA DÍVIDA, A ÁFRICA E OS NOVOS CERCAMENTOS (1990)

A crise da dívida internacional pode ser descrita como a existência de empréstimos de mais de um trilhão de dólares, oferecidos a taxas de juros bastante exageradas a países do "Terceiro Mundo" que não podem, de forma alguma, pagar esses juros nem a parte principal das dívidas devido ao colapso dos preços das commodities e à intensa competição no mercado internacional de bens leves manufaturados. Há duas perspectivas principais para interpretar o significado e as consequências dessa crise.

De um lado, a direita vê a crise como uma potencial ameaça ao sistema bancário internacional, dada a possível moratória da maioria dos países devedores. A esquerda, por outro lado, condena a crise como o principal obstáculo ao desenvolvimento do "Terceiro Mundo". Nos dois casos, as soluções propostas vêm do entendimento dos "problemas" presumivelmente causados pela crise. A direita vê na crise da dívida uma ameaça quase ontológica à forma dinheiro em escala internacional, uma justificativa para as duras políticas impostas pelo FMI para forçar os países do "Terceiro Mundo" a "pagar". Em contraste, os economistas de esquerda não apenas condenam os custos humanos dessas políticas, como também argumentam que, uma vez que elas bloqueiam o desenvolvimento das economias do "Terceiro Mundo", vão acabar prolongando a crise da dívida. Em suma, para a direita, a crise da dívida ameaça o "crescimento estável" das economias credoras; já para a esquerda, ela é o obstáculo central para o desenvolvimento econômico das nações devedoras. Essas duas visões con-

trastantes compartilham um pressuposto comum: a crise da dívida é uma ameaça ou um obstáculo para o desenvolvimento capitalista nos anos 1990. Discordamos dessa proposição e argumentamos que tal crise é produtiva para as classes capitalistas tanto de nações credoras quanto devedoras, pois tem sido um instrumento-chave para que o capital mude o equilíbrio das forças de classes em ambos os polos da relação da dívida, resolvendo, assim, sua crise de produtividade.

A África evidencia como a crise da dívida é produtiva. Ali podemos ver que as políticas geradas pela crise da dívida visam "racionalizar" as relações de classe, a começar pela questão mais controversa do desenvolvimento capitalista: a quem pertence a terra? Um axioma da teoria desenvolvimentista postula que nenhuma indústria capitalista pode ser criada sem uma agricultura "racionalizada". Racionalização não é só uma questão de usar tratores e fertilizantes; bem mais importante é privatizar as relações de propriedade da terra. A crise da dívida tem sido um instrumento crucial da "racionalização" da propriedade da terra na África.

RESOLVENDO A QUESTÃO DA TERRA

Por que a "questão da terra" é tão central na África? A resposta é simples. Na maior parte do continente africano, reivindicações comunais pela terra ainda são fortes, pois a dominação colonial não foi capaz de destruir (em um grau incomparável com outras partes do mundo) as relações comunais preexistentes, começando pela relação das pessoas com a terra. Defensores do desenvolvimento, à esquerda e à direita, apontam esse aspecto como a princi-

pal razão do "atraso" econômico da África. A revista londrina *The Economist* asseverou isso, com todas as letras, em um suplemento sobre a Nigéria publicado em maio de 1986, enfatizando como "a questão da terra" ainda é crucial na região. Uma seção intitulada "A falha capitalista" afirma que,

> com duas exceções, Quênia e Zimbábue, ambos submetidos à agricultura sob leis europeias de propriedade e herança impostas pelos homens brancos, praticamente em todo continente africano prevalecem leis tradicionais de uso, que reconhecem direitos comunais antigos em relação à terra.[37]

Isso significa que um investidor em potencial precisa negociar e pagar à comunidade "por cada árvore, pelo direito de queimada, pelo roçado das cabras das mulheres, pelo túmulo dos avós". É o que ocorre em países como a Nigéria, onde o Estado nacionalizou todas as terras em 1978. Para ilustrar esse escândalo, o suplemento mostra a imagem de um rebanho de vacas circulando livremente, lado a lado com um carro, no meio de uma cidade nigeriana, com vaqueiro e tudo.

Previsivelmente, *The Economist* conclui que a terra da África "deve ser cercada e os direitos tradicionais de uso, acesso e pastagem, extintos", pois em toda parte "é a propriedade privada da terra que fez o capital funcionar".[38] A expropriação, portanto, é precondição tanto para uma agricultura comercializada quanto para um proletariado disciplinado e dependente de salário.

---

[37] "Nigeria Survey" [Pesquisa sobre a Nigéria], *The Economist*, 3 maio 1986.
[38] *Idem.*

O suplemento subestima o fato de que a expropriação fundiária não se limitou, de forma alguma, às economias de povoamento, e de que a privatização da terra prosseguiu numa velocidade acelerada, inclusive nos anos 1970 e 1980, devido aos projetos de desenvolvimento agrário do Banco Mundial, que, sob o disfarce de "modernização", introduziu não somente tratores mas também novas relações de classe entre os meios de produção em áreas rurais da África. Novas relações de propriedade também foram estimuladas por avanços de expropriação ditados pelo governo (para desenvolvimento de infraestrutura, exploração de petróleo etc.), assim como pelo processo de urbanização massiva e a crescente recusa das novas gerações em passar a vida "no mato", seguindo os passos de seus familiares.

Todavia, até hoje, pelo menos 65% da população da África subsaariana vive da agricultura de subsistência, cuja responsabilidade recai sobre as mulheres.[39] Mesmo quando urbanizados, muitos africanos e africanas têm expectativa de obter apoio de suas aldeias, onde podem conseguir comida em meio a uma greve, para onde podem retornar na velhice e onde podem obter, de um chefe local, um pedaço de terra não utilizada para cultivar, ou ainda, quando não possuem mais nada, onde podem arranjar um prato de sopa oferecido por vizinhos e parentes. A aldeia é o símbolo de uma organização de vida comunal que, embora sob ataque, não se desintegrou por completo, evidenciada pela responsabilidade dos que se mudaram para a cidade para com suas comunidades – responsabilidade que facilmente se torna um fardo,

---

[39] Stephanie Hanson, "Backgrounder: African Agriculture" [Extra-oficial: agricultura africana], *The New York Times*, 28 maio 2008.

mas que serve para apoiar muitos que, de outra maneira, seriam deixados para trás. Na Nigéria, por exemplo, aldeias frequentemente se juntam a fim de pagar os custos necessários para enviar algumas crianças à escola, com a expectativa de que, depois de formadas, elas ajudem as pessoas em casa, como gesto de retribuição.

Até hoje, a "aldeia" forma a base reprodutiva de muitos países africanos, em particular para o proletariado, que, uma vez urbanizado, raramente pode pagar pelo "estilo de vida" típico da família nuclear de classe média. No entanto, mesmo entre a classe média, a família nuclear ainda compete com a aldeia, que, graças às mulheres, se recusa a ser tratada como uma fábrica obsoleta. Esse conflito entre cidade e aldeia é tema de muitas histórias, nas quais famílias excessivamente exigentes acabam levando suas crianças urbanizadas à corrupção por causa de expectativas descabidas. Na realidade, essas demandas "descabidas" mantiveram a pressão sobre o salário urbano, garantindo um nível maior de consumo tanto na aldeia quanto nas cidades, de tal forma que em toda a África rural há consciência sobre a riqueza cultural e material produzida no mundo.

A sobrevivência dos laços comunais e a falta de uma tradição de dependência de salário tiveram muitas consequências na economia política da África. Primeiro, alimentaram um senso de direito com relação à distribuição de riqueza na comunidade e pelo Estado. Segundo, foram responsáveis pelo fato de a maioria do proletariado africano não haver experimentado as leis do capital como leis naturais, ainda que a luta para ter acesso ao que o desenvolvimento industrial pode oferecer seja, agora, um fator geral de mudança social.

Deve-se enfatizar esse aspecto dada a tendência, nos Estados Unidos, de entender africanas e africanos como

vítimas indefesas (da corrupção governamental ou de desastres naturais) ou como protagonistas de lutas obsoletas que giram em torno de alianças tribais (mito perpetrado pela mídia ocidental para encorajar uma política de não intervenção no que diz respeito às lutas dos povos no continente). Na realidade, dos campos às fábricas, dos mercados às escolas, vêm sendo travadas lutas que poucas vezes se mostraram tão combativas e que, além disso, têm conteúdo muito "moderno". Seu objetivo não é a preservação de um passado místico, mas a redefinição do que significa desenvolvimento para o proletariado: o acesso à riqueza produzida internacionalmente, mas sem pagar o preço imposto pelo capital.

Há diversos exemplos de combatividade e modernidade da luta proletária na África, que abrangem desde a resistência das pessoas a serem contabilizadas (na Nigéria, a ideia de um recenseamento populacional ainda é uma "utopia" do governo) à resistência à cobrança de impostos (que, quando ocorre, requer a presença de seguranças) e à expropriação da terra (frequentemente transformada numa guerra aberta). Na Nigéria, embora a terra tenha sido nacionalizada, o governo ainda precisa estabelecer negociações prévias com os chefes locais antes de qualquer apropriação; ademais, devem-se pagar compensações por árvores e colheitas perdidas. Por fim, a resistência ao trabalho assalariado excede em muito o que se esperaria de uma força de trabalho que não passa de 20% da população.

A resistência do proletariado africano às leis do capital aumentou entre as novas gerações, que cresceram num período de intensas lutas de libertação anticolonial (a Independência de Guiné-Bissau se deu em 1975, a de Angola e Moçambique em 1976, e a do Zimbábue em 1980) e agora veem o "Ocidente" através dos olhos

de Soweto.[40] Nas últimas décadas, essa juventude desmoronou as esperanças do capital internacional de ver um crescimento da disciplina e da produtividade entre os africanos.

Assim, ao longo dos anos 1970 e 1980, antes da crise da dívida, o capital internacional via a África como um caso sem solução; a única esperança para o futuro do continente seria uma drástica redução populacional. E está em discussão "a resistência da África ao desenvolvimento". O *Wall Street Journal* nos diz que a África é a única região no mundo que não experimentou nenhum crescimento no período pós-Segunda Guerra. Além disso, o apego de africanas e africanos aos "seus modos tradicionais" — código para comportamento anticapitalista — e sua demanda por um padrão de vida mais alto, particularmente em países como Nigéria ou Zâmbia, que experimentaram um salto na riqueza nacional nos anos 1970 devido ao aumento nos preços do petróleo e do cobre, devem ser combatidos se alguma forma de desenvolvimento capitalista vier a ocorrer na região. Em resposta a esses problemas estruturais e políticos, o capital internacional pôs em prática uma política de subdesenvolvimento planejado, tendo como prioridade a recusa em reconhecer as terras comunais. Empresas deixaram a África em busca de refúgios mais seguros para seus dólares em bancos estadunidenses ou suíços, e reduziu-se drasticamente o número de investidores estrangeiros. Nos anos 1970 e 1980, a África era a região menos atraente para o capital internacional. Os auxílios estrangeiros e as exportações africanas também entraram em colapso. Enquanto isso, os perigos da "explosão

---

[40] Cidade vizinha a Joanesburgo, na África do Sul, palco de vários protestos de resistência popular contra o regime do apartheid (1948-1994). [N.E.]

populacional" como prenúncio da revolução se tornaram o evangelho das agências internacionais e dos políticos africanos. Como resultado, nas palavras de Alden W. Clausen, presidente do Banco Mundial, "a África vive hoje a pior depressão de qualquer região do mundo desde a Segunda Guerra". Ou seja, do ponto de vista do capital, a África é o fundo do poço, a região em que o desenvolvimento encontra a máxima resistência.

O tom sombrio utilizado para se referir ao continente e a indiferença que o capital demonstra com respeito à preservação da mão de obra africana revelam como o capital internacional perdeu a esperança na rentabilidade das economias africanas. A África é agora o lugar para testes médicos de vacinas contra o HIV.[41] É a lata de lixo

---

[41] Nos anos 1980, centros médicos franceses e estadunidenses conduziram testes no Zaire [atual República Democrática do Congo] e em outras partes da África usando vacinas vivas. De acordo com Robert W. Ryder, diretor do programa estadunidense de pesquisa sobre aids, a África foi escolhida como área de testes, entre outras razões, porque "aqui podemos fazer algo que não poderíamos nos Estados Unidos: acompanhar milhares de vítimas da aids [...], pois os salários são suficientemente baixos para que isso seja possível – tarefa que teria custos proibitivos nos Estados Unidos" (ver James Brooke, "Zaire, Ending Secrecy, Attacks Aids Openly" [Zaire, o fim do segredo e o ataque aberto à aids], *The New York Times*, 8 fev. 1987). Ainda mais explícito foi Jeffrey C. Laurence, um pesquisador da aids do Cornell Medical Center, ao defender que, "até que seja possível desenvolver novas técnicas para a fabricação de uma vacina contra a aids, é quase inevitável que a ciência fique um pouco rápida e suja enquanto pesquisadores tentam dar tiros no escuro que possibilitem um grande avanço" (ver Lawrence K. Altman, "Test on Humans Near in AIDS Vaccine Hunt" [Testes em humanos se aproximam na busca pela vacina da aids], *The New York Times*, 18 mar. 1987). A África continua sendo a terra da experimentação para vacinas contra a aids: há uma proposta de testagem em larga escala prevista para começar em novembro de 2016, como anunciado por Anthony S. Fauci, diretor do Centro de Controle e Prevenção de Doenças dos Estados Unidos (ver National Institutes of Health, "Large-Scale HIV Vaccine Trial to Launch in South Africa" [Teste em larga escala de vacina contra o HIV está prestes a ser lançado na África do Sul], National Institutes of Health, 18 maio 2016).

químico-nuclear do mundo, a região na qual são descartados produtos farmacêuticos expirados ou mercadorias banidas da Europa ou dos Estados Unidos, de remédios a pesticidas.[42]

É nesse cenário que devemos entender o desenvolvimento da crise da dívida, que, no início dos anos 1980, afetava mais de 25 países africanos.

A CRISE DA DÍVIDA COMO CRISE PRODUTIVA PARA O CAPITAL

É difícil mensurar se a escalada da dívida foi causada pela pressão de demandas proletárias que nos anos 1970 forçaram governos africanos a pedir dinheiro emprestado a bancos estrangeiros, ou se foi engendrada pelo capital internacional para forçar os países do continente a implementar reformas políticas drásticas. Mas é certo que a crise da dívida deu ao capital nacional e internacional a grande oportunidade de implementar uma reestruturação ampla das relações de classe com o objetivo de baratear o custo do trabalho, aumentar a produtividade social, reverter "expectativas sociais" e abrir o continente para a completa penetração das relações capitalistas, tendo o uso capitalista da terra como base.

---

[42] Enquanto eu redigia este ensaio, os Estados Unidos estavam exportando resíduos perigosos para a África. Os Estados Unidos estão também entre um pequeno número de países que, em 1998, se recusaram a assinar uma decisão da União Europeia de banir a exportação de resíduo tóxico para países do "Terceiro Mundo"; ver "Western Firms Dump Toxic Waste in Africa" [Empresas ocidentais descartam lixo tóxico na Áfria], *An Phoblacht*, 19 out. 2006.

Como em outras áreas do "Terceiro Mundo", a crise na África ocorreu em duas fases, diferenciadas por uma intervenção mais ou menos direta dos governos estrangeiros e pelo papel que desempenharam as agências internacionais. Houve, de fato, uma divisão do trabalho entre o FMI e o Banco Mundial, correspondendo não tanto à necessidade de integrar políticas do tipo "linha branda/linha dura", mas à necessidade de lidar com níveis diferentes de resistência proletária – fator-chave na dialética do desenvolvimento e da repressão. A fase 1, que durou aproximadamente de 1980 a 1984, foi dominada pelas "políticas monetaristas" do FMI. Nesse período, após a declaração de moratória dos juros da dívida, diversos países fizeram acordos com o FMI para empréstimos (*stand by loans*) em troca de exigências infames: corte em subsídios a produtos e em programas governamentais, congelamento de salários, contenção no setor público e depreciações massivas, que, em muitos casos, desmonetizaram as economias afetadas. Em 1984, porém, a resistência a mais medidas de austeridade e o ódio ao FMI tomaram proporções tais que novas estratégias tiveram de ser inventadas. Assim, a fase 2, que começou naquele ano, tomou a forma de um Banco Mundial que promovia a "recuperação econômica" e um plano de "desenvolvimento".

O Banco Mundial é um velho conhecido do continente africano: no século XX, durante o período pós-independência, substituiu os administradores coloniais que estavam de partida. Nos anos 1980, a instituição desempenhou papel de eminência parda do capital na África. Quase nenhum plano ou acordo foi feito sem sua intervenção, diante de sua capacidade de ser credor, consultor ou controlador, e em sua autorrepresentação mais recente como "banco de conhecimento". Em 1984, o banco

anunciou que reuniria um bilhão de dólares para fornecer cinquenta "empréstimos em condições favoráveis" para as nações subsaarianas que aceitassem o receituário de "recuperação financeira" e embarcassem no caminho das reformas econômicas. Essa "facilidade especial para a África" — que, sob a designação de "programa de ajuste estrutural", foi o modelo para o Plano Baker[43] lançado em Seul, em outubro de 1985, no encontro internacional do FMI com o Banco Mundial — emergiu como um veículo da tão saudada conversão à economia de livre-mercado, adotada por muitos países africanos a partir de 1985.

O programa de ajuste estrutural, na verdade, é o laissez-faire reaganiano[44] aplicado ao "Terceiro Mundo". Seu modelo essencial é a fórmula de Milton Friedman[45] para o Chile pós-Allende,[46] que exigiu a remoção de todas as medidas de proteção do padrão de vida da classe trabalhadora, obrigando os trabalhadores chilenos a sobreviver somente até o ponto de serem capazes de trabalhar em condições "competitivas" em relação aos proletários mundo afora. Consequentemente, os níveis salariais passam a ser decididos por uma avaliação do mercado internacional de trabalho associada à repressão estatal, garantindo que os salários nunca alcancem "níveis internacionais".

---

[43] Idealizado por James Baker, então secretário do Tesouro dos Estados Unidos, o plano foi propagandeado como a solução para combater a crise internacional da dívida.
[44] Referência a Ronald Reagan, presidente dos Estados Unidos entre 1981 e 1989, grande propulsor mundial do neoliberalismo. [N.E.]
[45] Milton Friedman (1912-2006), professor da Universidade de Chicago agraciado com o Prêmio Nobel de Economia em 1976, um dos principais ideólogos do neoliberalismo. [N.E.]
[46] Referência ao governo ditatorial de Augusto Pinochet, iniciado em 1973 após um golpe de Estado contra Salvador Allende, fazendo do Chile um "laboratório" do neoliberalismo internacional. [N.E.]

Os programas de ajuste estrutural precisam de muita repressão. No Chile, sua implementação custou a vida de trinta mil trabalhadores e trabalhadoras, massacrados em homenagem à nova liberdade de mercado. Um programa de ajuste estrutural também significa que, em troca de empréstimos "orientados para o desenvolvimento", um país aceita liberalizar as importações, privatizar as indústrias estatais, abolir todas as restrições em trocas cambiais e preços de commodities, cancelar programas de subsídio e seguir com mais desvalorizações, enquanto os empréstimos financiam esses programas e estabelecem setores agrícolas e industriais orientados para a exportação. Na retórica do empresariado e do Banco Mundial, se o preço das commodities, dos serviços e do trabalho se ajustarem ao seu "valor de mercado" e as commodities importadas estiverem novamente disponíveis, todo mundo será incentivado a produzir mais, o investimento estrangeiro fluirá, as exportações crescerão e haverá entrada de moeda forte. Com isso, a recuperação finalmente estará próxima. Na realidade, contudo, o programa de ajuste estrutural significa que milhões de africanos e africanas, cujo salário mensal médio, no melhor dos casos, é de trinta dólares, são convidados a pagar "preços estadunidenses" para as mercadorias e os serviços de que precisam. Até mesmo o preço dos alimentos atinge níveis proibitivos quando a terra deixa de ser cultivada para consumo local.

O programa de ajuste estrutural, na verdade, é o veículo para a integração do proletariado africano ao mercado mundial seguindo uma linha não muito diferente do período colonial, já que agora a expectativa é por colheitas que não serão consumidas localmente, enquanto as pessoas compram produtos com preços internacionais no exato momento em que o salário dos trabalhadores e trabalhadoras não apenas desapare-

ceu por causa dos cortes como se tornou insignificante diante das altas desvalorizações. A integração do proletariado africano ao mercado mundial, via programa de ajuste estrutural, é visível também no nível dos novos patrões. Com a nova campanha por produtividade, todas as tentativas de "indigenização" foram abandonadas, e gerentes e técnicos expatriados estão chegando em bando, como em tempos coloniais. A esperança é que os senhores brancos sejam mais eficazes em fazer as pessoas trabalharem do que seus colegas africanos.

Como os elementos-chave dessa nova virada foram as agências estrangeiras (FMI, Banco Mundial, Clube de Paris e Clube de Londres, além dos bancos comerciais), as medidas adotadas escreveram um novo capítulo nas relações neocoloniais, com instituições financeiras e agências ocidentais assumindo o papel imperial outrora reservado aos poderes coloniais. A comparação com a época colonial não é infundada. Uma vez sob as garras de FMI e companhia, um país perde qualquer traço de independência econômica e política. Os representantes do FMI assumem uma vaga no conselho do banco central, nenhum projeto econômico importante pode ser executado sem sua aprovação, grupos de oficiais estrangeiros periodicamente aparecem para checar contas, e o governo não pode seguir um caminho independente, já que, no intervalo de alguns meses, deve implorar às agências estrangeiras um reescalonamento da dívida ou novos empréstimos.

O caso da Libéria, que há poucos anos solicitou a Washington o envio de uma equipe de gerentes para administrar sua economia,[47] não é senão um exemplo

---

[47] Em 1987, os Estados Unidos concordaram em enviar dezessete especialistas financeiros para a Libéria "com autoridade para gerenciar a economia endividada do país".

extremo do que ocorre com a maior parte da África hoje. Igualmente notáveis são as aberturas que governos africanos (Camarões, Costa do Marfim, Nigéria) estão fazendo para Israel e África do Sul, com os quais, por muito tempo, as relações foram cautelosamente mantidas em segredo. Assim, é possível falar de uma recolonização da África sob a hegemonia de poderes ocidentais, que estão usando a crise para recuperar o que foi perdido no enfraquecimento das lutas anticoloniais.

Nada disso deve esconder o fato de que tanto a crise quanto a ajuda externa foram bem recebidas pelos setores dominantes das classes dirigentes africanas, que usaram a dívida externa para acabar com as concessões que foram forçados a fazer a trabalhadores e trabalhadoras no pós-independência e para conter a militância das novas gerações. Para os líderes africanos, foi uma situação difícil de engolir. Para essa classe dirigente de hoje, a integração ao capital internacional segue um acordo diferente daquele firmado no período pós-independência. As nações africanas enfrentavam então uma frente capitalista menos unificada (os Estados Unidos competiam com os velhos poderes coloniais e a União Soviética lutava por influência política no continente). Agora, os principais braços do capital internacional estão integrados. Assim, os jogos nacionalistas que os líderes africanos conseguiam disputar – ostentando publicamente o não alinhamento e o pan-africanismo enquanto negociavam a portas fechadas com a África do Sul (como fez a Nigéria) e pegavam dinheiro do "Oriente" e do "Ocidente" – não são mais possíveis; tampouco é possível que continuem a oscilar entre um socialismo demagógico e um desperdício de fundos de capital para propósitos visivelmente improdutivos.

Os líderes africanos também foram postos sob julgamento. Os intérpretes do capital internacional os acu-

saram de um apego personalista ao dinheiro (a famosa acusação de "corrupção") e de pouca habilidade de gestão. Mas o castigo foi reconhecido como útil na maior parte da África. A crise da dívida foi um processo de "tomada de consciência" para esses líderes: aprenderam que não podem governar sem a ajuda de Washington, Londres e Paris; além disso, diante da "crise", mostraram as similaridades fundamentais de suas posições políticas, independentemente de exibir uma retórica socialista. É por isso que eles se inclinam tão facilmente às demandas do capital estrangeiro. Não foi por causa de seu desamparo diante de Washington e Londres, mas por causa do desamparo diante do povo africano. Não por acaso, com a breve exceção da Tanzânia sob Julius Nyerere, nenhum governo do continente tentou mobilizar a população, que teria respondido avidamente ao pedido de moratória. Ao contrário, aprovaram as políticas de austeridade mais assassinas, desviando quantidades substanciais de moeda estrangeira supostamente escassa para fortalecer seus exércitos e forças policiais com o mais recente equipamento antimotim, enquanto se mostravam "coitadinhos" diante do FMI. Assim, a crise da dívida mostrou inequivocamente que, com o intuito de se manterem no poder, os governos africanos devem depender do apoio de Washington, Londres e Paris.

Um dos principais resultados da crise da dívida foi a reorganização do mecanismo de comando capitalista, começando com a unificação da capital "metropolitana" e "periférica". Certos líderes africanos foram tão complacentes ao se submeter ao capital internacional – frequentemente implementando medidas de austeridade mais duras do que aquelas exigidas pelo Banco Mundial e pelo FMI – que alguns países (como Marrocos, Gana

e Nigéria) estão se tornando modelos para as agências internacionais. A virada veio na primavera de 1986, quando a Organização da Unidade Africana (OUA) decidiu levar o problema da dívida para a Organização das Nações Unidas (ONU), pedindo ajuda aos países ocidentais. Naquela época, quase todos os Estados no continente estavam inadimplentes no pagamento de juros, e muitos deles separavam entre 30% e 40% do orçamento para custear os encargos da dívida — porcentagem que economistas de esquerda consideram uma receita para o desastre econômico.

Esse movimento sem precedentes foi uma vitória ideológica decisiva para as potências ocidentais, que, depois de décadas de retórica anti-imperialista, sentiram-se vingadas em suas apreensões pré-independência ("Nós falamos que vocês não estavam prontos!"). Ao derrubarem a resolução que apontava sua responsabilidade na crise africana numa sessão especial da ONU,[48] deixaram claro que não ouviriam mais nada sobre como o colonialismo havia empobrecido a África. De fato, a mídia estadunidense hoje abraça a ideia de que o colonialismo não carrega nenhuma culpa pelo que se passa naquele continente.

A conferência da ONU em 1986 foi a Canossa[49] dos governos africanos, quando reconheceram publicamente que não podem governar o continente sozinhos.

---

48 Referência ao Programa de Ação das Nações Unidas para a Recuperação Econômica e Desenvolvimento da África (1986-1990), adotado pela Assembleia Geral da ONU em junho de 1986. [N.E.]

49 Referência à Penitência de Canossa, ou Caminho a Canossa, viagem realizada pelo rei Henrique IV, do Sacro Império Romano-Germânico, entre Speyer (atual Alemanha) e o Castelo de Canossa (atual Itália), onde teve de enfrentar uma longa espera até ser recebido pelo papa Gregório VII, em janeiro de 1077. [N.T.]

O encontro serviu de ocasião para que os velhos poderes coloniais e os novos (como o Japão) entrassem no jogo. A triunfal viagem pela África, realizada pelo então secretário de Estado estadunidense, George P. Shultz, em junho de 1986 e, um ano depois, o assassinato do presidente de Burkina Faso, Thomas Sankara, na época símbolo vivo do pan-africanismo e do anti-imperialismo, selaram o acordo.[50]

Desde então, a "crise da dívida" se desdobrou na África em toda a sua lógica matemática, mostrando como é enganoso vê-la como uma crise quantitativa, tal como é geralmente apresentada. A falácia do enfoque numérico está em acreditar que, do ponto de vista do capital, a "recuperação econômica" equivale à "redução da dívida". Se fosse assim, muito do que está acontecendo seria incompreensível, pois, na maioria dos países, a dívida aumentou dramaticamente desde que se implementaram as medidas de recuperação econômica do FMI e do Banco Mundial. A dívida nigeriana aumentou de vinte bilhões para trinta bilhões de dólares depois dos ajustes estruturais. A razão para esse resultado aparentemente paradoxal é que a crise da dívida não é determinada pelo montante da dívida devida ou paga, mas pelos processos ativados por ela: congelamento de salários,

---

[50] Na época de seu assassinato, claramente motivado pelo desejo de silenciar uma das vozes mais rebeldes da África, Sankara havia recusado qualquer ajuda estrangeira, planejando nacionalizar todas as terras e riquezas minerais do país e rejeitando a dependência do FMI e do Banco Mundial. Suas políticas domésticas eram direcionadas para a autossuficiência e a reforma agrária, priorizavam a educação e promoviam a saúde pública. Outros componentes de sua agenda nacional incluíam o plantio de árvores para interromper a desertificação do Sahel, a redistribuição de terras aos camponeses, o fim dos impostos rurais e o estabelecimento de um programa de construção de estradas e ferrovias.

colapso de qualquer indústria local não conectada ao capital estrangeiro (que fornece a moeda forte necessária para a tecnologia e o investimento do capital), banimento de sindicatos, fim da educação livre mesmo no nível primário, imposição de leis draconianas que transformam as greves ou outras lutas sociais em atos de sabotagem econômica, banimento de organizações estudantis militantes e, acima de tudo, privatização da terra. Talvez possa se observar melhor a função da crise da dívida na impressionante e bem financiada escalada de medidas repressivas nos países devedores. As últimas ferramentas tecnológicas de repressão (carros, walkie-talkies, seguranças privados de Israel) chegaram à África na esteira da crise da dívida. As agências internacionais não hesitam em emprestar dinheiro quando o objetivo é gastá-lo com "defesa", mas contam cada centavo quando o destino é saúde ou educação. Para o capital, "crise" é um termo incorreto – mas, para a classe trabalhadora, é disso que se trata.

É possível compreender o que significou todo esse processo para a população ao se observar o que aconteceu em Gana, um "caso de sucesso" do FMI quanto à extensão da liberalização do comércio e à atual taxa de crescimento. Desde 1983, quando o país decidiu se submeter ao FMI, o valor do cedi, a moeda nacional, caiu quase 100%. Como resultado, as pessoas são pagas em notas que não valem nada, o que significa que a maioria dos ganenses se desmonetizou. Os sindicatos foram intimidados (graças também à reputação do então presidente ganense, Jerry Rawlings, de ser um "homem do povo") a assinar o plano e a manter trabalhadores e trabalhadoras longe de greves. Assim, a iniciativa do capital internacional forçou os ganenses a irem além da relação monetária. Hoje, o salário mensal de um funcio-

nário público de nível médio mal dá conta de um terço dos gastos mensais com a alimentação da família. A vida se tornou uma constante negociação que acaba consumindo todas as energias do indivíduo. (No longo prazo, contudo, a experiência de ter de inventar constantemente novos meios de reprodução pode produzir resultados inesperados.)

Atualmente, em Gana, muitos se apegam ao emprego assalariado somente pela esperança de *chopping for the work side* [cortar para o lado do trabalho], o que significa fazer uso das instalações e dos utensílios do local de trabalho para sua reprodução. Com ou sem salário, ganhar a vida é uma luta sem fim. Prostituição, aliciamento de turistas, plantio de subsistência e remessas de dinheiro do estrangeiro são, para a maioria, as únicas alternativas para não morrer de fome nem ter de roubar. Enquanto isso, nos últimos quatro anos, dois milhões de ganenses, quase 20% da população, emigraram para Itália, Islândia e Austrália, e muitos outros estão a caminho. São chamados de "povo da estrada": transeuntes planetários, frequentemente jogados ao mar depois de embarcar ilegalmente em navios, indo de porto em porto em busca de um país que lhes permita a entrada. Têm disposição para trabalhar sob quaisquer condições, já que uns poucos dólares obtidos com a venda de relógios ou bolsas em Nova York podem sustentar uma família em Acra ou Dakar. A fuga de todas as partes da África é tão massiva que se tornou um emprego local, com pessoas especializadas em contornar as restrições que as embaixadas estrangeiras impõem para os vistos.

Por toda parte, da Nigéria à Tanzânia, a nova diáspora está ativa, despachando milhões de africanos para trabalhar na Europa e nos Estados Unidos. Essa diáspora é uma mina de ouro para o capital, que ainda saboreia

o princípio básico do velho comércio escravista: as pessoas são mais produtivas quando desenraizadas de seus lares. Enquanto isso, a quantidade e o status de migrantes são monitorados pelos demógrafos do Banco Mundial, que, com precisão científica comparável à dos nazistas, periodicamente registram em quais países se encontram as pessoas cujas necessidades calóricas estão em níveis insuficientes para o trabalho, ou seja, em quais países elas "apenas" sobrevivem. A fome vem reaparecendo em lugares surpreendentes – como a Nigéria, que tem sido tradicionalmente o celeiro de inhame da África –, mesmo em tempos de colheitas abundantes. Não só a carne está desaparecendo; o *gari* [farinha de mandioca], alimento mais barato e mais básico, tem se mostrado inacessível, pelo menos em centros urbanos, para onde precisa ser transportado em caminhões e vans abastecidos com gasolina, que hoje custa o que o uísque custava no passado. No centro da agenda da crise da dívida estão a aniquilação do velho sistema africano de reprodução da vida e do poder do trabalho, a aldeia e a posse comunal da terra, já que o objetivo do FMI e do Banco Mundial é tornar tanto a terra quanto a população disponíveis para uma exploração mais intensa.

A primeira fase da crise da dívida – a desmonetização das economias – mostrou a africanos e africanas que, do ponto de vista capitalista, eles estavam mortos e que a época em que podiam viver nos interstícios entre a aldeia e o mercado internacional havia chegado ao fim. As fomes de 1984 e 1985 provaram esse ponto com uma força brutal por toda a África. A segunda fase da crise da dívida, a fase do programa de ajuste estrutural, foi – e continua sendo – o período dos cercamentos de terra. Sua mensagem é a seguinte: ou fazendeiros e mineiros usam a terra para produzir para os mercados nacional e internacional,

ou a terra será apropriada por aqueles que farão isso. Se esse "ajuste estrutural" tiver sucesso, a "Mãe África" estará acabada.

NOVAS LUTAS SOCIAIS

A crise da dívida é quase um manual didático de uma antiga verdade: o liberalismo econômico não só é compatível com o fascismo social como, em momentos cruciais, precisa dele. O caminho chileno para a recuperação econômica é hoje aplicado na maioria dos países libertados e estruturalmente ajustados da África. A receita chilena foi aprendida quase de maneira mecânica: é preciso banir organizações estudantis e levá-las à clandestinidade, intimidar sindicatos, reestruturar forças de segurança (frequentemente com a ajuda de sombrios conselheiros estadunidenses, britânicos, israelenses, franceses). Novas legislações anticrime são também a norma. Na Nigéria, existe o Decreto n. 20 contra a "sabotagem econômica" – que inclui greves em campos petrolíferos –, estabelecendo pena de morte para os sabotadores, e o Decreto n. 2, que estabelece detenção preventiva de até seis meses. A pena de morte é cada vez mais usada como arma na "guerra contra o assalto à mão armada", o equivalente nigeriano da "guerra às drogas". No que diz respeito à "liberdade de expressão", citamos o caso da Nigéria, onde até mesmo seminários sobre o programa de ajuste estrutural, frequentados por ganhadores do Prêmio Nobel, como o escritor Wole Soyinka, apresentam policiais armados na entrada.

    Mas nenhuma dessas medidas pôs fim à resistência contra as "medidas de recuperação econômica". A primei-

ra grande falha das políticas do FMI surgiu na Zâmbia, em dezembro de 1986, poucos meses depois da conferência das Nações Unidas sobre a África. O governo zambiano, em meio a lágrimas do presidente Kenneth Kaunda, teve de dar as costas ao FMI como consequência de fortes manifestações contrárias à instituição e às medidas de austeridade no norte do país, onde se localiza o coração das minas de cobre. Depois de uma rodada de aumento de preços e alta desvalorização da kwacha, a moeda zambiana, a população organizou os protestos mais violentos desde as lutas pela independência. O governo precisou pedir ajuda a unidades de combate do Exército e fechar as fronteiras. As manifestações foram provocadas pelo anúncio de que o governo dobraria o preço da farinha de milho, conforme exigia o FMI. Ao saber desse plano, donas de casa, jovens e desempregados tomaram as ruas e invadiram depósitos nos quais havia milho armazenado. Rapidamente todas as lojas se tornaram alvo dos manifestantes. A multidão se apropriou de televisores, aparelhos de som e até de carros, apedrejou policiais, atacou agências do governo e ateou fogo à sede da presidência em Kalulushi (por isso as lágrimas de Kaunda). De acordo com informações oficiais, dez pessoas morreram durante os dias de protestos. Como resultado, o governo foi obrigado a reduzir o preço do milho e a dizer ao FMI que não poderia mais cumprir sua parte no acordo.

    A resistência popular na Nigéria tem sido igualmente violenta e persistente. Desde a fase inicial da negociação do governo com o FMI, estudantes, mulheres comerciantes e trabalhadores têm ido às ruas para protestar contra o fim da educação gratuita, contra a exigência de declaração de regularidade fiscal para crianças matriculadas em escolas primárias, contra o congelamento de salários e o fim dos subsídios para o petróleo vendido no mercado interno.

O envolvimento de estudantes nos protestos, tanto na Nigéria quanto na Zâmbia, não é uma surpresa. Em toda a África, eles estiveram à frente das manifestações contra o programa de ajuste estrutural.[51] Mesmo sendo parte de uma minoria privilegiada, que depois da formatura está normalmente disposta a abandonar suas convicções políticas em troca de um emprego no governo, estudantes em muitos países africanos são agora forçados, pelas condições objetivas dos planos do FMI para a educação na África, a tomar uma posição mais radical, já que a instituição prescreve uma redução drástica no número de estudantes do ensino médio e do ensino superior, com o intuito de conter salários e reduzir expectativas profissionais. O ajuste estrutural é a sentença de morte do "contrato social" pós-independência, que prometia um futuro estável para quem tivesse diploma universitário ou do ensino médio. Após a adoção das políticas do FMI, o desemprego aumentou entre as pessoas com ensino superior. Atualmente, muitas delas, incluindo engenheiros, têm sorte se conseguirem sobreviver como motoristas de táxi. Não é por acaso que as medidas de austeridade foram acompanhadas por um ataque aos estudantes e às organizações estudantis.

Um bom exemplo dessa repressão violenta aconteceu em 26 de maio de 1986. No rastro de uma manifestação pacífica realizada na Universidade Ahmadu Bello, em Zaria, no norte da Nigéria, e uma semana antes da chegada dos oficiais do FMI e do Banco Mundial a Lagos para verificar os planos econômicos do governo nacional, caminhões da patrulha móvel da polícia invadiram o campus,

---

51 Para uma análise e relatos da luta estudantil contra o FMI e o programa de ajuste estrutural, ver Federici, Caffentzis & Alidou (2000).

atirando em alunos e visitantes. Policiais com metralhadoras perseguiram estudantes em seus dormitórios e em casas nas redondezas, onde tentaram se refugiar. Mais de quarenta pessoas foram mortas e muitas ficaram feridas. O massacre, porém, não deteve os protestos. Nos dias que se seguiram, manifestações explodiram por todo o país. Estudantes em Lagos, Ibadan e outras cidades universitárias bloquearam ruas, atacaram prédios do governo, invadiram prisões — libertando centenas de pessoas, incluindo algumas condenadas à morte — e vandalizaram instalações de jornais que haviam ignorado a mobilização.

Desde então, protestos contrários ao programa de ajuste estrutural têm se tornado endêmicos na Nigéria, o que culminou em novos tumultos nas principais cidades do sul — Lagos, Bendel e Port Harcourt — em maio e junho de 1989. Mais uma vez, multidões de estudantes, mulheres e desempregados confrontaram a polícia e incendiaram instalações do governo. Em Bendel, a prisão foi arrombada: além de libertarem os detentos, os manifestantes confiscaram alimentos da despensa da carceragem para, mais tarde, distribuí-los em hospitais, onde pacientes precisavam providenciar a própria comida se não quisessem passar fome. Mais de quatrocentas pessoas teriam sido mortas na Nigéria nos mesmos dias do massacre da Praça da Paz Celestial,[52] na China, embora apenas uma

---

[52] A Praça da Paz Celestial, ou Praça de Tiananmen, se localiza no centro de Pequim, capital da China. Começou a ser construída em 1651. Atualmente, abriga o Monumento aos Heróis do Povo, o Grande Salão do Povo, o Museu Nacional da China e o Mausoléu de Mao Tsé-Tung, líder da Revolução Chinesa de 1949. Em 1989, a Praça da Paz Celestial foi palco de grandes manifestações contra o governo, que resultaram no episódio conhecido como Massacre da Praça da Paz Celestial. Estima-se que, na ocasião, o Exército chinês tenha matado de quatrocentas a dez mil pessoas. [N.E.]

nota sobre o ocorrido no continente africano tenha aparecido na imprensa dos Estados Unidos.

Protestos contra o FMI também aconteceram no Zaire [atual República Democrática do Congo], onde, em dezembro de 1988, um grupo de mulheres foi metralhado pelas tropas do governo. Em seguida, em fevereiro de 1989, estudantes foram mortos ou feridos em Kinshasa e na Universidade de Lubumbashi depois de protestos contra o aumento da tarifa do transporte, o que levou muitos manifestantes a invadir um ônibus do governo. Também em Gana, confrontos entre estudantes e o governo têm sido a ordem do dia desde a implementação do acordo com o FMI.

Grandes protestos são parte da resistência contra a austeridade e o ajuste estrutural. Uma guerra diária contra o aumento dos preços do transporte acontece nos estacionamentos; nos *bukas*, onde as pessoas insistem em ter um pedaço de carne no prato sem ter de pagar a mais por isso; e nos mercados, onde as pessoas desafiam as tentativas do governo de banir vendedores "ilegais" — isto é, os que não pagam impostos. Paralelamente a essa microluta contra as políticas do FMI, explodiu o número de assaltos à mão armada, contrabando e conflitos por terra. Nada disso foi em vão. A recente decisão da OCDE — ocorrida no ano do bicentenário da Queda da Bastilha — de cancelar parte da dívida africana dos países que implementassem os programas de ajuste estrutural (até 50% para os "mais pobres") é um reconhecimento do poder desses acontecimentos.

JUBILEUS, MORATÓRIAS E O FIM DA CRISE DA DÍVIDA

Em síntese, mostrei que ambas as análises — da esquerda e da direita — sobre a crise da dívida são inadequadas para mapear suas dinâmicas e determinar seu desfecho. A crise da dívida constitui um problema de acumulação tanto para a esquerda quanto para a direita, mas nenhuma delas consegue explicar por que a crise apareceu neste momento e por que se transformou em um aspecto crônico do desenvolvimento capitalista contemporâneo. Mais fundamental ainda: nenhuma delas consegue pensar em como pôr um fim a essa situação. A razão para o fracasso da análise, seja da esquerda, seja da direita, é o fato de ambas não verem que o alvo da crise da dívida não são os devedores oficiais — as nações do "Terceiro Mundo", os bancos e as corporações —, mas aqueles que estão fora do sistema de crédito: trabalhadoras e trabalhadores. Esse fracasso é mais perceptível na África, onde parece absurda a ideia, por exemplo, de que um trabalhador assalariado em Lagos ou um produtor na província rural de Kano, na Nigéria, possa estar em dívida com o FMI. Observando pela perspectiva dos não devedores, fica evidente o motivo de a crise da dívida ter se tornado crônica, apesar da manipulação de um Plano Brady[53] ou um Plano Baker. Ninguém na classe capitalista, dentro ou fora da África, quer o fim da crise da dívida no continente. Em vez disso, a ideia é gerenciá-la, pois está fazendo o seu trabalho como parte do sistema de crédito, que é supostamente "acelerar o desenvolvimento

---

[53] Plano de reestruturação da dívida externa elaborado pelo secretário do Tesouro dos Estados Unidos Nicholas F. Brady e lançado no final da década de 1980 para atender os governos de Nigéria, Brasil, Bulgária, Filipinas, entre outros. [N.E.]

material da força produtiva e o estabelecimento do mercado mundial".

Dito isso, devemos reconhecer que a crise da dívida é um instrumento perigoso, já que a sua internacionalização abre um circuito mundial de lutas que, cada vez mais, inclui a Europa Oriental, a União Soviética e até mesmo a China. Desse modo, produz novas formas de solidariedade dentro do proletariado mundial. De fato, a fraude da crise da dívida pode ser transformada na "dissolução do antigo modo de produção",[54] como uma vez profetizou um velho devedor mouro.

---

[54] Referência a Marx (1991, p. 275 [2017, p. 499]): "O crédito acelera o desenvolvimento material das forças produtivas e a instauração do mercado mundial [...], o crédito acelera, ao mesmo tempo, as erupções violentas dessa contradição, as crises e, com elas, os elementos da dissolução do antigo modo de produção".

CHINA: QUEBRANDO A TIGELA DE ARROZ DE FERRO (1990)

> Com o rápido aperfeiçoamento dos instrumentos de produção e o constante progresso dos meios de comunicação, a burguesia arrasta para a torrente da civilização todas as nações, até mesmo as mais bárbaras. Os baixos preços de seus produtos são a artilharia pesada que destrói todas as muralhas da China e obriga à capitulação os bárbaros mais tenazmente hostis aos estrangeiros.
> — Karl Marx e Friedrich Engels, *Manifesto comunista* (1967 [2010])

> O povo tem fome porque seus superiores alimentam-se de impostos demais. Por isso tem fome.
> O povo é difícil de governar porque seus superiores agem intencional ou forçosamente. Por isso que é difícil de governar.
> O povo menospreza a morte dada a urgência com que [é forçado a] lutar pela vida.
> É por isso que menospreza a morte.
> Quem não [precisa] lutar pela sobrevivência é mais valoroso do que aqueles que estimam sua vida [acima de tudo].
> — Lao Zi, *Dao De Jing*

A repressão ao protesto de trabalhadores e estudantes na China é apresentada pela mídia e pelo governo dos

Estados Unidos como mais um exemplo das armadilhas do socialismo, um sinal inequívoco do compromisso do proletariado chinês com uma economia de livre-mercado. Alegam que os estudantes e os trabalhadores da Praça da Paz Celestial lutaram por liberdade e democracia e pela aceleração do processo que, nos últimos quinze anos, encaminhou a China para uma economia liberalizada.

Não é surpresa que os eventos na China sejam apresentados dessa forma. Tanto o governo chinês quanto o estadunidense têm muito a ganhar com essa versão dos fatos. Do ponto de vista de Washington, apresentar a mobilização operária e estudantil como uma luta que visa exclusivamente à liberalização política serve para ocultar sua dimensão econômica. Os jornalistas não perguntaram aos estudantes sobre suas condições de vida, nem sobre as reivindicações da Associação Autônoma dos Trabalhadores, o novo sindicato independente que divide com os estudantes uma barraca na Praça da Paz Celestial. Essa narrativa também serve para reforçar a declaração de que o que está em jogo é uma escolha entre a liberdade (ou seja, o capitalismo) e o totalitarismo, alimentando, assim, a ideologia da Guerra Fria, agora em risco de ser desmascarada, seja pelo caso de amor entre Gorbachev[55] e o "livre-mercado", seja pela pressa do Leste Europeu em se "ocidentalizar". O rápido colapso das tensões da Guerra Fria preocupa o governo dos Estados Unidos, pois ameaça seu direito de manter um arsenal nuclear na Europa, que — como Henry

---

55 Mikhail Gorbatchev (1931), último secretário-geral do Partido Comunista da União Soviética (1985-1991), responsável por implementar as medidas conhecidas como *glasnost* [transparência] e *perestroika* [reestruturação], que promoveram uma liberalização política e econômica do país. [N.E.]

Kissinger[56] recentemente lembrou – é indispensável para a hegemonia do país (o que explica os atuais esforços da política de Kissinger e George H. W. Bush para sustentar o governo de Deng Xiaoping[57] enquanto continuam a considerá-lo um inimigo ideológico). Para sustentar esse posicionamento é preciso manter o espectro de um comunismo totalitário e sanguinário, principalmente ao tratar com aliados, como os alemães, que pedem uma redução imediata dos mísseis de curto alcance dos Estados Unidos na Europa e, simultaneamente, lucram com a mão de obra dos trabalhadores "comunistas" oriundos do Leste Europeu.

Para o governo chinês interessa apresentar o movimento operário-estudantil como uma conspiração estrangeira "contrarrevolucionária". Como em outros países do "Terceiro Mundo", os líderes em Pequim sabem que apelar a sentimentos anti-imperialistas é uma boa cartada. Eles capitalizam com a hostilidade crescente na China em relação ao processo de liberalização econômica, embora estejam comprometidos em seguir esse caminho, ainda mais agora que a resistência a ele foi, se não esmagada, fortemente subjugada.

O movimento da primavera de 1989 na China foi pró-capitalista, como afirma a mídia chinesa e estadunidense? Os massacres, as execuções e o encarceramento de estudantes e trabalhadores realizados pelo governo chinês desde o dia 4 de junho foram uma defesa do socialismo? Acreditamos que não. O acordo entre os meios de comunicação dos dois países se baseia em uma mentira

---

56 Henry Kissinger (1923), secretário de Estado estadunidense entre 1973 e 1977. [N.E.]
57 Deng Xiaoping (1904-1997), chefe do Comitê Central do Partido Comunista da China entre 1978 e 1992. [N.E.]

premeditada, como demonstram os artigos publicados pelo *New York Times* nos meses que antecederam aqueles eventos.

A repressão contra estudantes e trabalhadores não foi expressão de um novo compromisso com "objetivos socialistas", como atestam os esforços incansáveis dos líderes comunistas para atrair de volta investidores estrangeiros (que, conforme nos disseram, estavam prudentemente estacionados em Hong Kong) assim que as ruas ensanguentadas de Pequim foram lavadas. Esse chamado não ficou sem resposta. Os investidores estão voltando em tal ritmo que o governo japonês teve de sugerir que seus empresários sejam um pouco mais discretos.

Diversos outros artigos indicam ainda que, meses antes das manifestações estudantis, debates ocorridos na China refletiam o grau de insatisfação dos trabalhadores com o processo de liberalização e o dilema enfrentado pelo governo entre o desejo de liberalizar ainda mais a economia e o temor da revolta social. Sob pressão de investidores estrangeiros, que se queixavam de que "a China ainda é paternalista em relação a suas empresas", ao longo do mês de março de 1989 os líderes chineses discutiram a viabilidade de novas leis de falência, segundo as quais empresas não lucrativas deixariam de ser resgatadas, decretariam falência e, portanto, teriam de demitir funcionários. A relação entre a falência e a disciplina dos trabalhadores foi exposta em outro artigo do *New York Times*, intitulado "Socialism Grabs a Stick: Bankruptcy in China" [O socialismo pega uma vareta: falência na China]. De acordo com o texto, "as autoridades chinesas dizem que as leis de falência são relevantes pela mensagem que transmitem aos trabalhadores: a lucratividade é importante, mesmo na sociedade socialista". O artigo acrescenta que, entre os problemas que atrapalham as

empresas chinesas, está o fato de que elas "carregam um enorme fardo de despesas com aposentadorias e chegam a sustentar até quatro vezes mais trabalhadores aposentados do que ativos". Além disso, experimentos com demissões, levados a cabo em algumas cidades como Shenyang, não produziram "resultados satisfatórios". As empresas tiveram de pagar coletivamente um fundo de assistência social que fornecesse um seguro para os trabalhadores demitidos, eliminando, assim, os riscos que a falência pretendia criar. "De fato, os trabalhadores têm recebido benefícios salariais substanciais, mesmo quando deixam seus empregos voluntariamente." O artigo conclui:

> Enquanto alguns economistas acham que a falência deve se tornar uma sanção mais comum, eles reconhecem que, se o governo fechar empresas que estão perdendo dinheiro, poderia enfrentar sérios problemas trabalhistas. Um diplomata ocidental na China, que acompanhou os experimentos de Shenyang, observou que os trabalhadores, já descontentes com a inflação, poderiam causar sérias rebeliões trabalhistas se viessem a perder seus empregos.

O "problema do trabalho" tem sido uma das questões mais espinhosas para o governo chinês nos últimos anos. Relatórios sobre o país sinalizavam a iminência de um confronto com os trabalhadores. Um artigo de 10 de janeiro de 1989, também do *New York Times* – "In Beijing, a Bold New Proposal: End State Ownership of Industry" [Em Pequim, uma nova proposta: o fim da indústria estatal] –, avaliava que "empresas tentam maximizar os benefícios para os funcionários, em vez de lucros e produtividade". Pouco antes do início das manifestações na Praça da Paz Celestial, em 6 de abril de 1989, o *New York Times* publicou um artigo intitulado "Beijing Journal;

Second Thoughts: Laissez Faire or Plain Unfair?" [Diário de Pequim; Reconsiderações: laissez-faire ou simples injustiça?], afirmando que:

> A inflação e a corrupção, somadas ao medo do desemprego e ao ressentimento dos novos ricos, parecem promover uma reavaliação entre agricultores e trabalhadores chineses a respeito dos benefícios da drástica mudança econômica. Algumas autoridades chinesas e alguns diplomatas estrangeiros estão cada vez mais preocupados com o fato de o povo chinês se tornar um obstáculo para a economia de mercado, em vez de ajudá-la.

O artigo, escrito por Nicholas Kristof, menciona uma fábrica atacada por sessenta pessoas "invejosas", que quebraram as janelas e cortaram a eletricidade das instalações. Cem moradores da cidade em que a fábrica estava localizada processaram o proprietário para forçá-lo a compartilhar seus lucros. O artigo cita um novo fenômeno, a "doença dos olhos vermelhos", que, segundo as autoridades chinesas, afeta aqueles que têm inveja dos ricos. De acordo com o texto, na região da Mongólia Interior, o governo criou uma equipe especial de guarda-costas para proteger empresários de vizinhos que apresentavam a "doença". Na cidade de Shenyang, localizada no norte do país e palco de novas experiências de modernização e liberalização, um trabalhador matou a patroa, uma empresária; ele foi executado, mas se tornou um herói popular porque a chefe era considerada uma tirana. Em suma, o artigo afirma que os chineses, antes, consideravam o mercado um "local acolhedor de prosperidade, não uma fonte de dor [...], [mas] todo mundo na China parece estar reclamando nos dias de hoje, e até o governo reconhece a profundidade do descontenta-

mento". O artigo também cita uma previsão do jornal *People's Daily* sobre uma crise não apenas econômica mas também política, já que os residentes de zonas urbanas e que possuem renda fixa estão sendo prejudicados pela taxa de inflação de 27%.

Muitas pessoas na China estão preocupadas com a conversa do governo sobre "quebrar a tigela de arroz de ferro", que é "o sistema de emprego vitalício geralmente associado à preguiça nas fábricas chinesas". Os gerentes das fábricas querem ter o direito de demitir funcionários ineficientes, ou quando os patrões passam por dificuldades financeiras. Embora o governo esteja "caminhando cautelosamente nessa direção, até agora não houve demissões em massa, mesmo em Shenyang, onde o plano foi mais longe". Um diplomata ocidental teme que, se a liberalização resultar em muitas demissões, poderia haver greves perigosas e agitação social. "Muitas pessoas querem manter a 'tigela de arroz de ferro'", diz um diplomata asiático. "É um bom sistema para quem não quer trabalhar muito."[58]

A "tigela de arroz de ferro" não é a única garantia que os trabalhadores podem perder. A moradia é mais uma delas. Um artigo do *New York Times* publicado em 1º de março de 1989 — "Chinese Face Epochal Wait for Housing" [Chineses enfrentam espera histórica por moradia] — menciona que o secretário-geral do Partido Comunista da China, Zhao Ziyang, havia decidido fazer da reforma da habitação "um dos pilares da economia nacional". O texto acrescenta:

---

[58] Nicholas D. Kristof, "Beijing Journal; Second Thoughts: Laissez Faire or Plain Unfair?", *The New York Times*, 6 abr. 1989.

A decisão de privatizar a propriedade residencial não foi bem aceita, pois desafia os fundamentos da sociedade, como foi interpretada aqui. Nos últimos quarenta anos, a habitação praticamente gratuita fornecida pela "unidade de trabalhadores" ou pelo empregador tem sido um elemento tão básico da vida urbana chinesa como arroz ou macarrão. A moradia costumava ser uma espécie de sistema de bem-estar social, disse o chefe de uma empresa: "Costumávamos alugar muito barato, mas havia um déficit bastante alto. Agora estamos incentivando os trabalhadores a comprar casas".

À guisa de conclusão, o artigo observa: "Existe um consenso crescente de que os aluguéis são baixos demais. O aluguel para uma família de quatro pessoas custa, em média, o equivalente a sessenta centavos [de dólar] por mês". Com a reforma, as casas disponibilizadas no mercado custam de treze mil a 41 mil dólares, "somas vultosas em um país onde o salário é, em média, 25 dólares por mês".

Esses fatos são de grande ajuda para explicar o silêncio geral das mídias chinesa e estadunidense em relação ao "novo movimento sindical" presente na Praça da Paz Celestial com os estudantes. Também explicam por que a ira do governo comunista foi dirigida em especial aos trabalhadores, embora as manifestações tenham sido largamente retratadas como se tivessem sido dominadas por estudantes. A maior parte dos que foram executados pelos "crimes" cometidos durante os eventos da primavera eram jovens trabalhadores e homens desempregados. Mas questões trabalhistas só diziam respeito a uma parte do problema enfrentado pelo Estado na tentativa de convencer as massas chinesas sobre as virtudes do laissez-faire.

Uma das causas mais arraigadas da atual rebelião são as mudanças em áreas rurais após uma década de privatização da posse da terra e comercialização da agricultura. Aliado à expansão da capacidade de exportação da China, esse processo teve profundos efeitos estruturais nas condições de vida no campo e nas cidades. Entre outras consequências, as pessoas foram expulsas da terra. Ou seja, a China está passando por um processo de cercamento massivo, possivelmente em uma escala que não pode ser comparada à de nenhum outro país.

Há a perspectiva de que o excedente de cem milhões de trabalhadores cresça para duzentos milhões até o fim do século XX. Enquanto isso, o governo considera que a China tenha uma população flutuante de cinquenta milhões de camponeses desalojados, que entram e saem das cidades sem nenhum direito legal de permanência. Supõe-se que, em 1987, cerca de 1,3 milhão de pessoas nessas condições estavam em Xangai; no Cantão, um milhão; e, em Pequim, 1,1 milhão, metade das quais permaneceram na capital por pelo menos três meses. As autoridades da cidade veem pontos positivos nesse cenário, pois os moradores itinerantes realizam trabalhos intermitentes que, de outra forma, não seriam feitos. Por outro lado, há a crença de que eles sejam responsáveis por um terço dos crimes urbanos, além de consumirem os alimentos subsidiados destinados aos residentes permanentes: quatrocentos mil quilos de verduras e 130 mil quilos de carne por dia no Cantão, por exemplo. O problema, assim, é "a pressão sobre os serviços". Alguns economistas chineses acreditam que a única solução seria eliminar gradualmente os subsídios e ter um sistema de "repartição simples" baseado na "lei do valor". "Se soltar as rédeas, no entanto", escreveu a revista britânica *The Economist*, "é provável que o resul-

tado, no curto prazo, seja o aumento da desigualdade de renda, da inflação e da violência urbana".

Uma consequência adicional da comercialização da agricultura tem sido o aumento dos preços, de modo que, pela primeira vez desde o Grande Salto Adiante,[59] os chineses voltam a enfrentar a fome. Um artigo publicado no *New York Times* em 28 de outubro de 1988 – "China Explains Policy Shift Retightening Economic Grip" [China explica política econômica de aumento] – relatou que, em maio daquele ano, o governo havia deixado de controlar os preços de vários produtos agrícolas e "permitido que o mercado determinasse o custo de muitos bens e serviços". O resultado foi o aumento do custo de vida e o pânico para comprar mercadorias mais baratas. A inflação chegou a 50% em algumas cidades. Indicando as consequências do aumento contínuo da inflação sobre as condições de existência, o *Wall Street Journal* afirmou que, em 1987, o padrão de vida caiu 21% para os assalariados urbanos da China, levando a uma corrida às compras e aos bancos e até mesmo a greves em algumas fábricas estatais.[60] Havia uma raiva crescente entre os moradores das cidades com relação ao governo. Tudo isso indica que os protestos da primavera de 1989 foram a última e a mais explosiva expressão de um longo processo de resistência contra a economia do laissez-faire, ao lado dos levantes contra o "ajuste

---

59 Campanha lançada pelo líder chinês Mao Tsé-Tung entre 1958 e 1960, também conhecida como Grande Salto para Frente, com o objetivo de tornar a China uma nação desenvolvida e igualitária em tempo recorde, por meio da reforma agrária e da industrialização. [N.E.]
60 Adi Ignatius, "China's Restructuring Is Enriching Peasants but Not City Dwellers" [A reestruturação chinesa enriquece camponeses, mas não moradores das cidades], *The Wall Street Journal*, 10 out. 1988.

estrutural" que ocorreram por todo o "Terceiro Mundo", incluindo as revoltas e as manifestações massivas na Venezuela, na Argentina, na Birmânia [atual Mianmar] e na Nigéria contra a alta dos preços, o fim de subsídios e a liberalização da economia na primavera de 1989.

Não surpreende que a iniciativa tenha partido dos estudantes chineses. Há evidências de que esse grupo também sofreu com a espiral inflacionária dos últimos anos. Há ainda referências veladas na imprensa a promessas governamentais de aumentar o orçamento para a educação. Dada a experiência mundial com o laissez-faire e a liberalização, é fácil imaginar como o corte de subsídios afetou os estudantes. É interessante notar que um artigo publicado no *New York Times* em 25 de maio de 1989 – "Aspiring Party Leaders at the Forefront of Revolt" [Aspirantes a líderes do partido estão à frente da revolta] – tenha relatado que os líderes da revolta não eram alunos da Universidade de Pequim, mas estudantes mais proletarizados, menos ocidentalizados, da Universidade Renmin, mais propensos a sentir as consequências dos cortes nos subsídios governamentais. Mais referências sobre as dificuldades enfrentadas pelos estudantes podem ser encontradas em outra reportagem do jornal, na qual um estudante relata que, no Cantão, diferentemente de Pequim, os alunos conseguem um ou outro trabalho extra para pagar as contas, "em um hotel ou dirigindo um táxi".[61]

Sem dúvida, há alguns estudantes que se encaixam na imagem – predominante na imprensa – de intelectuais anticomunistas pró-Ocidente, que sofrem mais com

---

[61] Barbara Basler, "Upheaval in China: Canton's Prosperous Students March" [Revolta na China: a próspera marcha estudantil de Cantão], *The New York Times*, 25 maio 1989.

as restrições à liberdade de expressão. Mas, em geral, a mídia também mostra que o movimento estudantil na China segue a mesma linha dos movimentos estudantis em outras partes do "Terceiro Mundo", começando por aqueles mais próximos ao país, como os da Coreia do Sul e da Birmânia [atual Mianmar].

Os estudantes birmaneses, por exemplo, usaram sua posição social e sua possibilidade de organização para lançar as bases de um protesto massivo contra o governo corrupto. Por mais de um ano, protestaram ao lado de trabalhadores e desempregados, enfrentando massacres e torturas. Da mesma forma, a demanda mais comum dos estudantes chineses era a mesma que expressavam os que sofriam da "doença dos olhos vermelhos": "Fim da corrupção!", em referência à capitalização do Partido Comunista Chinês, isto é, ao fato de os oficiais do partido terem se tornado capitalistas. Esse aspecto dos protestos foi usado simbolicamente, como mencionou o *New York Times*: "Recentemente, alguns trabalhadores e estudantes passaram a usar broches de Mao, aparentemente para sugerir o desejo de um retorno aos dias maoistas de igualitarismo, honestidade e altruísmo".[62]

Por fim, consideremos outros dois artigos do *New York Times* publicados em 6 de junho de 1989, dois dias após os massacres de Pequim, quando estava em pauta a questão da guerra civil: "Crackdown in Beijing: Civil War for Army" [Repressão em Pequim: guerra civil para o Exército] e "Crackdown in Beijing: An Army with Its Own Grievances" [Repressão em Pequim: um Exército com suas próprias queixas]. O primeiro relatava: "Todos

---

62 Sheryl Wudunn, "Upheaval in China; Chinese Take Umbrage at Attack on Mao's Portrait" [Revolta na China: chineses se ofendem com ataque ao retrato de Mao], *The New York Times*, 24 maio 1989.

os altos funcionários da China tiveram contatos extensivos com as Forças Armadas dos Estados Unidos e participaram de cursos em escolas militares estadunidenses". E seguia: "O pensamento militar chinês emergente se baseia no modelo estadunidense, e o programa de modernização da China depende, em grande medida, de tecnologia e equipamentos dos Estados Unidos". Enquanto isso, as tropas estavam descontentes. O segundo artigo apontou que o Exército chinês recebeu ordens para se tornar autossuficiente. "Como consequência, algumas unidades usaram seus caminhões para abrir empresas de transporte; suas garagens de serviço mecânico se transformaram em estacionamentos comerciais; e seus hospitais passaram a atender pacientes particulares que pagavam pelos tratamentos". O texto descreveu secamente: "Algumas vezes, soldados que estavam doentes deixaram de ser internados em favor de pacientes que podiam pagar, o que criou uma ampla desmoralização".

Reunindo os artigos publicados em jornais disponíveis em qualquer banca bem abastecida nos Estados Unidos, podemos ver que o movimento operário-estudantil na China não é o último episódio de um socialismo moribundo, mas a primeira manifestação da luta pós-socialista anticapitalista na China. O protesto estudantil na Praça da Paz Celestial abriu espaço para que os trabalhadores e o governo assumissem seu tão esperado confronto. Os Estados Unidos consideraram a repressão um resultado bem-vindo e "inevitável", pois, como a mídia vinha comentando nos meses anteriores à ação das forças da ordem, a questão não era se as demandas anticapitalistas do proletariado seriam rejeitadas, mas de que maneira isso aconteceria.

DA COMUNALIDADE À DÍVIDA: A FINANCEIRIZAÇÃO, O MICROCRÉDITO E A ARQUITETURA EM MUTAÇÃO DA ACUMULAÇÃO CAPITALISTA (2014)

INTRODUÇÃO: FINANCEIRIZAÇÃO E ASCENSÃO DA "ECONOMIA DA DÍVIDA"

A dívida, como bem explica David Graeber (2011a), tem um lugar central na história da humanidade e na luta de classes. Na antiga Atenas do século VI a.C., devedores frequentemente se revoltavam com o objetivo de forçar o cancelamento dos débitos e proibir a escravização por dívida (Graeber, 2011a, p. 230-1, 427). Em Roma, em 63 a.C., Catilina, chefe dos *populares*,[63] liderou um exército de devedores contra os patrícios (Caffentzis, 2012b, p. 3). Nos tempos modernos, a dívida pública se transformou em "uma das alavancas mais poderosas da acumulação primitiva", como apontou Marx em seu capítulo sobre a "Gênese do capitalista industrial" (1990, p. 919 [2011, p. 824]).[64] A Rebelião de Shays, ocorrida no oeste

---

[63] Facção de senadores romanos mais progressistas, favoráveis às causas dos plebeus, embora fizessem parte da elite política. Opunham-se aos *optimates*, identificados com as ideias conservadoras dos patrícios. [N.E.]

[64] "A única parte da assim chamada riqueza nacional que realmente integra a posse coletiva dos povos modernos é sua dívida pública" (Marx, 1990, p. 919 [2011, p. 824]).

do estado de Massachusetts em 1786, três anos após o fim da Guerra de Independência dos Estados Unidos, tinha como alvo os cobradores de dívidas (Zinn, 1999, p. 3). Cem anos depois, o Partido Populista[65] deu voz à fúria dos agricultores que viam suas fazendas serem levadas por banqueiros porque não podiam pagar as dívidas (Zinn, 1999, p. 284). Também os "leilões de um centavo" (*penny auctions*),[66] que se popularizaram durante a Grande Depressão na área entre o estado de Wisconsin e grande parte do Meio-Oeste, foram respostas à ameaça representada por dívidas e execuções hipotecárias. Em suma, como meio de exploração e escravização, a dívida tem sido um instrumento do domínio de classe ao longo dos tempos. Seria um erro, no entanto, concebê-la como uma espécie de "política universal". Assim como as sociedades de classe nas quais prosperou, a própria dívida passou por transformações significativas.

Na situação contemporânea, particularmente, uma nova "economia da dívida" (Lazzarato, 2012) surgiu com a virada neoliberal do desenvolvimento capitalista, que vem mudando não apenas a arquitetura da acumulação no capitalismo mas também a forma das relações de classe e da própria dívida. A dívida se tornou onipresente, afetando milhões de pessoas em todo o planeta, as quais, pela

---

[65] Também conhecido como Partido do Povo, ou simplesmente Populistas, foi uma agremiação política de esquerda com vocação agrária que existiu nos Estados Unidos entre 1892 e 1909. [N.E.]

[66] Ação coletiva realizada durante o leilão de um imóvel hipotecado para forçar sua venda por um preço baixo, com a intenção de devolvê-lo ao proprietário anterior. O termo surgiu nos Estados Unidos durante a execução hipotecária de propriedades rurais durante a Grande Depressão (1929-1941): os vizinhos se reuniam em grande número no leilão e davam lances de poucos centavos, enquanto intimidavam qualquer pessoa que tentasse fazer lances competitivos. [N.E.]

primeira vez, estão endividadas com os bancos, condição agora usada pelos governos e financiadores para acumular riqueza e, além disso, minar a solidariedade social e os esforços de movimentos sociais no mundo inteiro em prol da criação de comuns e de alternativas ao capitalismo.

Através da "crise da dívida"[67] desencadeada em 1979, quando o Banco Central dos Estados Unidos (Fed) elevou a taxa de juros do dólar, o Banco Mundial e o FMI, como representantes do capital internacional, "se ajustaram estruturalmente" e recolonizaram *de facto* grande parte do antigo mundo colonial, afundando regiões inteiras em débitos que, ao longo dos anos, continuaram a crescer em vez de se extinguir.[68] Em muitos países, a "crise da dívida" anulou os ganhos obtidos pela luta anticolonial e impôs uma nova ordem econômica, condenando populações inteiras a uma pobreza inédita. Iniciou-se, então, uma reestruturação da economia política mundial que canalizou sistematicamente os recursos da África, da América Latina e de todos os países envolvidos na "crise da dívida" em direção à Europa, aos Estados Unidos e, mais recentemente, à China.

A "crise da dívida" tem sido tão bem-sucedida em recolonizar grande parte do "Terceiro Mundo" que seus mecanismos foram estendidos ao disciplinamento dos trabalhadores estadunidenses e, mais recentemente, aos europeus, como demonstraram as drásticas medidas de austeridade

---

[67] A literatura sobre a crise da dívida é imensa. Para algumas referências, ver Altvater *et al.* (1991); Caffentzis (1995, p. 153-87); Cleaver (1990, p. 18-22); além do capítulo "A crise da dívida, a África e os novos cercamentos", neste volume.

[68] A exceção é a América Latina, onde, em média, a dívida externa caiu de 59% do PIB, em 2003, para 32%, em 2008; ver Banco Interamericano de Desenvolvimento, "Latin Macro Watch". Disponível em: https://www.iadb.org/en/research-and-data/latin-macro-watch.

impostas, após a crise de 2008, sobre as populações de Grécia,[69] Espanha, Itália, Reino Unido, entre outras, e o fato de a dívida pública chegar agora a pequenos municípios,[70] "fazendo com que, por meio dela, sociedades inteiras tenham se endividado" (Lazzarato, 2012, p. 8).

Entretanto, a expressão mais evidente da lógica que motiva a nova economia da dívida encontra-se nas novas formas de débito individual que proliferaram com a virada neoliberal: empréstimos para estudantes, hipotecas, contas de cartão de crédito e, acima de tudo, dívidas de microfinanças que atualmente afetam milhões de pessoas em todo o planeta.

Quais são as especificidades desse novo uso da dívida, uma vez que ela é o meio mais antigo de exploração? A seguir, investigo essa questão e defendo que a dívida, individual ou coletiva, não só *amplifica os efeitos econômicos da dívida do Estado* como também altera as relações entre capital e trabalho e entre os próprios trabalhadores, fazendo com que passem a gerir a própria exploração, além de transformar comunidades construídas por pessoas em busca de apoio mútuo em meios de escravização mútua. Por isso o novo regime da dívida é tão pernicioso, e, portanto, é crucial que entendamos os mecanismos pelos quais ele se impõe.

---

[69] Sobre a crise da dívida na Grécia, ver The Children of the Gallery (2011, p. 245-78) e Graeber (2011b, p. 229-44).
[70] A partir do final da década de 1970, a dívida estadual e municipal foi criada por meio da adoção de leis e disposições que proíbem os governos de contornar seus problemas monetários imprimindo dinheiro novo, forçando-os a recorrer a mercados financeiros privados (Lazzarato, 2012, p. 18).

O FIM DO ESTADO DE BEM-ESTAR SOCIAL E A CRISE DO SALÁRIO COMUM

A dívida individual e familiar chamou a atenção do público durante a crise de 2008 e já é objeto de uma ampla literatura que investiga suas causas e seus efeitos sociais, sua relação com a crescente financeirização da vida cotidiana (Martin, 2002) e da reprodução (Marazzi, 2010), a maneira como determina novas formas de subjetividade (Lazzarato, 2012) e, acima de tudo, meios de mobilização mais eficazes contra ela (Caffentzis, 2012b).

Existe um amplo consenso de que uma economia "baseada em dívida" é parte essencial da estratégia política neoliberal desenvolvida como resposta ao ciclo de lutas que, nas décadas de 1960 e 1970, deixou a acumulação capitalista em crise, e de que essa economia da dívida foi desencadeada pelo desmantelamento do contrato social entre capital e trabalho existente desde o período fordista. É plausível que as lutas de mulheres, estudantes e trabalhadores *blue-collar* tenham mostrado à classe capitalista que investir na reprodução da classe trabalhadora "não compensa", seja para aumentar a produtividade, seja para obter uma força de trabalho mais disciplinada. Portanto, não se trata apenas do desmantelamento do "Estado de bem-estar social" mas também da "financeirização da reprodução", já que um número crescente de pessoas (estudantes, beneficiários de programas sociais, aposentados) é forçado a contrair empréstimos bancários para comprar serviços (assistência médica, educação, previdência) que o Estado antes subsidiava, de modo que *muitas atividades reprodutivas se tornaram locais imediatos de acumulação de capital*.

Essas tendências foram estudadas em profundidade. Entende-se que a dívida serve para impor austeridade

social, privatizar os meios de reprodução e intensificar o mecanismo de dominação (Lazzarato, 2012). Da mesma maneira, também se aceita que a financeirização da reprodução, por meio da qual se produzem muitas dívidas individuais e familiares, não é algo sobreposto à economia real, mas *é a economia real*, uma vez que esta é a organizadora direta do trabalho das pessoas. Mas o que a nova literatura sobre o assunto ainda não ressaltou suficientemente é o papel que as novas formas de dívida desempenham na destruição da solidariedade comunitária, um elemento que as diferencia das formas anteriores de endividamento proletário. Devemos lembrar, efetivamente, que a dívida sempre foi um dos aspectos mais comuns da vida dos operários. Desde o século XIX até o período pós-Segunda Guerra Mundial, as comunidades da classe trabalhadora viviam do crédito em boa parte do ano – no dia do pagamento, quitavam as compras feitas ao longo do mês e faziam empréstimos uns com os outros para sobreviver. Nesse contexto, a dívida costumava funcionar como uma espécie de ajuda mútua, um meio pelo qual as comunidades distribuíam seus escassos recursos aos mais necessitados. Mesmo em cidades operárias, a dívida não isolava os endividados, pois a servidão comum os unia no ressentimento contra os exploradores. A conotação da dívida começou a mudar com a criação de compras parceladas, que se tornaram uma prática habitual na década de 1920 (Cross, 1993, p. 148), e, mais tarde, depois da Segunda Guerra, com a extensão de hipotecas, especialmente para homens brancos cujos salários estavam garantidos pelo Estado e cujos sindicatos funcionavam como uma espécie de fiador. As dívidas geradas pelas hipotecas e pelos gastos dos consumidores foram uma vitória e uma derrota. Vitória porque a extensão do crédito aos trabalhadores reverteu o princípio ontológico capi-

talista segundo o qual o sujeito trabalha antes para depois receber e gastar: ou seja, os proletários devem trabalhar a crédito. E derrota porque, uma vez que a dívida estava ligada à disponibilidade de salários, ao desempenho e, em muitos casos, ao privilégio racial, ela contribuía para diminuir a coesão da comunidade.[71]

Na década de 1980, no entanto, a dívida dos trabalhadores havia se tornado uma medida segura da perda de seu poder social. Esse foi o período da "Grande Transformação" que construiu a infraestrutura para a nova economia da dívida. A essa altura, a extensão do crédito bancário aos trabalhadores — por meio do acesso ampliado a cartões de crédito, juntamente com a precarização do trabalho, a abolição das leis antiusura na maioria dos países e a crescente comercialização da educação e da saúde — mudaram a natureza da dívida para uma forma de relação social. À medida que o crédito crescia, diante de salários em queda e de incentivos cada vez maiores para se recorrer ao mercado como forma de garantir as necessidades diárias, as bases materiais de solidariedade foram ainda mais debilitadas. É bastante irônico que, embora o acesso ao emprego tenha se tornado mais difícil e mais inseguro, o endividamento tenha sido facilitado. Como sabemos, houve muita fraude para submeter multidões ao controle dos bancos. Mas o que importa, pelo menos no meu ponto de vista, não são as manipulações do mundo financeiro, e sim *a consolidação de uma economia da dívida que desarticulou o tecido social com a ilusão de que os meios financeiros criados pelo sistema bancário internacional também podiam ser utilizados pelos trabalhadores para adquirir as necessi-*

---

[71] Sobre a relação entre o crescimento dos "gastos do consumidor" e a privatização das relações sociais na classe trabalhadora, ver Cross (1993, p. 168-83).

dades mais básicas da vida e, além de tudo, para obter uma posição vantajosa no sistema.

Não é minha intenção aqui examinar a complexa dinâmica de classe que permitiu esse processo. Basta dizer que o endividamento em massa e o ataque neoliberal aos salários e aos "direitos sociais" não seriam possíveis sem a aceitação, por parte de alguns trabalhadores, da ideologia neoliberal da prosperidade por meio do mercado. Desse ponto de vista, podemos localizar o aumento do endividamento das pessoas com os bancos em um *continuum* diante da aceitação, pelos trabalhadores, em receber ações da empresa em que trabalham no lugar de salários e benefícios, e da tentativa de melhorar sua condição econômica em declínio mediante empréstimos avalizados pelo valor de suas casas — o que explica parcialmente a falta de uma resistência massiva diante da recusa do Estado em usar seus recursos acumulados para garantir a nossa reprodução.

No entanto, como demonstrou dramaticamente o colapso de Wall Street em 2008, a esperança de que a "financeirização" pudesse oferecer uma solução ou uma alternativa para o desaparecimento de empregos e salários não tem se concretizado. A decisão de socorrer bancos em detrimento de devedores da classe trabalhadora deixou claro que a dívida foi projetada para ser uma condição ao padrão de existência daquela classe, na mesma medida que a da fase inicial da industrialização, mas agora com consequências mais devastadoras do ponto de vista da solidariedade de classe: o credor não é mais o lojista local ou o vizinho, mas o banqueiro, e, devido às altas taxas de juros, a dívida é como um câncer que não para de crescer com o decorrer do tempo. Além disso, desde a década de 1980, orquestra-se uma campanha ideológica que associa a tomada de empréstimos bancários para a própria repro-

dução como uma forma de empreendedorismo, mistificando, assim, a relação de classe e a exploração envolvidas. Consequentemente, em vez da luta capital/trabalho mediada pela dívida, *temos milhões de microempresários "investindo" na própria reprodução,* mesmo que possuam apenas algumas centenas de dólares, sendo supostamente "livres" para prosperar ou fracassar, de acordo com seu ritmo de trabalho e sua sagacidade.

A "reprodução" não é meramente apresentada como um "autoinvestimento". Conforme a máquina de empréstimo/dívida revela-se como principal meio de reprodução, uma nova relação de classe é produzida: os exploradores ficam cada vez mais ocultos, mais distantes, e os mecanismos de exploração são muito mais individualizados e indutores de culpa. Em vez de trabalho, exploração e, sobretudo, "patrões", agora temos os endividados que enfrentam não um empregador, mas um banco, e o enfrentam sozinhos, não mais como parte de um corpo e de um relacionamento coletivos, como era o caso dos assalariados. Dessa maneira, a resistência dos trabalhadores é dissolvida, os desastres econômicos adquirem uma dimensão moralista, e a função da dívida como instrumento de extração de trabalho acaba mascarada sob a ilusão de autoinvestimento.

MICROFINANÇAS E MACRODÍVIDA

Até agora, descrevi, em linhas gerais, como a criação da dívida da classe trabalhadora operou nos Estados Unidos. Mas o funcionamento das máquinas de empréstimo e dívida é mais bem observado na política de *microcrédito ou microfinanciamento,* o tão divulgado programa lançado no

final da década de 1970 pelo Grameen Bank, do economista bengali Muhammad Yunus, que, desde então, se expandiu para todas as regiões do planeta. Promovido como um meio para "aliviar a pobreza", o microfinanciamento mostrou-se um mecanismo de criação de dívida envolvendo uma vasta rede de governos nacionais e locais, ONGs e bancos — começando pelo Banco Mundial —, e servindo, sobretudo, para capturar o trabalho, a energia e a inventividade dos "pobres",[72] especialmente mulheres. Como escreveu a boliviana María Galindo, o microfinanciamento, como um programa financeiro e político, destinava-se a recuperar e destruir as estratégias de sobrevivência que as mulheres pobres haviam criado em resposta à crise do emprego masculino produzida pelo ajuste estrutural nos anos 1980. Ao assegurar a elas que o empréstimo de uma pequena quantia poderia resolver seus problemas econômicos, o microfinanciamento incluiu na economia formal as atividades informais dessas mulheres, compostas de trocas com outras mulheres pobres e desempregadas, e as obrigou a pagar uma quantia semanal como parcela do empréstimo (Galindo, 2010, p. 8). A observação de Galindo — de que o microfinanciamento é um mecanismo para submeter mulheres ao controle da economia formal — pode ser generalizada para outros países, assim como seu argumento de que empréstimos são armadilhas das quais poucas mulheres podem se libertar ou se beneficiar.

É significativo que os empréstimos, geralmente envolvendo quantias bem pequenas, sejam concedidos principalmente a mulheres e, em particular, a grupos

---

[72] Grafo "pobre" entre aspas para destacar a mistificação implícita nesse conceito. Não há "pobres", mas pessoas e populações empobrecidas. Pode parecer uma distinção menor, mas é necessária para impedir a normalização e a naturalização do empobrecimento promovidas pelo conceito de "pobre".

de mulheres, embora, frequentemente, sejam utilizados pelos maridos ou por outros homens da família.[73] Os planejadores financeiros preferem as mulheres porque reconhecem que são mais responsáveis em suas transações econômicas, mais dependentes de recursos econômicos constantes para a reprodução da família e mais vulneráveis à intimidação. Eles também estudaram as comunidades de mulheres e "se apropriaram de seu sistema de relações sociais para seus próprios objetivos" (Galindo, 2010, p. 10), tratando-o como um *capital social*, de modo que, quando não existem grupos de mulheres em determinada localidade, elas são incentivadas a formá-los.

Os microempréstimos são concedidos a grupos porque, dessa maneira, cada membro fica responsável pelo seu pagamento e, caso alguém se torne inadimplente, as demais integrantes podem intervir. Além disso, a responsabilidade conjunta, como argumenta Lamia Karim (2011, p. 73-4), leva a uma proliferação de tecnologias disciplinadoras, por meio das quais as mulheres constantemente monitoram e vigiam umas às outras e notificam os gerentes sobre problemas potenciais. "Por meio desse sistema", apontou María Galindo (2010, p. 10), "o tecido social que ampara as mulheres em sua vida cotidiana é usado para apoiar o pagamento da dívida". Trata-se de um mecanismo que se mostrou bastante eficaz, uma vez que são concedidos microempréstimos em sociedades nas quais os códigos rurais, vinculados às antigas táticas de sobrevivência, fazem do pagamento uma questão de honra – e a honra das mulheres, em particular, é essencial para a posição de uma família na comunidade. De fato, a honra

---

[73] Conforme descreve Lamia Karim (2011, p. 86), essa era a situação em Bangladesh, onde "95% das mulheres devedoras concediam empréstimos a seus maridos ou a outros homens endividados".

feminina funciona como uma espécie de garantia (Karim, 2011, p. 198). Paradoxalmente, embora os devedores sejam as pessoas mais pobres do mundo, as taxas de pagamento são as mais altas.

O autopoliciamento coletivo é apenas parcialmente responsável por esse "sucesso". Também são importantes as estratégias utilizadas em caso de inadimplência. Bancos, agências internacionais e ONGs têm se engajado em uma verdadeira *etnografia da vergonha*, estudando os mecanismos pelos quais as diferentes comunidades reforçam culturalmente seus costumes para depois aplicá-los com ameaças e intimidações físicas. Visitas domiciliares e uma variedade de métodos difamatórios são usadas para aterrorizar os devedores com o objetivo de fazê-los quitar os débitos. Em alguns países, como no Níger, fotos de mulheres que não pagaram suas dívidas são penduradas na porta dos bancos.[74] Na Bolívia, algumas instituições de microfinanciamento marcaram as casas dos inadimplentes e os identificaram em cartazes afixados nos bairros onde vivem (Toro Ibáñez, 2010, p. 135). Em Bangladesh, um método-padrão para punir os inadimplentes é a *invasão domiciliar*: funcionários de ONGs entram em um domicílio e arrancam as portas, o assoalho e o telhado para revendê-los como pagamento pelo empréstimo não quitado (Karim, 2011, p. 85, 117). No entanto, "as punições e sanções públicas também incluem [...] açoitar, derramar piche sobre o corpo [e] raspar o cabelo das mulheres [...], [além de] cuspir na pessoa toda vez que ela passar" (Karim, 2011, p. 85). Essas ONGs bengalis também recorrem à polícia, aos tribunais e às

---

74 Obtive essas informações em uma entrevista com Ousseina Alidou, diretora do Centro de Estudos Africanos da Universidade Rutgers, nos Estados Unidos, em setembro de 2012.

elites locais. Como resultado, as pessoas em risco de inadimplência vivem em um estado de terror que intensifica ressentimentos e hostilidades entre as próprias mulheres, que, às vezes, cooperam na invasão domiciliar da devedora. Isso explica por que as taxas de reembolso são tão altas, embora poucas pessoas possam afirmar que tiveram sucesso com o capital adquirido.

O "empoderamento" por meio do microcrédito não é uma tarefa fácil, pelo menos para a maioria de seus destinatários. A realidade é que a pobreza e a miséria não são causadas pela falta de capital, mas pela distribuição injusta da riqueza, e esse é um problema que algumas centenas de dólares não podem resolver ou mitigar. Nas mãos de famílias que vivem diariamente à beira do desastre, algumas centenas de dólares – ou até mais – desaparecem muito rápido e raramente são investidas com o objetivo de gerar mais dinheiro. O marido fica doente, a cabra morre, os filhos não têm sapatos para ir à escola: rapidamente as beneficiárias do empréstimo se veem impossibilitadas de fazer seus pagamentos e pegam dinheiro com agiotas para pagar os empréstimos que haviam contraído. Longe de melhorarem de vida graças a algum investimento "virtuoso", elas se afundam ainda mais na pobreza, passando de uma dívida pequena para outra maior, em uma espiral que, muitas vezes, termina em suicídio.[75] Mesmo quando não morrem fisicamente, muitas mutuárias morrem socialmente. Algumas, envergonhadas por não serem capazes de

---

[75] Houve um grande número de suicídios motivados pelos débitos, inclusive de homens que coassinaram os empréstimos de suas esposas. Segundo Vandana Shiva (2004), muitos dos mais de quinze mil agricultores que nos últimos anos se mataram na Índia sob o ônus da dívida pertenciam a essa categoria.

honrar as dívidas, deixam suas aldeias. Em Bangladesh, mulheres inadimplentes foram abandonadas pelos maridos depois de serem publicamente humilhadas. Diversos casos de inadimplência ocorrem não apenas pelo estado perene de crise como também pelas altas taxas de juros desses empréstimos, geralmente de 20% ou mais (Toro Ibáñez, 2010, p. 146-52). A justificativa para os juros escorchantes é que emprestar aos pobres é um processo trabalhoso e, presumivelmente, exige uma importante máquina social e de trabalho para garantir que eles não escapem da mira de seus credores; se não puderem pagar com dinheiro, pagarão com a última gota de sangue, na forma de um pequeno pedaço de terra, uma pequena cabana, uma cabra ou uma panela. Em Bangladesh, uma forma de punição às mulheres inadimplentes é o confisco da grande panela usada no preparo de arroz para a família, o que representa a vergonha máxima que uma mulher pode sofrer, causando uma perda de prestígio comunitário tão insuportável que pode induzir o marido a abandoná-la e, às vezes, levá-la ao suicídio (Karim, 2011, p. 91).

Por que então os microempréstimos continuam proliferando? O que induz as pessoas a aceitá-los e o que se consegue com essa expansão generalizada da dívida? A resposta é que poucas pessoas no mundo inteiro podem, hoje, viver somente de subsistência, mesmo em áreas predominantemente agrícolas. Expropriações de terras, desvalorizações monetárias, desemprego e cortes de serviços sociais, combinados à expansão das relações de mercado, estão forçando até mesmo as populações que se dedicam principalmente à agricultura a buscar alguma forma de renda. As ONGs também aprenderam a aliar empréstimos a estratégias de marketing, oferecendo uma variedade de bens, como remédios ou alimentos,

que os mutuários se sentem tentados a comprar.[76] Alguns deles conseguem progredir economicamente, mas são minoria; em geral, isso acontece quando colaboram com as ONGs no policiamento de outros tomadores de empréstimos e na cobrança de dívidas.[77] Vemos aqui um paralelo entre a situação das mulheres devedoras na Bolívia ou em Bangladesh e a dos estudantes universitários nos Estados Unidos, normalmente dispostos a enfrentar taxas muito altas de endividamento, convencidos de que o diploma lhes trará bons salários – na realidade, depois de formados, muitos deles têm dificuldade de encontrar um emprego ou uma vaga na faixa salarial esperada ou naquela que lhes permita quitar as dívidas contraídas para pagar a faculdade.

As razões pelas quais os investidores insistem em promover esse programa, apesar das crescentes críticas e das provas de seu fracasso em acabar com a pobreza,[78]

---

[76] Em Bangladesh, as ONGs fizeram acordos com várias empresas, como a Danone, promovendo os iogurtes como cruciais para a saúde das crianças (Karim, 2011, p. 67, 196). Houve um grande protesto na Índia quando as ONGs tentaram fazer um acordo com a Monsanto para combinar empréstimos com a comercialização de sementes; ver Policy Research Development Alternatives, "The Monsanto Initiative: Promoting Herbicides through Micro-Credit Institutions" [A iniciativa da Monsanto: promover pesticidas através de instituições de microcrédito], 1998. Ver também Shiva (1998) e Karim (2011).
[77] Como assinala María Galindo, as mulheres que se destacam na vigilância assumem papel de liderança no bairro e se tornam colaboradoras das ONGs. Além disso, o "empoderamento" tem um conteúdo de vigilância específico (Galindo, 2010, p. 10).
[78] Ver Bateman (2010); Chant (2010); Barbara Crossette, "UN Report Raises Questions about Small Loans to the Poor" [Relatório da ONU levanta questões sobre pequenos empréstimos para os pobres], *The New York Times*, 3 set. 1998; "In Micro-Finance Boom Echoes Of Subprime" [Ecos do *subprime* no boom do microfinanciamento], *Bloomberg Business Week*, 21-27 jun. 2010; Kentaro Toyama, "Lies, Hype, and Profit: The Truth about Microfinance" [Mentiras, modismo e lucro: a verdade sobre o microfinanciamento], *The Atlantic*, 28 jan. 2011.

são bastante variadas. O bom retorno do dinheiro investido é apenas um dos fatores; igualmente importantes são as mudanças promovidas pela dívida nas relações de classe e nas relações dentro do próprio proletariado. O microfinanciamento permite que o capital internacional controle e explore diretamente o proletariado mundial, ignorando a mediação dos Estados nacionais, garantindo, assim, que qualquer lucro obtido seja acumulado diretamente nos bancos em vez de ser apropriado pelos governos locais. Isso também permite escapar da mediação feita pelos parentes homens em relação ao trabalho das mulheres, canalizando as energias desse grupo que, na sequência do "ajuste estrutural", foi capaz de criar novas formas de subsistência fora ou à margem da economia financeira, as quais o microcrédito tenta submeter ao controle das relações monetárias e dos bancos. Além disso, tal como outras políticas de geração de dívida, o microfinanciamento é tanto um meio de experimentar relações sociais diferentes, nas quais as tarefas de vigilância e policiamento são "internalizadas" pela comunidade, pelo grupo ou pela família, quanto uma via na qual a exploração parece ser autogerenciada e o fracasso é mais incômodo por ser vivido como um problema e uma desonra individuais.

Aqui também podemos ver uma continuidade entre a experiência de mulheres endividadas no Egito, no Níger, em Bangladesh ou na Bolívia e a de estudantes endividados ou vítimas da crise do *subprime* nos Estados Unidos. Nos dois casos, o Estado e os empregadores desaparecem como beneficiários imediatos do trabalho e, portanto, como alvos de demandas e conflitos. Também há a ideologia do microempreendedorismo, que esconde o trabalho e a exploração envolvidos nesse tipo de atividade. Há a individualização das razões do sucesso ou do fracasso, da

vergonha sofrida individualmente, da política de culpa que leva a pessoa a se esconder, a se autoimpor o silêncio e a evitar qualquer tipo de exposição.

Essa estratégia tem sido muito bem-sucedida até o momento, mas é claramente insustentável no longo prazo, e não só para os pobres. Na verdade, ela já começou a mostrar seus limites. À medida que a pauperização causada pelo microfinanciamento se aprofunda, fica difícil espremer ainda mais os pobres, e as redes de microcrédito passam a redirecionar as atenções para populações mais ricas e a se deslocar cada vez mais para o Norte global. A abertura de filiais do Grameen Bank – literalmente, o "banco do povo" – em dez cidades dos Estados Unidos, começando por Nova York, é um exemplo desse processo.[79] No longo prazo, a estratégia da dívida insere o capitalismo numa cilada, pois o empobrecimento absoluto de tantas pessoas não pode se sustentar em nenhum lugar do mundo sem que o crescimento econômico estagne ou retroceda. Mais importante ainda, o capitalismo talvez esteja atingindo o ponto em que a vantagem decorrente da pauperização e da expropriação das multidões é contrabalanceada por sua incapacidade de conter a resistência que surge no processo.

---

[79] Conforme anunciado, a Grameen America oferece microempréstimos de, no máximo, 1,5 mil dólares. Também oferece contas de poupança por meio de bancos comerciais parceiros, nos quais os membros devem fazer depósitos. Normalmente, para receber um empréstimo, um indivíduo deve viver abaixo da linha da pobreza, estar localizado em uma comunidade com uma filial da Grameen America e ter disposição para criar ou ingressar em um grupo de cinco membros de "pessoas afins".

OS MOVIMENTOS ANTIDÍVIDA JÁ DESPONTARAM NA AMÉRICA LATINA

O movimento antidívida mais poderoso do México na década de 1990 foi El Barzón [O vagabundo], que, em alguns anos, se espalhou por todo o país com o slogan: "Devo, não nego, pago o que for justo" (Samperio, 1996; Chávez, 1998, p. 87-112). Também houve uma mobilização de devedores na Bolívia: em maio de 2001, milhares de pessoas de diferentes regiões do país, a maioria mulheres, sitiaram os bancos de La Paz por 95 dias (Toro Ibáñez, 2010, p. 137-44). Enquanto isso, o Grameen Bank se transformou em um nome odiado em Bangladesh: seus fundadores e administradores passaram a ser vistos como agiotas que enriqueceram à custa dos pobres (Karim, 2011, p. 192-3). E um movimento antidívida vem tomando corpo nos Estados Unidos, como demonstram a formação do Strike Debt![80] em um número crescente de cidades e o sucesso do Rolling Jubilee, lançado em Nova York em novembro de 2012.[81] Embora ainda não se saiba o resultado dessas formas de resistência, pode-se dizer que a formação de um movimento de "libertação

---

[80] Formado em Nova York, o Strike Debt! é uma ramificação do movimento Occupy Wall Street, cujo lema era "Nós somos os 99%", em oposição ao 1% dos que compõem os mais ricos do mundo. A organização está comprometida em desafiar a legitimidade da dívida com a premissa de que serviços básicos, como moradia, educação e saúde, não devem ser mercadorias limitadas aos que podem pagar. Ver Strike Debt & Occupy Wall Street (2012).

[81] Rolling Jubilee era uma estratégia do Strike Debt! que previa a compra de dívidas grandes sob taxas de desconto nos mercados secundários, em um movimento destinado a aumentar a consciência de que milhões de pessoas agora são escravizadas pelos bancos, às vezes pelo resto da vida. O Strike Debt lançou a segunda fase dessa estratégia, a Debt Collective, em 2014.

da dívida" é uma grande vitória por si só, pois o poder da economia da dívida, grosso modo, deriva do fato de que suas consequências são sofridas isoladamente. Como declarou o *Debt Resisters' Operations Manual* [Manual de operações dos resistentes da dívida], "há tanta vergonha, frustração e medo em torno de nossa dívida [que] é raro falarmos abertamente sobre ela" (Strike Debt & Occupy Wall Street, 2012, p. VI).

De fato, a cortina de medo e culpa gerada pela dívida em todo o mundo precisa ser rasgada, como ocorreu no México na década de 1990 e na Bolívia em 2001. Os estudantes, sobretudo nos Estados Unidos, têm um papel especial nesse processo, pois muitas das ferramentas culturais usadas por ONGs e sistemas bancários para convencer mulheres a contrair uma dívida e constranger os mutuários em caso de inadimplência, ainda que isso custe a vida dos devedores, são forjadas em nossas universidades. Os antropólogos, em particular, "desempenharam o papel de parteira", trazendo à atenção do mundo a capacidade dos pobres de sobreviver "diante da alienação, da privação e da marginalização" (Elyachar, 2002, p. 499). Como aponta Julia Elyachar, foram os antropólogos que alertaram os planejadores econômicos para as maneiras extraordinárias pelas quais os pobres conseguem sobreviver contra todas as probabilidades e para a importância das redes de relacionamento para a sobrevivência dessas pessoas. Elyachar (2002, p. 508) acrescenta que alguns dos efeitos do microfinanciamento podem não ter sido previstos pelos pesquisadores; no entanto, não é difícil imaginar que o reconhecimento da cultura e das relações sociais como "recursos econômicos" se transformaria facilmente em um "plano de ação".

Os comentários de Elyachar demonstram a importância de nossas universidades na produção de novos mode-

los de disciplina e extração de mão de obra.[82] Assim, do ponto de vista de um movimento estudantil antidívida, a tarefa é dupla. Por um lado, cabe ao movimento rechaçar a legitimidade da dívida contraída por meio do empréstimo estudantil, pois a educação não deve ser uma mercadoria passível de compra e venda. Por outro, ele deve se recusar a colaborar na produção de saberes que propulsionam a dívida e na utilização do conhecimento como instrumento de pagamento e de tortura psicológica para aqueles que não conseguem honrá-la.

A luta contra o microcrédito também está se intensificando. Um movimento, No Pago [Não pago], se desenvolveu na Nicarágua. Os protestos contra o microcrédito também se espalharam pela Índia, onde, em 2010, quase todos os mutuários haviam parado de quitar seus empréstimos, deixando a indústria sob risco de colapso.[83] Em Bangladesh, o berço do microfinanciamento, até a primeira-ministra, Sheikh Hasina Wajed, acusou Muhammad Yunus de "sugar o sangue dos pobres em nome da redução da pobreza" e de tratar o povo bengali como "cobaia".[84] Na Bolívia, a organização Mujeres Creando fez do cancelamento da dívida uma de suas principais tarefas, acusando bancos e ONGs de

---

[82] Entre as formas de conhecimento fundamentais para a gestão dos devedores está o que Lamia Karim (2011, p. 164-77) chama de "pesquisa da pobreza", que produz "um arquivo de conhecimento íntimo sobre os pobres". A tarefa aqui é "desmascarar representações", tornando-as apreensíveis para o público em geral (Karim, 2011, p. 166).
[83] Lydia Polgreen & Vikas Bajaj, "India Microcredit Faces Collapse from Defaults" [Setor de microcrédito da Índia encara colapso nos defaults], *The New York Times*, 17 nov. 2010.
[84] "Saint Under Siege" [Cerco ao santo], *The Economist*, 5 jan. 2011; Lydia Polgreen & Vikas Bajaj, "Microcredit Pioneer Ousted, Head of Bangladesh Bank Says" [Pioneiro do microcrédito foi abandonado, diz diretor do Bangladesh Bank], *The New York Times*, 2 mar. 2011.

roubar trabalho futuro, tempo futuro e esperança futura das mulheres, e instando-as a recuperar suas formas tradicionais de empréstimo, nas quais "o dinheiro passa de mulher para mulher com base nas relações de amizade e reciprocidade" (Toro Ibáñez, 2010). De maneira mais ampla, estão se formando novos movimentos que veem a dívida como um terreno potencial de recomposição de classe, no qual aqueles que lutam contra as execuções hipotecárias podem se encontrar com estudantes endividados, inadimplentes de microcréditos e titulares de cartão de crédito. Mas, como Galindo supõe com grande perspicácia, o sucesso desses movimentos dependerá muito de como vão protestar contra a dívida e, além disso, de como vão recriar e reinventar os comuns que a dívida destruiu.

PARTE 2

—

SOBRE OS COMUNS

INTRODUÇÃO 140 · **SOB OS ESTADOS UNIDOS, OS COMUNS (2011)** 141 · **OS COMUNS CONTRA O CAPITALISMO E ALÉM DELE (2013)** 150 · **A UNIVERSIDADE: UM COMUM DO CONHECIMENTO?** 170 · **AS LUTAS DAS MULHERES POR TERRAS NA ÁFRICA E A RECONSTRUÇÃO DOS COMUNS (2011)** 174 · **A LUTA DAS MULHERES PELA TERRA E PELO BEM COMUM NA AMÉRICA LATINA (2017)** 199 · **MARXISMO, FEMINISMO E OS COMUNS (2014)** 221 · **DA CRISE AOS COMUNS: TRABALHO REPRODUTIVO, TRABALHO AFETIVO, TECNOLOGIA E A TRANSFORMAÇÃO DA VIDA COTIDIANA (2015)** 254 · **REENCANTANDO O MUNDO: TECNOLOGIA, CORPO E CONSTRUÇÃO DOS COMUNS (2015)** 272

TAMBÉM NOS ANUNCIAM OUTRO MUNDO POSSÍVEL AS VOZES ANTIGAS QUE NOS FALAM DE COMUNIDADE. A COMUNIDADE, O MODO COMUNITÁRIO DE PRODUÇÃO E DE VIDA, É A MAIS REMOTA TRADIÇÃO DAS AMÉRICAS, A MAIS AMERICANA DE TODAS: PERTENCE AOS PRIMEIROS TEMPOS E ÀS PRIMEIRAS PESSOAS, MAS PERTENCE TAMBÉM AOS TEMPOS QUE VÊM E PRESSENTEM UM NOVO MUNDO NOVO.

— EDUARDO GALEANO,
"AS TRADIÇÕES FUTURAS" (1991)

SE A SOCIEDADE ESTADUNIDENSE JUDICIOSAMENTE SEGUISSE AS TRADIÇÕES DAS VÁRIAS NAÇÕES INDÍGENAS, O LUGAR DAS MULHERES NA SOCIEDADE SE TORNARIA CENTRAL, A DISTRIBUIÇÃO DE BENS E PODER SERIA IGUALITÁRIA, OS IDOSOS SERIAM RESPEITADOS, HONRADOS E PROTEGIDOS COMO UM RECURSO SOCIAL E CULTURAL PRIMÁRIO.

— PAULA GUNN ALLEN, "WHO IS YOUR MOTHER? RED ROOTS OF WHITE FEMINISM" [QUEM É SUA MÃE? RAÍZES VERMELHAS DO FEMINISMO BRANCO] (1998)

INTRODUÇÃO

Assim como os comuns que existem hoje, os artigos incluídos nesta seção não fornecem uma imagem única. Em vez disso, viajam por diferentes lugares, tentando esclarecer quais os princípios envolvidos nas sociedades comunitárias e os desafios encontrados pela defesa dos comuns existentes e para a construção de novos comuns. O panorama que apresento aqui também está longe de ser exaustivo. Meu objetivo principal é demonstrar o potencial das relações comunais como garantia de sobrevivência, de maior capacidade de resistência e, acima de tudo, como um caminho para transformar nossa subjetividade, para que possamos reconhecer, no mundo que nos rodeia – a natureza, as outras pessoas, o mundo animal –, uma fonte de riqueza e conhecimento, e não um perigo. Embora escritos em diferentes momentos e por diferentes razões, os ensaios desta parte devem ser lidos como um *continuum*, cujo fio condutor é o esforço de aplicar o princípio dos comuns à organização da reprodução social. Ao longo desse processo, jamais deixei de imaginar o que diriam as pessoas que já vivem uma experiência comunitária: "Os comuns são vividos; não se pode falar sobre eles, muito menos teorizá-los". Imagino que isso se deva à dificuldade de apresentar em palavras uma experiência tão poderosa e rara como a de fazer parte de algo maior do que nossa vida individual, de habitar "esta terra da humanidade" não como um estranho ou invasor, que é a maneira como o capitalismo deseja que nos relacionemos com os espaços que ocupamos, mas como lar. No entanto, as palavras são necessárias, especialmente para aqueles entre nós que vivem em áreas em que as relações sociais foram desarticuladas quase por completo.

SOB OS ESTADOS UNIDOS, OS COMUNS (2011)

> Dois fatos fundamentais, de origem natural, dominaram a história primitiva de todos ou quase todos os povos: a organização do povo na base do parentesco e a propriedade comum do solo.
> — Friedrich Engels, "A marca" (1882 [2003])

No fim da década de 1930, historiadores comunistas que estudavam as origens da sociedade de classes, como Paul Kosok, descobriram no território dos Nazca, uma população do Peru, indícios notáveis e testemunhos plausíveis de um antigo sistema de irrigação – descoberta que, acreditavam os pesquisadores, lançaria nova luz sobre a origem das relações de classe e do Estado. Tais marcas na terra não eram visíveis a olho nu, mas um sobrevoo sobre esse território revelou padrões intrincados que anos de erosão não haviam apagado.

Esse exemplo, com todo seu poder metafórico, vem com a constatação de que um livro sobre os comuns escrito nos Estados Unidos deve começar reconhecendo nossa dívida com os primeiros grupos que partilhavam os bens comuns do continente, a saber, as populações indígenas americanas, as Primeiras Nações, que mantiveram a terra em comum por séculos, honrando e celebrando sua generosidade, tirando dela apenas o suficiente para a sobrevivência, sem esgotar sua riqueza, legando a mesma abundância para as próximas sete gerações, como ditava a sabedoria indígena. Hoje, aos olhos do estadunidense médio, pouco parece restar dos comuns das Primeiras Nações para além de uma série de nomes, frequente-

mente encontrada nas rodovias, designando comunidades há muito removidas. Somente as reservas parecem resistir, embora também violadas pelo constante roubo federal de terras indígenas e pela contaminação causada por atividades extrativistas impostas a elas. No entanto, assim como o sistema encontrado pelos historiadores na terra dos Nazca, grande parte da riqueza deste país – alimentos, medicamentos, práticas de cura e até algumas instituições, como lembra Paula Gunn Allen – tem suas origens na América indígena. E, mais importante: o que ainda permanece vivo do mundo das Primeiras Nações é *um modo de conceber a relação das pessoas com a propriedade e a terra que ainda nutre a nossa imaginação.*

Além disso, os comuns indígenas não estão extintos, de forma alguma. No sul do continente americano, há vastos territórios governados por regimes comunitários; ademais, como demonstrou o movimento zapatista, novas formas comunais de organização social estão sendo continuamente produzidas.

Se para a filosofia política burguesa a propriedade privada era a condição da liberdade e marca distintiva entre civilização e barbárie, para as nações nativas a liberdade dependia da ausência desse tipo de propriedade.[85] À época da chegada dos europeus, a posse comum das coisas era tão universal em todo o continente americano que mesmo a panela de comida, observou Colombo, estava disponível para quem quisesse se servir, inclu-

---

[85] Sobre o tema, ver Brandon (1986, p. 23-4). O autor argumenta que o próprio conceito de liberdade, entendido como autodeterminação, entrou no pensamento social europeu no século XVII, viajando do "Novo Mundo", trazido por inúmeros relatos que retratavam as populações indígenas como povos sem mestres vivendo em um estado de igualdade, alheio aos conceitos de posse do que é "meu" e do que é "vosso".

sive em tempos de fome. Dois séculos depois, Thomas Morton também disse, das Cinco Nações que habitavam a Nova Inglaterra, que, "embora todo proprietário saiba o que lhe pertence [...], todas as coisas, contanto que durem, são usadas em comum entre eles" (Morton apud Cronon, 2011, p. 61).[86] A ideia de propriedade da terra era tão estranha entre os indígenas americanos que os indivíduos não faziam nenhum esforço para garantir para si as terras que ocupavam, mudando de terreno muitas vezes e compartilhando-o prontamente com recém-chegados. Como escreve Kirkpatrick Sale (1990, p. 314): "Possuir ou vender a terra eram ideias tão estrangeiras quanto possuir e vender as nuvens ou o vento". William Cronon (2011, p. 61-3) também comenta: "Essa atitude despreocupada em relação à posse pessoal era típica em toda a Nova Inglaterra". Como sabemos, a disposição de se despir de qualquer posse individual foi mal interpretada pelos europeus como um sinal de que a propriedade não existia. Assim, ao chegarem à Nova Inglaterra, os colonos presumiram que o território indígena era *terra nullius*, porque viram que os habitantes tinham uma atitude flexível para com seus bens pessoais e mudavam periodicamente de área. Na realidade, as famílias indígenas tinham um uso garantido de seus terrenos e da terra onde ficavam suas tendas. Mas não eram posses per-

---

[86] Thomas Morton foi um colono estadunidense que, em 1626, fundou Merrymount, uma colônia que seus vizinhos puritanos consideravam escandalosa devido às regras morais afrouxadas e às boas relações que travava com as populações algonquianas vizinhas, por quem Morton nutria grande respeito e admiração. Um dos eventos que mais chocavam as autoridades governantes da Colônia de Plymouth era a celebração dos festivais do Dia de Maio, durante os quais os colonos dançavam ao redor de um mastro, cumprindo uma antiga tradição camponesa da Inglaterra, juntando-se à dança com mulheres indígenas. Sobre Thomas Morton, ver Linebaugh (2016, p. 15-7, 85-6).

manentes. Não se fazia nenhum esforço para estabelecer limites permanentes ao redor de determinado terreno ocupado por uma família, e essas áreas eram abandonadas após alguns anos, permitindo o retorno da vegetação nativa. O que as pessoas possuíam era o uso da terra e das colheitas – isso, sim, era negociado, e esse direito de usufruto não poderia impedir o acesso ao terreno. Na verdade, diferentes grupos de pessoas tinham direitos sobre o mesmo pedaço de terra, a depender do uso que fizessem dele, que podia não ser o mesmo (Cronon, 2011, p. 61-3; Mitchell, 1998). Também era possível que várias aldeias pescassem nos mesmos rios, reconhecendo seus direitos mútuos. E quando alguém saía do clã, deixava para trás tudo o que já tivesse possuído. Contudo, esses grupos nômades, desapegados, tinham uma comunhão muito mais profunda com a terra e a agricultura do que os europeus privatizadores, e respeitavam isso de tal forma que, embora "tivessem tirado seu sustento da terra por gerações e gerações, caçando, explorando, plantando, pescando, construindo, criando trilhas", no momento da chegada dos europeus "a terra da América do Norte ainda era, sob todos os aspectos, sem exceção, uma área nativa exuberante e fértil, com abundante vida selvagem na água, na floresta e no ar" (Sale, 1990, p. 315).

 O resultado dessa falta de apego à propriedade privada entre os povos indígenas da América foi uma perspectiva comunal que valorizava a cooperação, a identidade de grupo e a cultura. Nas terras indígenas, por exemplo, quando da chegada dos europeus, se alguém passava fome, todos passavam fome, o que torna ainda mais notável a ajuda que prestaram aos colonos. A aversão à acumulação individual era tão forte que criaram o ritual do *potlatch*, uma redistribuição periódica da riqueza que lhes permitia se libertarem dela. A cura tam-

bém foi e continua a ser uma prática coletiva que, no *temazcal*,[87] funde os corpos entre si e à terra, ao fogo e à grande força que emerge dessa experiência profundamente comunalizante.

Reconhecer essa história e seu legado hoje em dia não é — como às vezes se diz — romantizar um sujeito indígena artificialmente construído, nem naturalizar uma identidade étnica produzida pelo olhar dos colonizadores; é reconhecer os povos que historicamente mais sofreram e lutaram contra os cercamentos no continente americano e recusar-se a ignorar as reivindicações daqueles que um dia habitaram esta terra, que pensamos como o lugar de futuros comuns. Nenhuma grande mudança política será possível nos Estados Unidos sem o confronto e a reparação das duas grandes injustiças que fundaram este país: a desapropriação e o genocídio dos povos indígenas e a escravidão de milhões de africanos, que perdurou ao longo da era pós-Reconstrução[88] e, de muitas formas, se mantém até o presente. Além disso, como escreve Paula Gunn Allen (1988, p. 18-20), a perda de memória é a raiz da opressão, pois o esquecimento do passado tira o sentido do mundo onde nos movimentamos, priva de qualquer significado os espaços que habitamos, enquanto esquecemos o preço pago por pisar o chão em que caminhamos e cujas histórias estão inscritas nas pedras, nos campos e nos edifícios ao nosso redor. A perda de memória cria um ambiente silencioso

---

87 Também chamado "tenda do suor", o *temazcal* é uma cerimônia de banhos a vapor para purificação do corpo e do espírito praticada por diversas etnias ameríndias. [N.E.]
88 A Reconstrução foi um período da história dos Estados Unidos que se iniciou após o término da Guerra de Secessão, em 1865, estendendo-se até o ano de 1877. [N.T.]

no qual nossas lutas têm poucas chances de sucesso, confrontadas com a cacofonia da mídia comprada e as mentiras políticas sob proteção militar.

Há mais duas razões que tornam imperativo que, no início de uma discussão sobre o feminismo e os comuns, nos voltemos à história das práticas comunais das populações indígenas do continente americano. Como bem demonstrou a construção do oleoduto Keystone no território dos Lakota, o roubo e a destruição dos comuns das Primeiras Nações continuam.[89] De fato, em toda a América Latina, os regimes comunitários criados pelos povos indígenas lutam para sobreviver e, ainda assim, se atêm às instituições sociais que lhes permitiram manter sua relação com a terra, governar a si mesmos e organizar suas comunidades de acordo com uma lógica profundamente diferente da do Estado.[90] Desse modo,

---

[89] De propriedade da TransCanada Corporation [atual TC Energy] e anunciado como o oleoduto mais avançado da América do Norte, o Keystone se estenderá por quase dois mil quilômetros, de Alberta, Canadá, até o Texas. Ele atravessa terras de povos indígenas, ameaçando suas águas e seus espaços sagrados. Também foi tema de protesto por parte de grupos ambientalistas que acusaram a TransCanada de fornecer informações falsas sobre o impacto ambiental do projeto. [As obras do Keystone foram barradas por Barack Obama em 2015, depois liberadas por Donald Trump em 2017. Em janeiro de 2021, Joe Biden as cancelou por meio de um decreto que também proíbe qualquer exploração de petróleo ou gás em reservas nacionais de vida selvagem. – N.E.]

[90] Sobre a luta dos regimes comunitários para manter sua relação com a terra e governar a si mesmos, ver o trabalho da ativista acadêmica quiché Gladys Tzul Tzul, especialmente *Sistemas de gobierno comunal indígena: Mujeres y tramas de parentesco en Chuimeq'ena* (2016) e *Gobierno comunal indígena y Estado guatemalteco: Algunas claves críticas para comprender su tensa relación* (2018). Tzul Tzul examina as instituições comunais que serviram para defender a relação das populações indígenas com a terra, com referência específica à população Quiché dos 48 cantões de Totonicapán, na Guatemala. A autora sublinha o papel da coletividade no trabalho e na tomada de decisões por meio de assembleias comunais e rituais há muito estabelecidos (como as *fiestas*) na produção de formas de vida e relações sociais autônomas.

nossa relação com os comuns indígenas é uma questão política urgente. Além disso, como vimos, na história desses comuns encontramos o melhor – e mais concreto – exemplo de *uso comunal de recursos, realizado sem nenhuma demanda por propriedade privada* ou com regulações excludentes.

Especialmente importante para os propósitos deste livro é o poder que as mulheres tinham nas comunidades indígenas, muito provavelmente relacionado à falta de anseios por propriedade privada e acumulação. Como relatou Lewis Henry Morgan (1964),[91] o poder das mulheres nas cinco nações iroquesas[92] era tão grande que elas tinham autoridade para decidir sobre a paz ou a guerra. Já de acordo com Paula Gunn Allen, o valor que os povos indígenas atribuíam à liberdade, à falta de hierarquias e às relações igualitárias tem sido uma importante fonte de influência não apenas no pensamento socialista na

---

[91] Em seu estudo e contato com populações indígenas na Nova Inglaterra, bem como nos territórios dos Dakota, Morgan (1964, p. 79) constata que, na época da chegada europeia, a descendência desses povos se dava pela linhagem feminina. As mulheres eram influentes no conselho – descrito por ele como uma assembleia democrática –, no qual "todos os membros adultos, mulheres e homens, tinham voz em relação a todas as questões que ali se enunciavam". Também descobriu que as mulheres eram incumbidas de dar nomes para seus filhos e para membros do clã, quando estes precisassem alterá-los no decorrer da vida, e que todos os membros do clã traçavam sua ascendência por um ancestral feminino em comum (Morgan, 1964, p. 65). Ele observa também que, no momento de seu contato, a situação estava se modificando como resultado da influência e da pressão dos europeus – alguns grupos, por exemplo, mudavam da linhagem feminina para a masculina.

[92] Os iroqueses foram um grupo de habitantes originários da região dos Grandes Lagos (atual território do estado de Nova York). Ficaram conhecidos como "Confederação Iroquesa" ou "cinco nações" – e, posteriormente, "seis nações" –, pois compreendiam os povos Caiuga, Mohawk, Oneida, Onodaga, Seneca e Tuscarora, cujos idiomas eram semelhantes entre si, e porque organizaram um sistema de lideranças entendido como uma das democracias participativas mais antigas da história. [N.E.]

Europa e nos Estados Unidos mas especialmente no feminismo estadunidense, que, simbolicamente, a evocou no encontro da primeira conferência feminista nos Estados Unidos, realizado em Seneca Falls, um antigo território indígena.[93]

Portanto, não é mera coincidência que a primeira reconstrução de um território no continente americano organizado segundo o princípio dos comuns tenha sido realizada por indígenas – os zapatistas – ou que a Lei Revolucionária das Mulheres seja central para sua constituição, estabelecendo uma ampla gama de direitos para as mulheres, e sem precedentes em nenhum outro país.[94] Da mesma forma, não é coincidência que, em todo o continente americano, da Terra do Fogo à Amazônia, de Chiapas a Dakota do Sul, sejam as mulheres que lideram hoje a luta em defesa dos comuns, criando, nesse processo, novas formas comunitárias. Quando uma ampla coalizão de forças se reunia em Standing Rock para se opor à perfuração exploratória dos territórios sagrados da reserva Lakota, foram principalmente as mulheres que construíram a infraestrutura para gerir um acampamento de mais de sete mil pessoas durante meses em uma das áreas mais frias do país, onde a temperatura no

---

93 Referência à primeira conferência sobre direitos das mulheres nos Estados Unidos, realizada em julho de 1848 em Seneca Falls, no norte do estado de Nova York, que havia sido o território das seis nações iroquesas. [N.E.]

94 A Lei Revolucionária das Mulheres foi aprovada em 1992 na época do levante zapatista. Ela estipula sete direitos fundamentais das mulheres: participar na luta revolucionária como quiserem; trabalhar e receber um salário justo; decidir quantos filhos querem ter e criar; participar dos assuntos da comunidade e manter cargos de autoridade se forem eleitas livre e democraticamente; ter acesso à educação; escolher seu parceiro; e receber atenção primária em questões de saúde e nutrição. Para o texto da lei, ver Exército Zapatista de Liberação Nacional (1994). Para uma discussão sobre o processo que levou à aprovação da lei, ver Klein (2015).

inverno fica abaixo de zero; foram elas que organizaram o abastecimento de alimentos e roupas e deram aulas para as crianças, além de terem criado os slogans para a luta. A coragem e a criatividade que essas "protetoras da água" demonstraram certamente justifica, em parte, o apoio que o acampamento recebeu. A ele, aderiram representantes de quatrocentos grupos indígenas, além de ativistas, homens e mulheres de todas as idades e de todas as regiões do país, quebrando o isolamento com o qual os povos indígenas, no passado, confrontaram o homem branco, e reconhecendo um interesse coletivo na defesa e na reivindicação dos comuns nos Estados Unidos.

OS COMUNS CONTRA O CAPITALISMO E ALÉM DELE (2013)
COM GEORGE CAFFENTZIS

> No nosso ponto de vista, não podemos apenas dizer "Não há comuns sem comunidade". Precisamos dizer também "Não há comuns sem economia", no sentido de *oikonomia*, isto é, a reprodução dos seres humanos na esfera social e natural. Logo, a reinvenção dos comuns está ligada à reinvenção do que é comunal e de uma economia baseada nos comuns.
> — Maria Mies & Veronika Bennholdt--Thomsen, *The Subsistence Perspective* [A perspectiva da subsistência] (1999)

Os "comuns" se tornaram onipresentes na linguagem política, econômica e até imobiliária de nosso tempo. Esquerda e direita, neoliberais e neokeynesianos, conservadores e anarquistas empregam o conceito em suas intervenções políticas. O Banco Mundial o adotou em abril de 2012, com a exigência de que toda pesquisa conduzida internamente ou apoiada por suas bolsas ofereçam "acesso livre sob a licença de direitos autorais do Creative Commons — uma organização sem fins lucrativos cujas licenças de direitos autorais foram desenvolvidas para acomodar o acesso expandido à informação, proporcionado pela internet".[95] Até mesmo a revista

---

[95] Sabrina I. Pacifici, "World Bank Publications and Research Now Easier to Access, Reuse" [Publicações do Banco Mundial agora estão mais fáceis de acessar], *beSpacific*, 10 abr. 2012.

The Economist, um baluarte do neoliberalismo, mostrou-se atraída pelo conceito ao exaltar, em um elogioso obituário, Elinor Ostrom, a decana do estudo dos comuns e crítica ao totalitarismo de mercado:

> Para Elinor Ostrom, o mundo parecia conter uma extensa dimensão de bom senso. Deixadas à própria sorte, as pessoas encontrariam maneiras racionais de sobreviver e de estabelecer boas relações. Apesar do caráter esgotável de terras cultiváveis, florestas, água doce e recursos pesqueiros, seria possível compartilhá-los sem esgotá-los e cuidar deles sem conflitos. Enquanto outros escreviam de modo sombrio sobre a tragédia dos comuns, enxergando apenas a pesca e o cultivo da terra desenfreados, como em um vale-tudo ganancioso, Ostrom, com sua risada sonora e suas blusas ainda mais extravagantes, fazia um recorte diferente e alegre.[96]

Também é difícil ignorar o uso abusivo do termo "comum" ou "comuns" no discurso imobiliário dos campi das universidades, shopping centers e condomínios fechados. Universidades de elite que cobram cinquenta mil dólares por ano chamam suas bibliotecas de "comuns da informação". *Esta é quase uma lei da sociedade contemporânea: quanto mais os comuns são atacados, mais são celebrados.*

Neste ensaio, examinamos as razões desses desdobramentos e respondemos a algumas das principais questões enfrentadas pelos anticapitalistas que defendem os comuns na atualidade: o que queremos dizer com

---

[96] "Elinor Ostrom, Defender of the Commons, Died on June 12th, aged 78" [Elinor Ostrom, defensora dos comuns, morreu no dia 12 de junho aos 78 anos], *The Economist*, 30 jun. 2012.

"comuns anticapitalistas"? A partir dos bens comuns criados por nossas lutas, como podemos gerar um novo modo de produção que deixe de ser baseado na exploração da mão de obra? Como podemos evitar que, em vez de oferecer uma alternativa ao capitalismo, os comuns sejam cooptados pelas classes capitalistas decadentes e transformados em plataformas para que consigam reconstruir sua fortuna?

HISTÓRIA, CAPITALISMO E COMUNS

Comecemos com uma perspectiva histórica, tendo em mente que *a história em si é um comum*, mesmo quando revela os modos como fomos divididos, pois é narrada por uma multiplicidade de vozes. A história é nossa memória coletiva, o corpo expandido que nos conecta a uma amplitude de lutas que dão sentido e poder à nossa prática política.

A história nos mostra que "a partilha de comuns" é o princípio que organiza a existência dos seres humanos na Terra há milhares de anos. Segundo Peter Linebaugh (2008), praticamente inexiste sociedade que não os tenha em seu cerne. Ainda hoje, sistemas comunais de propriedade perduram em muitas partes do mundo, especialmente entre os povos indígenas da América Latina, da África e da Ásia.

Portanto, ao falarmos sobre comuns, não nos referimos a uma realidade específica ou a um conjunto de experimentos de pequena escala, como as comunas rurais no norte da Califórnia nos anos 1960, por mais importantes que tenham sido (Boal *et al.*, 2012). Falamos, na verdade, de formações sociais de larga escala, por

vezes de dimensões continentais, como as redes de comuns na América pré-colonial, que se estendiam do atual território do Chile até o que são hoje a Nicarágua e o Texas, ligadas por uma ampla variedade de trocas, incluindo presentes e escambos. Na África, do mesmo modo, sistemas de posse de terra comunal sobrevivem, mesmo diante do cenário de uma "corrida por terras"[97] sem precedentes (Pearce, 2012). Na Inglaterra, a terra comunal permaneceu como fator econômico importante até o começo do século XX. Linebaugh (2012, p. 114-24) estima que, em 1688, um quarto da área total da Inglaterra e do País de Gales era constituído por terras comunais. De acordo com a 11ª edição da *Encyclopedia Britannica*, depois de mais de dois séculos de cercamentos envolvendo a privatização de milhões de acres, a porção de terra comunal remanescente em 1911 era algo entre 1,5 milhão e dois milhões de acres, aproximadamente 5% do território inglês. No fim do século XX, a terra comunal ainda consistia em 3% do território.[98]

Essas considerações são importantes não porque queiramos estabelecer, com base no passado, o modelo para nosso conceito dos comuns e práticas de participação. Não podemos construir uma sociedade alternativa por meio de retornos nostálgicos a formas sociais que já se mostraram incapazes de resistir ao ataque das relações capitalistas. Os novos comuns precisarão ser um produto

---

[97] Referência à aquisição de terras em larga escala por empresas e governos de países ricos, com objetivo de expansão do agronegócio para exportação; ver Gustavo T. Oliveira, "Regularização fundiária e a 'corrida mundial por terras' no Brasil", *Campo-Território: Revista de Geografia Agrária*, edição especial, p. 43-75, jun. 2016. [N.T.]
[98] "Common Land", *naturenet* [s.d.]. Disponível em: http://naturenet.net/law/commonland.html.

de nossa luta. Entretanto, observar épocas passadas serve para refutar a suposição de que a sociedade dos comuns que propomos seja uma utopia ou um projeto que apenas pequenos grupos são capazes de realizar, em vez de considerar os comuns como uma estrutura política para pensar em alternativas ao capitalismo.

Não só os comuns existem há milhares de anos como os próprios elementos de uma sociedade de base comunal ainda estão entre nós, embora sob ataque constante e cada vez mais intenso. O desenvolvimento capitalista exige a destruição de propriedades e relações comunais. Ao se referir aos "cercamentos" que expulsaram o campesinato de suas terras na Europa nos séculos XVI e XVII — ato de nascimento da sociedade capitalista moderna —, Marx falava de "acumulação primitiva". Mas aprendemos que isso não ocorreu uma única vez, não esteve circunscrito a determinado espaço ou a uma época específica; foi um processo de séculos e que continua acontecendo. A acumulação primitiva, ou melhor, originária, é a estratégia à qual a classe capitalista sempre recorre em tempos de crise, já que expropriar trabalhadores e expandir a mão de obra disponível para exploração são os métodos mais efetivos para restabelecer o "equilíbrio adequado de poder" e obter a supremacia na luta de classes.

Na era do neoliberalismo e da globalização, essa estratégia vem sendo normalizada e desenvolvida ao extremo, fazendo da acumulação primitiva e da privatização do *commonwealth* [riqueza comum] um processo permanente, que agora se estende a todas as áreas e a todos os aspectos de nossa existência. Não só terras, florestas e zonas de pesca têm sido apropriadas para usos comerciais, no que parece ser uma nova corrida por terras sem precedentes na história; vivemos em um mundo em que

tudo – da água que bebemos às células e ao genoma do nosso corpo – tem uma etiqueta de preço ou se tornou uma patente, e não se poupam esforços para garantir que empresas tenham o direito de cercar os últimos espaços abertos no planeta, forçando-nos a pagar para ter acesso a eles. De Nova Délhi e Nova York a Lagos e Los Angeles, o espaço urbano está sendo privatizado. Atos como vender produtos nas ruas e até mesmo sentar-se na calçada ou deitar-se numa praia sem pagar por isso têm sido vetados. Rios são represados; florestas, exploradas; águas e aquíferos, engarrafados e postos no mercado; sistemas de conhecimentos tradicionais, saqueados através de regulamentações de propriedade intelectual; e escolas públicas, transformadas em empreendimentos com fins lucrativos. *É por isso que a ideia dos comuns exerce tanta atração na imaginação coletiva: sua perda expande nossa convicção sobre a importância de sua existência e aumenta nosso desejo de aprender mais sobre eles.*

OS COMUNS E A LUTA DE CLASSES

Apesar de todos esses ataques, os comuns não deixaram de existir. Como afirmou Massimo De Angelis (2007), sempre houve comuns "fora" do capitalismo, exercendo um papel fundamental na luta de classes e alimentando tanto a imaginação utópica/radical quanto a barriga de muitos de seus participantes. As associações de ajuda mútua organizadas por trabalhadores, posteriormente substituídas pelo Estado de bem-estar social, são exemplos fundamentais desse "fora" (Beito, 2000). Para nós, o mais importante é o fato de novos comuns estarem sendo constantemente engendrados. Desde o movimento do software livre até o

da economia solidária, todo um universo de novas relações sociais passa a existir baseado no princípio de compartilhamento comunal (Bollier & Helfrich, 2012), sustentado pela percepção de que o capitalismo só nos tem a oferecer mais trabalho, mais guerras, mais sofrimento e mais divisões. Na realidade, em uma época de crise permanente e ataques sistemáticos aos nossos empregos, salários e espaços sociais, a construção de comuns vem se tornando um meio necessário para a sobrevivência. Não é coincidência que na Grécia, nos últimos anos, em meio a cortes de cerca de 30% nos salários e nas aposentadorias e índices de desemprego chegando a 50% entre os jovens, várias formas de ajuda mútua tenham surgido, incluindo serviços médicos gratuitos, distribuição gratuita de hortaliças, legumes e frutas por agricultores nos centros urbanos e "consertos" de cabos de energia elétrica cortados por falta de pagamento.

Precisamos enfatizar, entretanto, que as iniciativas de partilha de comuns que vemos proliferar à nossa volta — bancos de tempo, hortas urbanas, agricultura de base comunitária, cooperativas alimentares, moedas locais, licenças Creative Commons, práticas de permuta e trocas de informação — são mais do que diques de contenção contra o ataque neoliberal à nossa subsistência: trata-se de experiências de autoabastecimento, sementes de um modo de produção alternativo ainda em formação. Também é assim que devemos ver os movimentos de ocupação formados em muitas periferias urbanas ao redor do mundo desde os anos 1980, não só como produtos da expropriação de terra mas também como sinais de uma população crescente de habitantes urbanos "desconectados" da economia mundial formal, que atualmente organizam sua reprodução fora do controle do Estado e do mercado (Zibechi, 2012b, p. 190 [2015, p. 18]). Como sugere Raúl Zibechi, essas

ocupações de terras urbanas são mais bem entendidas como um "planeta dos comuns", no qual as pessoas exercem seu "direito à cidade", do que como um "planeta favela", conforme descreveu Mike Davis (2006).

A resistência dos povos indígenas das Américas à crescente privatização de suas terras deu um novo impulso à luta pelos comuns. Enquanto a demanda dos zapatistas por uma nova Constituição mexicana que reconheça sua posse coletiva das terras segue ignorada, a nova Constituição venezuelana de 1999 sancionou o direito dos povos originários de usarem os recursos naturais de seus territórios. Na Bolívia, uma nova Constituição reconheceu a propriedade comunal em 2009. Citamos esses exemplos não para propor que devamos contar com o aparato legal do Estado para promover a sociedade de comuns que desejamos, o que seria uma contradição, mas para enfatizar como é potente essa demanda vinda da base popular para a criação de novas formas de sociabilidade e abastecimento sob controle comunal e organizada pelo princípio da cooperação social.

COMUNS FECHADOS E COOPTADOS

Diante desses desdobramentos, a tarefa que temos pela frente é a de compreender como conectar essas diferentes realidades e, acima de tudo, garantir que os comuns criados por nós sejam verdadeiros transformadores de nossas relações sociais. Há comuns que, de fato, são cooptados pelo Estado, outros são cercados e "fechados"; e há ainda os que produzem commodities e são, por fim, controlados pelo mercado.

Consideremos dois exemplos de comuns cooptados. Há anos, parte do establishment capitalista internacional

(especialmente o Banco Mundial) promove um modelo mais sutil de privatização, apelando ao princípio dos comuns. Em nome da proteção dos "comuns globais", o Banco Mundial expulsou das florestas pessoas que ali viviam havia gerações, ao mesmo tempo que liberou o acesso àqueles que podiam pagar, argumentando que o mercado (em forma de reservas de caça ou zonas de ecoturismo) é o melhor instrumento de conservação (Isla, 2009). A ONU também defende seu direito de gerenciar o acesso aos recursos mundiais, como a atmosfera, os oceanos ou as florestas amazônicas, novamente em nome da preservação da "herança comum da humanidade".

O comunalismo é também o jargão sob o qual o governo recruta trabalho voluntário. O projeto Big Society [Grande sociedade], do ex-primeiro-ministro britânico David Cameron, propunha a mobilização das pessoas para diversos programas de voluntariado, supostamente direcionados a compensar os cortes nos serviços sociais feitos em nome da crise econômica. Em um rompimento ideológico com a tradição iniciada por Margaret Thatcher nos anos 1980, que afirmou que "a sociedade não existe" — até mesmo o copo de leite no almoço das escolas foi vetado —, o programa Big Society atualmente se manifesta em uma série de leis, incluindo a Public Services (Social Value) Act [Lei do serviço público (valor social)]. Essa legislação instrui organizações patrocinadas pelo governo (de creches a bibliotecas e clínicas) a recrutar jovens e artistas locais que, sem remuneração, praticam atividades para aumentar seu "valor social", definido como uma contribuição à coesão social e à redução do custo de reprodução social. Em outras palavras, organizações sem fins lucrativos que ofereçam programas para idosos se qualificam para receber financiamentos governamentais se demonstrarem capacidade de criar coesão

e "valor social", medidos de acordo com uma equação aritmética específica para a relação das vantagens de uma sociedade incorporada à economia capitalista de forma sustentável do ponto de vista social e ambiental (Dowling, 2012). Dessa forma, os esforços comunais para construir solidariedade e formas cooperativas de existência fora do controle do mercado são absorvidos por um programa que pretende baratear os custos da reprodução social e contribuir para a aceleração de demissões de funcionários públicos assalariados.

Esses são dois exemplos de Estados (nacionais e globais) que se utilizam do formato dos comuns para atingir seus objetivos "não comuns". No entanto, há um espectro mais amplo de comuns (que abrange desde condomínios fechados, passando por cooperativas de consumidores até certos tipos de fundos de investimentos em terras e de cooperativismo habitacional), em que as pessoas que compartilham o acesso a recursos comuns de modo justo e democrático entre si são indiferentes, ou mesmo hostis, aos interesses dos que estão "de fora". Damos a esses o nome de comuns "fechados" e afirmamos serem bastante compatíveis com as relações capitalistas. De fato, muitos operam como se fossem empresas, e seus membros, como acionistas. Constituem um setor crescente de instituições que se autoidentificam como comuns.

Tais comuns estão baseados no reconhecimento de que, nesse período neoliberal em que a ideologia do mercado triunfa, é crucial para os indivíduos protegerem a si mesmos dos "fracassos" e "catástrofes" próprios desse sistema. Os comuns podem fortalecer nosso poder coletivo de intervir nos mercados. Portanto, muitos condomínios fechados incluem piscinas, campos de golfe, bibliotecas, marcenarias, teatros e salas de computação comuns. Esses utilizadores dos comuns "fechados" compartilham recur-

sos que seriam de difícil acesso, caros demais ou impossíveis de obter por qualquer um que quisesse comprá-los e usufruir deles individualmente. Mas são resguardados com zelo para que não sejam utilizados por gente "de fora", especialmente por aqueles que não teriam condições de pagar os custos elevados para participar.

Um exemplo de comuns "fechados" são as cooperativas habitacionais. Há mais de um milhão de unidades de habitação organizadas como cooperativas nos Estados Unidos. Ainda que a maioria delas adote princípios comuns para seus "acionistas", elas são, em geral, legalmente obrigadas a atender apenas a seus próprios interesses financeiros. Essa cooperação permanece no plano instrumental e raramente assume um caráter transformador.

Juntos, esses comuns "fechados" satisfazem as necessidades básicas (de alimentação, habitação, recreação) de milhares de pessoas por dia. Esse é o poder da ação coletiva. Mas eles não constroem relações sociais diferentes e podem até mesmo aprofundar as divisões raciais e de classes.

COMUNS PRODUTORES DE COMMODITIES

Além dos comuns fechados, há aqueles que produzem commodities para o mercado. Um exemplo clássico são os campos não cercados dos Alpes suíços que, durante o verão, se tornam pastos para vacas leiteiras, fornecendo leite para a indústria. Esses campos são administrados por assembleias de produtores de laticínios. De fato, Garrett Hardin (1968, p. 1.243-8) não poderia ter escrito o ensaio "The Tragedy of the Commons" [A tragédia dos comuns] se tivesse estudado como o queijo suíço chega à geladeira (Netting, 1981).

Outro exemplo bastante citado de comuns que produzem para o mercado são os mais de mil pescadores de lagosta no Maine, nos Estados Unidos, que atuam numa extensão de centenas de quilômetros de águas costeiras, onde milhões de lagostas vivem, se reproduzem e morrem todos os anos. Durante mais de um século, pescadores de lagostas desenvolveram um sistema comunal de compartilhamento pesqueiro dividindo a costa em zonas administradas por "gangues" locais e com limites autoimpostos sobre a quantidade de lagostas a serem pescadas. Esse processo nem sempre foi pacífico. Os moradores do Maine se orgulham de seu individualismo brutal, e os acordos entre as diferentes gangues já foram ocasionalmente rompidos. Nessas rupturas, a violência explodiu em disputas competitivas para expandir as zonas pesqueiras ou derrubar os limites para a pesca. Mas eles rapidamente aprenderam que essas disputas destroem a reserva de lagostas e, com o tempo, conseguiram restaurar o regime dos comuns (Woodard, 2004).

Considerada uma forma de violação das leis antitruste e proibida por décadas, a pesca baseada nos comuns é hoje aceita até mesmo pelo Departamento de Pesca do estado do Maine. Uma das razões para essa mudança na postura dos órgãos oficiais é o contraste entre a situação dos pesqueiros de lagosta e aquela da pesca de peixes demersais (bacalhau, hadoque, linguado e espécies similares) que se dá no Golfo do Maine e em Georges Bank, onde o golfo se conecta ao oceano. Nos últimos 25 anos, a pesca de lagostas atingiu seu ponto de sustentabilidade e o manteve (mesmo durante graves recessões econômicas), ao passo que, desde os anos 1990, as diversas espécies demersais têm sofrido periodicamente com a sobrepesca, levando ao fechamento, que já dura anos, da área pesqueira de Georges Bank (Woodard, 2004, p. 130-1). No cerne da ques-

tão estão a diferença na tecnologia usada pelos pescadores de demersais e de lagosta e, acima de tudo, as diferenças entre os lugares onde as pescas acontecem. A pesca de lagosta tem a vantagem de sua reserva comum se localizar próxima à costa, em águas que fazem parte do território marítimo estadual. Isso possibilita a demarcação de zonas para as gangues locais de lagosta, ao passo que as águas profundas de Georges Bank não se prestam facilmente à divisão. O fato de Georges Bank estar fora do limite territorial de trinta quilômetros também possibilitou que forasteiros em grandes traineiras pescassem ali até 1977, quando os limites territoriais foram estendidos para até 320 quilômetros. Antes disso, não era possível excluí-los dessa atividade, o que contribuiu para o esgotamento pesqueiro do local. Por fim, o sistema um tanto arcaico de pesca de lagosta empregado pelos pescadores de forma generalizada desestimula a competição. Por outro lado, no início dos anos 1990, as "melhorias" na tecnologia da pesca de peixes demersais — redes e equipamentos eletrônicos "melhores", capazes de detectar peixes de forma mais "eficiente" — causaram estrago em uma indústria organizada sob o princípio de livre-acesso (bastava ter um barco e pescar). A disponibilidade de uma tecnologia de detecção e captura mais avançada e barata entrou em conflito com a organização competitiva da indústria, que havia sido regida pelo lema "cada um por si e a natureza contra todos", terminando na "tragédia dos comuns" que Hardin vislumbrou em 1968.

Essa contradição não afetou somente a pesca de peixes demersais no Maine. Assolou comunidades pesqueiras em todo o mundo, que se veem agora substituídas pela industrialização da pesca e pelo poder hegemônico de enormes traineiras, cujas redes de arrasto dilaceram os oceanos (Costa & Chilese, 2015). Pescadores em Newfoundland, por sua vez, enfrentam uma situação

semelhante àquela de Georges Bank, com resultados desastrosos para a subsistência de suas comunidades.

Os comuns dos pescadores de lagosta são uma alternativa importante à lógica de competição. Ao mesmo tempo, estão amplamente incorporados ao mercado internacional de frutos do mar, que determina, em última instância, seu destino. Se o mercado de lagostas entrar em colapso ou o Estado decidir pela permissão de plataformas marítimas de perfuração para a retirada de petróleo no Golfo do Maine, esses comuns da lagosta serão dissolvidos, já que não possuem nenhuma autonomia no que concerne às relações de mercado.

DEFININDO OS COMUNS

A existência de comuns "fechados" e produtores de commodities demonstra que há uma multiplicidade de formas de comuns, instigando-nos a observar quais aspectos das atividades de produção de comuns os distinguem de outras formas de Estado e mercado, e quais são os princípios de organização social alternativos ao capitalismo. Para esse fim, considerando as recomendações de Massimo De Angelis (2017) contra o estabelecimento de "modelos" de comuns, propomos alguns critérios provenientes de discussões com nossos camaradas e de práticas encontradas em nosso trabalho político:

(i) Para contribuírem, no longo prazo, com a construção de novos modos de produção, os comuns devem ser espaços autônomos, voltados para a superação das divisões existentes entre nós e a construção de habilidades necessárias ao autogoverno. Atualmente,

vemos apenas fragmentos dessa possível nova sociedade em formação, do mesmo modo que fragmentos do capitalismo eram perceptíveis em centros urbanos europeus no período medieval tardio, como em Florença, uma vez que já havia concentrações de trabalhadores na indústria têxtil em meados do século XIV.

(ii) Os comuns são definidos pela existência de uma propriedade compartilhada, na forma de riqueza natural ou social – terras, águas, florestas, sistemas de conhecimento, competências de cuidado – cuja utilização é destinada a todos os seus integrantes, sem qualquer distinção, e que não está à venda. A igualdade de acesso aos meios necessários de (re)produção precisa ser a base da vida nos comuns. Isso é importante porque a existência de relações hierárquicas torna os comuns vulneráveis aos cercamentos.

(iii) Os comuns não são coisas, mas relações sociais. Essa é a razão pela qual algumas pessoas, como Peter Linebaugh, preferem falar de "partilha dos comuns" (*commoning*), termo que enfatiza não a riqueza material partilhada, mas o compartilhamento em si e as conexões de solidariedade produzidas durante o processo (Linebaugh, 2008, p. 50-1). A partilha de comuns é uma prática que parece ineficiente aos olhos capitalistas. É a disposição de gastar mais tempo em trabalhos de cooperação, discutindo, negociando e aprendendo a lidar com conflitos e desacordos. Ainda assim, essa é a única forma possível de se construir uma comunidade na qual as pessoas entendam que a interdependência é essencial.

(iv) Os comuns operam segundo regulações estabelecidas, estipulando como a riqueza comum deve ser utilizada e cuidada, ou seja, quais devem ser os direitos e obrigações de seus integrantes.
(v) Os comuns exigem uma comunidade. O princípio é "se não há comunidade, não há comuns". É por isso que não podemos falar de "comuns globais", um conceito que presumiria a existência de uma coletividade global.

Em nome da proteção dos "comuns globais" e da "herança comum da humanidade", o Banco Mundial lançou um novo impulso de privatização, expulsando das florestas pessoas que lá viviam havia gerações (Isla, 2009). Na realidade, o Banco Mundial assumiu o papel de representar a coletividade global por fazer parte do sistema da ONU, estabelecido após a Segunda Guerra para representar o capitalismo coletivo em todas as suas variedades (incluindo as versões estatistas da União Soviética e da República Popular da China). Mas a ONU não se apresenta como a voz do capital coletivo — que existe de fato —, e sim como substituta de uma coletividade humana que não existe. Partindo desse princípio, declara gerenciar o acesso aos recursos comuns, como a atmosfera e os oceanos, no lugar dessa humanidade não existente (ainda por vir?).

Uma prova da fraude que envolve o conceito de "comuns globais" foi o debate de 14 de junho de 2012, durante uma audiência na Comissão de Relações Exteriores do Senado dos Estados Unidos a respeito da homologação da Convenção das Nações Unidas sobre o Direito do Mar, assinada pelo país em 1994, mas nunca implementada efetivamente. Esse tratado regulamenta a

exploração econômica dos oceanos para além da zona de exclusão de 320 quilômetros reivindicada pela maioria das nações com costas oceânicas. Essa audiência opôs o antigo secretário de Defesa, Donald Rumsfeld, aos senadores John Kerry e Richard Lugar. Rumsfeld foi contra o tratado diante da exigência de que empresas que extraíam os "comuns" oceânicos (além do limite de 320 quilômetros) deveriam contribuir para um fundo que compensaria os "países menos desenvolvidos", cujas empresas não possuem aparato tecnológico ou capital necessário para tal extração. Ele afirmou que esse tipo de distribuição de riqueza é um "princípio inusitado que, na minha opinião, não possui limites claros" e que "poderia abrir precedentes para os recursos do espaço sideral".

Kerry e Lugar, por sua vez, argumentaram a favor da homologação do tratado, não para proteger os mares dos exploradores capitalistas, mas porque acreditavam que essa regulamentação dava às empresas de mineração direito inequívoco ao solo oceânico. "A adesão à Convenção sobre o Direito do Mar é o único meio de proteger e impulsionar as demandas das entidades estadunidenses relativas aos vastos recursos materiais contidos no leito oceânico", diz uma carta datada de 13 de junho, destinada a Kerry e Lugar e assinada por organizações como o American Petroleum Institute [Instituto estadunidense de petróleo] e a Câmara de Comércio dos Estados Unidos.[99] O "debate" entre os defenso-

---

[99] Kristina Wong, "Rumsfeld Still Opposes Law of the Sea Treaty" [Rumsfeld segue se opondo ao Tratado sobre o Direito do Mar], *The Washington Times*, 14 jun. 2012.

res dos comuns globais, Rumsfeld, Kerry e Lugar, dizia respeito à possibilidade de ser ou não necessário subornar capitalistas incapazes de compartilhar as riquezas disponibilizadas pelo maior cercamento espacial da história. Foi isso que o princípio de "herança comum da humanidade" se tornou em 14 de junho de 2012.

A designação de "comuns globais" é uma manobra fraudulenta que precisa ser rejeitada. O mesmo se aplica à designação de algumas cidades e áreas geográficas específicas classificadas como "heranças da humanidade", exigindo que prefeituras e governos adotem medidas de "proteção" e valorização a fim de beneficiar a indústria do turismo, enquanto recursos que poderiam ser usados para melhorar as condições de vida das populações locais são desviados.

(vi) Os comuns são embasados em cooperação social, relações de reciprocidade e responsabilidade pela reprodução da riqueza compartilhada, natural ou produzida. O respeito por outras pessoas e a abertura a experiências heterogêneas, desde que as regras de cooperação sejam respeitadas, os distinguem dos condomínios fechados, que podem estar comprometidos com práticas racistas e excludentes enquanto estimulam a solidariedade apenas entre seus membros.

(vii) Os comuns são configurados por processos coletivos de tomada de decisão, através de assembleias e outras formas de democracia direta. As fontes para as tomadas de decisão são: poder popular, poder de baixo para cima, poder advindo de competências testadas e rodízio contínuo dos postos de liderança e de autoridade entre diferentes indiví-

duos, dependendo das tarefas a serem realizadas. É isso que distingue o comum do comunismo, que entregava o poder ao Estado. Partilhar comuns é retomar o poder de tomar, coletivamente, decisões básicas sobre nossa vida. Esse aspecto dos comuns é semelhante ao conceito de *horizontalidad* cunhado durante a revolta na Argentina, iniciada nos dias 19 e 20 de dezembro de 2001, que, desde então, se tornou popular entre movimentos sociais, especialmente na América do Sul. Ele evita a estrutura hierárquica dos partidos políticos, com decisões tomadas em assembleias gerais (em vez de comitês centrais predefinidos) em que as questões são discutidas com o objetivo de atingir um consenso (Sitrin, 2012).

(viii) Os comuns são uma perspectiva de fomentar um interesse comum em todos os aspectos da vida e do trabalho político, e estão, portanto, comprometidos tanto em rechaçar hierarquias no trabalho e desigualdades em todas as lutas quanto em priorizar o desenvolvimento de um sujeito verdadeiramente coletivo.

(ix) Todas essas características diferenciam os *comuns* do *público*, que pertence, é gerido, controlado e regulamentado pelo (e para o) Estado, constituindo um tipo específico de domínio privado. Isso não significa que não devemos lutar para evitar a privatização de bens públicos. Como terreno intermediário, está em nosso horizonte evitar que interesses comerciais se apoderem do que é público, mas não deveríamos perder de vista a distinção entre um e outro. Não podemos abandonar o Estado, já que nele estão acumuladas as riquezas produzidas por nosso trabalho, no passado e no presente. Ainda dependemos do

capital para a sobrevivência, já que a maioria de nós não possui terras nem outros meios de subsistência. Mas deveríamos trabalhar para garantir que possamos ir além do Estado e do capital.

CONCLUSÃO

A noção de comuns é hoje objeto de muito debate e experimentação. Há uma série de questões ainda não solucionadas, mas está claro que a partilha do comum será uma prática crescente, já que nem o Estado nem o mercado são capazes de garantir nossa reprodução. O desafio que enfrentamos nesse contexto não é o de multiplicar as iniciativas de produção de comuns, e sim de como instaurar, no centro de nossa organização, a reapropriação coletiva da riqueza que já produzimos e a abolição das hierarquias e desigualdades sociais. Apenas ao respondermos a esses imperativos seremos capazes de reconstruir comunidades e garantir que os comuns não sejam criados à custa do bem-estar de outras pessoas e não se apoiem sobre novas formas de colonização.

A UNIVERSIDADE:
UM COMUM DO CONHECIMENTO?

Em abril de 2011, quando fui convidada para dar uma palestra no campus St. Paul da Universidade de Minnesota, nos Estados Unidos, em uma conferência intitulada "Sob a universidade, os comuns", pensei no significado desse título. Na própria conferência havia interpretações divergentes. Jason Read nos lembrou de que a universidade já é potencialmente um comum, pois os estudantes que nela ingressam deixam para trás os seus círculos familiares individualizantes para se integrar a uma comunidade e se engajar em atividades coletivas. George Caffentzis falou sobre os comuns do conhecimento, variando de espaços físicos, como bibliotecas, a princípios filosóficos, tais como a proibição duradoura, que remonta a Platão, à comoditização do conhecimento.

O título da conferência me remeteu a uma série de imagens. Entre as mais importantes, estavam literalmente o capim e a terra sob o cimento das salas de aula e bibliotecas, sugerindo que a construção de uma universidade pode ser uma espécie de cercamento. Minha resposta foi parcialmente motivada pelas minhas memórias da Universidade de Port Harcourt (Uniport), na Nigéria, onde lecionei de 1984 até o fim de 1986, e a vizinha Universidade de Calabar, que costumava frequentar durante minha estadia em Port Harcourt.

Três imagens em particular se destacaram. A Uniport havia sido recentemente construída com dinheiro proveniente do boom do petróleo no fim da década de 1970. Foi erguida sobre a terra expropriada de uma vila de Alu, mas os camponeses ainda a ocupavam. Ao pedalar toda manhã

para as minhas aulas, eu via mulheres cultivando ao longo da estrada, em qualquer pedaço de terra que a universidade ainda não tivesse cimentado. Em janeiro, época de cortes e queimadas, a fumaça dos tocos queimando se espalhava pelo campus, mas ninguém, que eu soubesse, jamais protestou. Possivelmente, estudantes que caminhavam para as aulas olhavam para aquelas mulheres encurvadas com seus facões como pessoas sem conhecimento, ignorantes, sem nada com que contribuir para sua educação. No entanto, logo aprendi que essas mesmas mulheres sabiam mais do que eu e do que muitos alunos a respeito do que acontecia no campus, e conversavam sobre esses assuntos no mercado – o grande comum feminino na África. Quando, por exemplo, um estudante foi assassinado na primavera de 1986, as mulheres do mercado me perguntaram o que eu pensava, e quando ouviram o que meus colegas haviam me contado, sacudiram a cabeça com desdém.

Outra de minhas recordações da Uniport é a imagem do pôr do sol entre as palmeiras da floresta. Ao pedalar, via os carros de alguns dos meus colegas passarem por mim e logo percebia que iam verificar o progresso de lavouras que cultivavam no terreno da universidade. Não eram os donos das terras, nem eram eles próprios que as cultivavam; mesmo assim, não podiam conceber a ideia de depender completamente de um salário e não aproveitar a disponibilidade de terra boa para plantio. Disso também todos sabiam e ninguém reclamava.

Ademais, havia as vacas. Toda primavera, na vizinha Universidade de Calabar, as vacas apareciam. Vinham do norte para pastar, tocadas por criadores de gado que as traziam para a engorda no sul, para usufruir da grama nutritiva do cinturão da floresta tropical, com o intuito de vendê-las posteriormente. E a universidade se adequava a essa necessidade e acolhia as vacas.

Essas imagens dos comuns que se recusam a desaparecer, mesmo em uma universidade construída em uma vila desapropriada com dinheiro do curto período do boom do petróleo, desbotaram quando comecei a investigar o que poderia estar sob a instituição onde foi ministrada a conferência. Disseram que fora construída no lugar que antigamente tinha sido um mercado dos povos Sioux, habitantes da região dispersados pelos colonos. Uma rebelião desses povos foi sufocada por um massacre, e, em 26 de dezembro de 1862, foram executados 38 de seus líderes – escolhidos pelo então presidente, Abraham Lincoln, a partir de uma lista de mais de trezentos nomes –, poucos dias antes da Proclamação de Emancipação.

Não consegui confirmar se essa história sobre o campus de St. Paul era verdadeira. Mas ela me fez perceber como é fácil estudar ou trabalhar em um campus universitário sem nada saber sobre sua história, sua infraestrutura material, seus funcionários.

Minha contribuição para a conferência foi salientar que, se queremos mudar a universidade e construir "comuns do conhecimento", não basta nos preocuparmos somente com o conteúdo dos currículos e o custo do ensino, ainda que sejam indiscutivelmente cruciais. Precisamos questionar as condições materiais da produção de uma universidade, sua história e sua relação com as comunidades do entorno. Esse reconhecimento é essencial, especialmente nos Estados Unidos, uma vez que grande parte da terra usada pelas instituições foi tirada de forma sangrenta de seus antigos habitantes.

Devemos também mudar nossa concepção sobre o que é conhecimento e quem pode ser considerado um produtor de conhecimento. Atualmente, a produção de conhecimento nos campi está isolada do amplo trabalho

de infraestrutura que sustenta a vida acadêmica, o que requer uma multiplicidade de sujeitos (profissionais de limpeza, pessoas que trabalham em lanchonetes, na jardinagem etc.), de forma a viabilizar que alunos e professores retornem às aulas diariamente. Ainda assim, tal como o trabalho reprodutivo das mulheres, esses serviços também são, na maioria das vezes, invisíveis. Diariamente, "os que trabalham com as mãos" (Brecht) possibilitam a retomada das atividades por parte dos "que trabalham com a cabeça" e da supermáquina, mas, na melhor das hipóteses, eles só são percebidos quando se negam a trabalhar. Supõe-se também que eles não podem ser produtores de conhecimento, ainda que o quadro de funcionários dos campi nos Estados Unidos seja formado, cada vez mais, por homens e mulheres imigrantes ou por aqueles que pedem asilo e trazem para o trabalho uma rica experiência política e internacional. Esse foi o caso de muitos trabalhadores na Universidade Hofstra, onde lecionei, localizada no seio da segunda maior comunidade salvadorenha nos Estados Unidos: eles eram tão importantes politicamente que, depois do fim da guerra, a Frente Farabundo Martí de Libertação Nacional (FMLN) — o partido no poder atualmente —[100] vinha se consultar com esse grupo antes de tomar decisões estratégicas. Para transformarmos a universidade em um comum, devemos superar as hierarquias existentes nas bases de sua divisão de trabalho. Hoje, essa tarefa é de suma importância, já que muitos desses trabalhadores enfrentam deportações.

---

[100] A FMLN se transformou em um partido político em 1992, após a assinatura dos Acordos de Paz de Chapultepec, que puseram fim à guerra civil salvadorenha. O grupo assumiu a presidência da República com Mauricio Funes (2009-2014) e Salvador Sánchez Cerén (2014-2019). [N.E.]

AS LUTAS DAS MULHERES POR TERRAS NA ÁFRICA E A RECONSTRUÇÃO DOS COMUNS (2011)

> Quando [em 1956] caçadores mataram o último elefante que se perdeu no território de Gusii [...] e, pela última vez, as pessoas dos arredores se serviram da carne gratuita, [o] evento foi recordado em uma música popular [...]: "A mãe das mercadorias gratuitas morreu em Gesabakwa". A partir de então, as mercadorias começaram a ser vendidas por dinheiro, e a qualquer pessoa que esperasse o contrário, dizia-se: "Você nunca ouviu falar que 'a mãe das mercadorias gratuitas morreu em Gesabakwa?".
> — Justus M. Ogembo, *Contemporary Witch-Hunting in Gusii, Southwestern Kenya* [Caça às bruxas contemporânea em Gusii, sudoeste do Quênia] (2006)

INTRODUÇÃO

O conceito de "comuns" se tornou tema importante na literatura internacional dos movimentos de justiça social, mostrando-se muito útil para expandir o escopo da análise política para além dos limites da luta salarial. Situada no meio do caminho entre o "público" e o "privado", mas irredutível a qualquer uma dessas categorias, a ideia de "comuns" expressa uma concepção mais ampla de propriedade, referindo-se a bens sociais — terras, territórios,

florestas, campos e córregos, ou espaços comunicativos – que são possuídos, administrados e controlados coletivamente por uma comunidade, e não pelo Estado ou por qualquer indivíduo. Diferentemente de "público", que pressupõe a existência da economia de mercado e da propriedade privada e que "é, geralmente, administrado pelo Estado" (Anton, 2000, p. 4), a ideia de comuns evoca imagens de intensa cooperação social. Além disso, esse conceito permite reescrever a história da luta de classes para que a resistência dos povos indígenas à expropriação colonial nas Américas possa ser vista em um *continuum* com a resistência camponesa contra os cercamentos ingleses. Permite ainda descrever as lutas dos agricultores na Índia como complementares às lutas dos programadores antipropriedade intelectual no movimento do software livre. Todos são comuns, afinal (Caffentzis, 1995; De Angelis, 2007; Linebaugh, 2008).

No plano material, contudo, o conceito tem sido objeto de muitas manipulações e apropriações, principalmente pelas instituições que fizeram da abolição da propriedade comunal a sua missão. Significativa nesse sentido é a definição, por parte do Banco Mundial, de mar, recursos hídricos e florestas como "comuns globais", que serve para legitimar novos cercamentos, presumivelmente no interesse da "conservação", expulsando povos aborígines de suas terras e dando-lhes acesso por meio de critérios monetários. Dessa mesma forma, na África, o Banco Mundial promoveu reformas agrárias "baseadas na comunidade" e que, em tese, garantiriam uma alocação mais equitativa de terras comunitárias. Mas a verdade é que elas promovem interesses comerciais e reduzem os recursos que podem ser reivindicados pelas pessoas. Há ainda outro problema: com a expansão do capitalismo, os bens comuns existentes viraram o lar de muitas das divi-

sões e conflitos que encontramos no restante da sociedade, os quais são explorados pelas instituições financeiras internacionais em seu próprio benefício.

Tendo em vista essas questões, vejo dois tipos de movimentos de mulheres que impactam diretamente o futuro das terras comunais na África. Em primeiro lugar, o movimento de mulheres organizado nos anos 1990 para lutar em prol de direitos pela terra, que declarou sua oposição à posse consuetudinária pelo fato de discriminar mulheres com frequência. Em segundo, o movimento de mulheres nas áreas urbanas que optam por ações diretas – ocupam e cultivam terras públicas, subvertendo a tentativa neoliberal de instalar uma barreira monetária em torno de todos os recursos naturais, reafirmando o princípio de a terra ser nosso bem comum.

Discuto esses movimentos porque há muito que podemos aprender com eles sobre o papel desempenhado pelas mulheres na defesa da riqueza comunitária, e porque mostram que o igualitarismo é, para os comuns, uma questão de sobrevivência, uma vez que as disparidades de gênero levam muitas mulheres a exigir um fortalecimento da própria máquina legal da qual depende a privatização da terra (Wanyeki, 2003; Tripp, 2004; Adoko, 2005).

ÁFRICA: AINDA A TERRA DOS COMUNS

A África é um bom exemplo para uma discussão sobre posse comunal da terra – a base material de todas as outras formas comunais de propriedade (bosques, florestas, águas) –, por ser a região em que esse tipo de propriedade sobreviveu por mais tempo do que em qualquer outra parte do mundo, apesar das constantes tentativas

de acabar com esse "escândalo". Como escreve Liz Alden Wily (2001, p. 85), especialista em posse de terras e desenvolvimento rural de Nairóbi:

> Apesar de um século de penetração intencional de uma ideologia da propriedade da terra alheia à tradição, bem como uma série de leis afins [...], o regime tradicional de posse de terras, que não conta com o registro das propriedades, não apenas persiste como também é, de longe, a forma majoritária de posse na região. Nenhuma das estratégias adotadas para ignorá-la ou diminuí-la foi bem-sucedida.

De fato, a maioria das pessoas na África rural vive sob sistemas comunais de posse,[101] embora possam ter escrituras individuais para terras sob a lei estatutária, pois muitos países africanos têm regimes legais duais ou plurais (Cotula, Toulmin & Hesse, 2004, p. 2).

Entretanto, os comuns africanos de hoje têm pouca semelhança com os modelos "tradicionais" reconstruídos por meio de histórias orais e do que sabemos das sociedades africanas pré-coloniais.[102] Como já documentado por uma vasta literatura, a mudança da

---

[101] O direito consuetudinário é o sistema de tradições que governavam a vida e gerenciavam e distribuíam as terras nas sociedades africanas pré-coloniais. Na maioria dos países africanos, ele ainda faz parte do sistema legal, coexistindo com o direito estatutário e, muitas vezes, com a lei britânica e a lei muçulmana da *sharia*.

[102] Snell (1986, p. XII) oferece um exemplo de como as leis consuetudinárias foram reconstruídas. Antropólogo britânico, Snell conduziu extensas entrevistas com chefes locais, tentando avaliar como as leis haviam mudado sob o domínio colonial britânico. Ele ressaltou que, com o tempo, as leis tradicionais evoluíram para códigos estáticos, pois a abundância de terras e outros recursos tornaram desnecessário estabelecer disposições legais rígidas e que estas apresentassem maiores detalhamentos.

agricultura de subsistência para as plantações comerciais e a introdução colonial de regimes de propriedade privada baseados na escritura e no cercamento de propriedades individuais minaram progressivamente o que costumava ser "um padrão igualitário de organização social" (Lesthaeghe, 1989, p. 13-59; Snell, 1986, p. 112-3). A descolonização não contrariou essa tendência. Independentemente de o objetivo ser o desenvolvimento capitalista ou socialista, as nações africanas independentes contribuíram para acabar com esses sistemas comunais ao tornar toda a terra propriedade do Estado, estabelecendo, assim, seu direito de se apropriar dela para projetos públicos. Em consequência desses processos, no final dos anos 1970 a expropriação de terras em áreas rurais crescia, bem como a diferenciação de classe.

Há um entendimento geral de que as pessoas mais prejudicadas por esses processos foram as mulheres, já que a terra passou a se tornar mais escassa e valiosa, e os homens frequentemente inventavam novas regras para lhes restringir o acesso, algo que sempre fora garantido pelos sistemas tradicionais. Retornarei a esse ponto mais adiante. Aqui, quero enfatizar que a "crise da dívida" e a liberalização das economias políticas africanas foram um ponto de virada no que diz respeito às relações de posse da terra. Como vimos, o Banco Mundial e outras instituições capitalistas internacionais viram a crise como uma oportunidade histórica para acabar com os sistemas comunais de posse da terra na África (Banco Mundial, 1989). Esse seria o primeiro objetivo dos programas de ajuste estrutural (Caffentzis, 1995, p. 28). Todas as condicionalidades que esses programas apresentavam — mudança da produção de alimentos para a agricultura orientada à exportação, abertura de terras africanas para investimentos estrangeiros, privilégio das plantações comerciais em detrimento

da agricultura de subsistência – tiveram como premissa a implantação do plano de privatização da terra, por meio dos títulos individuais e do registro de propriedade.

Mas essas expectativas foram apenas parcialmente satisfeitas. Ocorreu uma nova "disputa pela África", que expropriou os bens comuns africanos mais férteis e mais ricos em minerais e os transferiu para empreendimentos comerciais. Contudo, nos anos 1990, somente uma pequena porcentagem de terras comunais africanas havia sido registrada; em algumas áreas, menos de 1%. Os pequenos agricultores não viam necessidade de registro, pois presumiam já possuir suas terras e não estavam dispostos a pagar as altas taxas e os impostos exigidos para obter a escritura e o registro individual. Houve também a resistência a "ceder todos os direitos a uma pessoa" (Adoko, 2005, p. 6). Pior ainda para possíveis investidores era o fato de que os regulamentos consuetudinários continuaram a ser respeitados mesmo quando havia registro da terra, pois ninguém conseguia convencer as pessoas de que a terra já não era mais um bem coletivo (Ogolla & Mugabe, 1996, p. 102-3).

Em resposta a essas descobertas e cientes de que uma crescente mobilização camponesa dentro e fora da África tem tomado, desde os anos 1990, a forma de ocupação de terras, os governos africanos e o Banco Mundial adotaram um caminho mais suave e menos conflituoso rumo à privatização. Confiantes de que grande parte da tarefa de privatizar a terra pode ser delegada ao mercado, eles patrocinaram um modelo de reforma que reconhece a posse comunal, mas prevê a possibilidade de alienar a terra e expandir seu mercado (Yoshida, 2005, p. 141; Tripp, 2004, p. 11).

Implementada em vários países africanos e promovida como uma "política de desenvolvimento rural em

favor dos mais pobres", a nova reforma é baseada em quatro inovações. Ela descentraliza a administração e o gerenciamento de terras comunais, colocando-os nas mãos de conselhos nomeados politicamente ou de "conselhos das aldeias" eleitos, que respondem ao governo central. Além disso, há a "escritura coletiva", para que a terra possa ser registrada tanto em nome de associações fundiárias quanto de indivíduos. Isso possibilita que órgãos ou associações locais de administração vendam terras a terceiros para fins comerciais sob o disfarce de empreendimentos conjuntos (Wily, 2001, p. 88; Cotula, Toulmin & Hesse, 2004, p. 5). Em síntese, introduz um sistema de dois níveis, que evita um embate frontal com pequenos agricultores ao mesmo tempo que permite à elite capitalista local manter seus interesses e abrir as portas para investidores estrangeiros.

As novas reformas agrárias também contêm disposições para evitar a discriminação com base no gênero, uma vez que admitem o direito de posse conjunta entre maridos e esposas (Wily, 2001, p. 92-3). A equidade de gênero é tema-chave na apresentação ideológica da reforma. Mas essas disposições não conseguiram satisfazer as organizações de mulheres que se estabeleceram nos anos 1990 para lutar pelo direito à terra. Na opinião delas, atribuir o processo de tomada de decisão sobre a gestão da terra a órgãos locais e validar os costumes locais as deixa mais vulneráveis a abusos. O que essas organizações exigem é a erradicação da posse consuetudinária e a instituição de um sistema fundamentado em direitos, estabelecido por meio de reformas legais e legislativas que permitam às mulheres comprar, possuir, vender e obter a escritura da terra. Na lei consuetudinária, afirmam elas, as mulheres só têm acesso a esses direitos por meio da boa vontade dos homens (Tripp, 2004, p. 2).

Em artigo detalhado sobre o assunto, a feminista Aili Mari Tripp defende essa estratégia por representar a posição dominante entre as organizações de mulheres, especialmente na África Oriental, e também por ter ganhado o apoio de alguns grupos de pastores. Mas ela reconhece que os grupos defensores dos direitos das mulheres sobre a terra são acusados de promover a agenda de investidores estrangeiros (Tripp, 2004, p. 13). Na realidade, vem ocorrendo um debate na África que questiona se a consolidação da propriedade privada pode beneficiar as mulheres e se a posse consuetudinária pode ser abolida sem trazer consequências sérias para a subsistência das populações rurais e urbanas (Yoshida, 2005; Manji, 2006).

Apesar das diferenças, existe um consenso: a discriminação enfrentada pelas mulheres no direito consuetudinário tem menos a ver com "tradição" do que com pressões resultantes da comercialização da agricultura e da perda de terras comunais.

MULHERES, LEI CONSUETUDINÁRIA E MASCULINIZAÇÃO DOS COMUNS

Tal como hoje, as leis tradicionais na era pré-colonial priorizavam os homens no que diz respeito à propriedade e à administração da terra, porque se supunha que as mulheres, um dia, se casariam e deixariam o clã, de forma que a terra do clã deveria ser protegida (Wanyeki, 2003; Tripp, 2004). Dessa forma, apesar de algumas variações que dependiam de o sistema ser matrilinear ou patrilinear, entre outros fatores históricos e culturais, o acesso das mulheres à terra se dava por meio de suas relações com maridos e parentes — mesmo nos tempos pré-

-coloniais. "Posse" tinha um significado muito diferente do que tem na lei estatutária, pois a lei consuetudinária operava de acordo com "um princípio inclusivo", ao invés de excludente (Barrow, 1996, p. 264). O proprietário tinha direito de ocupação e mantinha a terra sob custódia para outros membros da família, incluindo as gerações por vir. A posse não conferia propriedade absoluta nem direito de venda. Assim, por meio de suas próprias famílias ou de seus maridos, as mulheres sempre tiveram seus próprios campos, suas próprias colheitas, e controlavam a renda que obtinham com a venda dos produtos que cultivavam (Wanyeki, 2003, p. 187-8).

No entanto, as coisas mudaram com a comercialização da agricultura e o início da produção para o mercado internacional. De forma geral, quanto mais a demanda por terra aumentava, mais estritas se tornavam as "restrições [impostas] ao acesso das mulheres a ela" (Tripp, 2004, p. 2).

Diversas estratégias foram usadas com essa finalidade. Em algumas áreas da África Oriental, homens têm se recusado a pagar o preço da noiva, escolhendo fugir para se casar, o que facilita a dissolução do matrimônio e a recusa em transferir ou doar terras para as esposas. Um estudo realizado no território Gusii, no sudoeste do Quênia, mostrou que, por volta de 1980, 80% dos casamentos eram realizados por pessoas que optaram por fugir para se casar, estabelecendo "uma categoria inteira de mulheres sem terra", algo sem precedentes na região (Hakansson, 1986; Gray & Kevane, 1999, p. 15). Um estudo semelhante constatou que, em uma vila ruandesa, no fim dos anos 1990, dois terços dos casais haviam contraído matrimônio sem o pagamento do preço da noiva – mais uma prova de que as mulheres rurais estão perdendo uma de suas mais importantes formas de proteção, pois sem

esse pagamento elas não têm direito à terra e podem ser solicitadas a deixar a casa de seus maridos a qualquer momento (Gray & Kevane, 1999, p. 21).

Outra tática usada para negar os direitos das mulheres à terra tem sido a redefinição do que significa o parentesco e, portanto, de quem "pertence" ou não ao clã. Como mostraram os recentes conflitos no Vale do Rift, no Quênia, as políticas de "alterização" e "pertencimento" foram usadas para expulsar diferentes grupos étnicos ou religiosos. E a mesma política tem sido empregada para restringir o acesso das mulheres à terra, definindo as esposas como estrangeiras, não como membros da família. As acusações de bruxaria – a estratégia de "alterização" definitiva – vêm servindo a esse propósito (Federici, 2008b). Em Moçambique, nos últimos anos, mulheres que exigiram a terra de seus maridos falecidos ou sua parcela das colheitas foram acusadas de bruxaria e de haver assassinado o esposo para herdar seus bens (Bonate, 2003, p. 115, 122).

As terras e as plantações também foram reclassificadas – assim como o aumento de seu valor monetário – para demonstrar que os homens têm direito exclusivo sobre elas (Gray & Kevane, 1999, p. 22). Além desses artifícios, o acesso das mulheres à terra é cada vez mais precário, porque o sistema jurídico dual[103] permite que os homens as impeçam de obter a parte que lhes é devida. Como explicam Judy Adoko e Simone Levine, do Land and Equity Movement of Uganda [Movimento de terras e equidade de Uganda],

---

[103] Sistema em que a estrutura jurídica emprega duas cortes independentes. Nos Estados Unidos, por exemplo, há leis estaduais e federais. No caso de diversos países africanos aqui citados, o sistema jurídico dual opera por meio das leis estatutárias e consuetudinárias. [N.E.]

> o fato de, costumeiramente, uma mulher obter acesso
> à terra por meio do marido é agora (deliberadamente)
> confundido com noções de propriedade individualizada.
> Assim, "os homens estão reivindicando direitos que, de
> acordo com a lei consuetudinária, eles nunca tiveram",
> como vender terras sem consultar a família e a esposa.
> (Adoko, 2005, p. 11)

Viúvas, divorciadas e mulheres sem filhos do sexo masculino foram notadamente penalizadas. Muitas vezes, as viúvas não conseguem manter a propriedade que o casal adquiriu em conjunto (Gray & Kevane, 1999, p. 18), pois são ameaçadas de expropriação pelos sogros, que podem reivindicar as posses do filho, fazendo algumas concessões apenas se a viúva tiver uma prole masculina e se a propriedade estiver em seu nome (Mukangara & Koda, 1997; Tripp, 2004, p. 267).

A literatura sobre os "direitos fundiários" das mulheres está repleta de histórias de viúvas despojadas de seus pertences e forçadas, pelos parentes do falecido, a sair de seu lar. Em um caso aparentemente típico, uma viúva mal havia enterrado o esposo quando teve de brigar com os cunhados, que tentavam desenterrar o inhame cultivado nos campos do marido, implorando-lhes que deixassem um pouco para seus filhos. Em outro caso, uma viúva de Uganda só descobriu que seus sogros haviam vendido as terras de seu esposo no momento em que o novo comprador veio expulsá-la (Kimani, 2008, p. 10). Mary Kimani (2008) relata também que, na Zâmbia, mais de um terço das viúvas perderam o acesso às terras da família depois da morte do cônjuge (Kimani, 2008). Mulheres em famílias poligâmicas também estão entre as prejudicadas, pois os homens geralmente registram apenas uma esposa, e, em caso de divórcio ou morte, as outras não têm direitos.

Em suma, há poucas dúvidas de que as leis consuetudinárias, como definidas atualmente, discriminam as mulheres, embora elas constituam a maior parte dos agricultores africanos, sejam as principais produtoras de alimentos – em muitos países, fornecem até 70% dos alimentos consumidos pela população – e realizem a maioria das atividades agrícolas: semeadura, capina, colheita, armazenamento, processamento e comercialização (Snyder & Tadesse, 1995, p. 17).

Por causa dessas contradições, a posição das mulheres nos comuns africanos tem sido comparada à de "servas" ou "trabalhadoras escravizadas", uma vez que se espera que exerçam uma série de trabalhos não remunerados para os homens com quem se relacionam, sem ter controle sobre a terra que cultivam ou alguma garantia de acesso a ela (Bikaako & Ssenkumba, 2003, p. 262; Palmer, 2001).

Não controlar a terra também implica, para as mulheres, não controlar sua sexualidade e suas funções reprodutivas. O acesso à terra é, normalmente, condicionado a um comportamento sexual irrepreensível, a uma disposição de aceitar as relações extraconjugais do marido e à capacidade de ter filhos do sexo masculino (Bikaako & Ssenkumba, 2003, p. 263). Algumas mulheres têm mais filhos do que desejam, com a esperança de assegurar seu acesso à terra. De maneira geral, a falta de controle sobre a terra dificulta a autonomia das mulheres agricultoras e diminui seu poder de barganha na família, tornando-as mais vulneráveis ao assédio sexual e à violência doméstica (Bikaako & Ssenkumba, 2003, p. 246). Da mesma forma, há sérias implicações para a segurança alimentar da população. As mulheres formam a maior parte dos agricultores de subsistência. As atividades agrícolas realizadas por elas são essenciais para a sobrevivência das pessoas, especialmente em um ambiente econômico no qual os alimentos são

exportados, a terra deixa de ser cultivada para a produção de alimentos em prol da mineração e de outros empreendimentos comerciais, ou para o cultivo de produtos não comestíveis, e as instituições internacionais pressionam governos nacionais a importar gêneros alimentícios de primeira necessidade.

A TERRA É DIREITO DAS MULHERES: UM MOVIMENTO DAS MULHERES PELA PRIVATIZAÇÃO FUNDIÁRIA?

Diante dessa situação, não surpreende que a relação das mulheres com a terra e a posse comunitária tenha se transformado em um tema central na política feminista africana. Mas foi a campanha da ONU pelos direitos das mulheres que inseriu a questão da terra na agenda feminista, e não só na África (Tripp, 2004). Movimentos semelhantes aos que se formaram na África na década de 1990 também se desenvolveram na América Latina, com estratégias e demandas semelhantes (Deere & Leal, 2001). Nessa época, legisladores e promotores de políticas internacionais concluíram que muitos esquemas de desenvolvimento rural destinados a impulsionar a produção de cultivos comerciais não se materializaram por "ignorar a contribuição das mulheres". Eles haviam presumido que os agricultores podiam facilmente recrutar suas esposas como ajudantes não remuneradas, ignorando o fato de que as mulheres africanas sempre tiveram suas próprias atividades econômicas, à parte das de seus maridos, e que a falta de garantia de acesso à terra e a outros recursos fortaleceu a relutância delas em trabalhar de graça

e de forma dependente do cônjuge. A campanha da ONU pelos direitos das mulheres foi organizada para remediar essa situação, e o Banco Mundial redobrou esses esforços enquanto, no mesmo período, descobria a necessidade de "generificar" entre seus objetivos. Daí o destaque dado à questão da terra na Conferência Mundial sobre as Mulheres em Pequim, em 1995, que foi a centelha para a criação de movimentos de mulheres que reivindicavam direitos à terra em todo o planeta.

Na África, devido ao apoio das organizações da ONU e de ONGs internacionais, proliferaram-se conferências, oficinas, publicações e movimentos em prol dos direitos das mulheres à terra. Ao mesmo tempo, as mulheres que dispunham de recursos conseguiram comprar porções de terra, geralmente usando sistemas informais de economias pessoais, pois não queriam ser desapropriadas em caso de morte do marido.

Até agora, apesar do apoio institucional, o movimento não obteve muito sucesso, e mesmo os poucos resultados foram "mais retóricos do que reais" (Wily, 2001, p. 88; Cotula, Toulmin & Hesse, 2004, p. 85). Somente na Etiópia e na Eritreia as mulheres foram consideradas "donas da terra que cultivam" (Cotula, Toulmin & Hesse, 2004). Mas também nesses países o movimento enfrentou uma batalha difícil: mesmo quando as leis estatutárias fortalecem os direitos das mulheres, há resistência à sua implementação. Um exemplo dessa oposição arraigada à concessão de direitos mais amplos é o de uma mobilização de associações de mulheres em Uganda que não conseguiu garantir a introdução de uma cláusula concedendo às mulheres a copropriedade da terra quando da aprovação da Lei de Terras de 1998. Essa derrota, na qual o presidente Yoweri Museveni desempenhou papel crucial, pode explicar a tenacidade de muitas mulheres em

insistir na necessidade de disposições legais e constitucionais mais fortes (Tripp, 2004, p. 9).

No entanto, ao defenderem leis para fortalecer a propriedade privada e a eliminação da posse comunitária, as organizações em prol dos direitos das mulheres à terra acabaram por apoiar o próprio programa de liberalização que serviu para transferir milhares de acres de terra africana para investidores estrangeiros e que desapropriou milhões de agricultores, incluindo muitas mulheres. Como Ambreena Manji escreveu em *The Politics of Land Reform in Africa* [As políticas da reforma agrágria na África], ao buscar uma mudança social por meio da reforma legal da posse da terra, os movimentos adotaram a linguagem das instituições financeiras internacionais e contribuíram para obliterar a questão da redistribuição fundiária – a demanda mais crucial do povo africano desde o fim do colonialismo. Também garantiram que as instituições financeiras internacionais usassem legislações nacionais como meio de globalizar as relações capitalistas e submeter as localidades africanas ao controle de uma estrutura transnacional de poder (Manji, 2006, p. 67-8, 99-121).

Manji sugere, portanto, que as mulheres africanas lutem por mais terra, e não por mais leis – reforçar a propriedade individual é de pouca utilidade quando a falta de terra se torna uma condição geral. Manji não está sozinha em suas críticas. Existe uma sensação generalizada de que a campanha pelo direito das mulheres à terra representa os interesses e o ponto de vista de um grupo limitado de mulheres de classe média, formalmente educadas, economicamente mais abastadas e, em sua maioria, urbanas, que têm dinheiro para comprar terras, pagar os impostos exigidos para a aquisição legal de escrituras e talvez investir em empreendimentos agrícolas (Moyo, 2007, p. 32; Palmer, 2001).

Há também uma preocupação justificada de que o desaparecimento do que resta da posse comunal da terra destrua as sociedades rurais africanas e intensifique as disputas agrárias. Para a maioria do povo africano, em particular para as mulheres, a terra ainda é o principal meio de produção e subsistência. É o "sistema de seguro social"[104] da África, e é mais importante do que são o dinheiro e os salários para estadunidenses ou europeus, acostumados à precariedade e à abstração das relações monetárias. Ter algum pedaço de terra em seu povoado ou a perspectiva de acesso a ela no final de uma longa vida de trabalho é, para muitos, a diferença entre viver ou morrer ou, cada vez mais, entre viver na África ou emigrar. Não por acaso, os conflitos agrários são os mais amargos e os mais sangrentos, assemelhando-se a verdadeiras guerras. Nesse contexto, é importante questionar se uma reforma legal privatizadora pioraria a posição social e econômica das mulheres rurais, que são a população mais diretamente afetada. É uma pergunta importante, considerando que a posse comunal da terra geralmente envolve acesso a uma gama mais ampla de recursos, como árvores – a "poupança bancária" dos pastores –, pastos, florestas, lagos e lagoas (Barrow, 1996, p. 267).

Significativamente, seja como indivíduos, seja por meio de suas organizações, as mulheres rurais demonstraram pouco interesse na propriedade formal, grosso modo pela mesma razão que levou os camponeses a descartar a importância da escritura e do registro. As mulheres rurais sabem que a terra é escassa, que pertence à comunidade e que somente os ricos podem comprá-la, e

---

[104] Nos Estados Unidos, o *social security system* é um sistema federal de seguro social responsável por prover renda para aposentados e pessoas com deficiência, entre outras parcelas vulneráveis da população. [N.T.]

elas não querem nem podem pagar os impostos exigidos pela aquisição formal de propriedade. Assim, embora estejam interessadas em mais terra e mais garantias, não pensam na escritura individual como meio de obter essa segurança. Algumas mulheres também temem que, se comprarem terras, seus maridos possam se sentir ameaçados, vendo nisso um ataque ao seu poder.

Diante dessas resistências, algumas organizações de mulheres pensam que podem negociar um acordo melhor trabalhando "dentro" do sistema jurídico consuetudinário e fora da estrutura de "direitos", enquanto participam de campanhas educacionais para mudar as relações de poder locais. Como postulam Winnie Bikaako e John Ssenkumba, "a solução parece estar em uma posição de concessão, longe de abolir completamente as leis e práticas costumeiras e longe de deixar terras para o mercado" (Bikaako & Ssenkumba, 2003, p. 276).

Presumivelmente, aumentando a participação das mulheres nos comitês rurais e nos processos de tomada de decisão, muito se poderia ganhar sem recorrer a políticas que ameacem expropriar a maior parte das mulheres agricultoras. Mas, se a comercialização de terras se mantiver e a redistribuição fundiária permanecer letra morta, é improvável que as negociações em nível comunitário representem uma diferença significativa na garantia de acesso seguro de mulheres à terra, pois o problema definitivo é que os bens comuns estão encolhendo, e a premissa de um caminho pacífico para o igualitarismo comunal é aumentar a quantidade de terra.

MULHERES CONTRA OS CERCAMENTOS: APROPRIAÇÃO DE TERRAS E AGRICULTURA URBANA NA ÁFRICA

Qual é, então, o destino dos comuns nas terras da África, do ponto de vista das mulheres? A privatização e a masculinização contínuas são efeitos inevitáveis do atual equilíbrio de forças em relação à terra? Os recentes conflitos fundiários no Quênia e na África do Sul demonstram que o quadro não é otimista. Como diz um provérbio africano, "quando os elefantes lutam, a grama embaixo é pisoteada", o que sugere a indagação: como as mulheres podem ter mais acesso à terra se a competição fundiária vem destruindo suas comunidades e levando as pessoas ao desespero? Essas disputas e expropriações também estão na raiz da caça às bruxas que ocorreu na África nas décadas de 1980 e 1990, junto com o "ajuste" das economias africanas (Ogembo, 2006; Federici, 2008b).

Nessas circunstâncias, as feministas concordariam que seria necessária uma mobilização ampla para construir o poder das mulheres em todas as esferas da vida: saúde, educação, emprego e trabalho reprodutivo, além de garantir o acesso à terra. Todos os ganhos seriam temporários, e a maioria deles seria difícil de se obter. Enquanto isso, ocorreu um tipo diferente de luta, ignorado pela literatura e por iniciativas na área, que são amplamente dominadas por ONGs cujo apoio é institucional e que operam dentro de uma estrutura neoliberal.

Enquanto as organizações que defendem o direito das mulheres à terra têm lutado por leis mais fortes de propriedade privada, os movimentos rurais cresceram na África, resistindo à desapropriação e lutando para desprivatizar a terra, tomando-a e ocupando-a. Um exemplo é o movimento dos sem-terra na África do Sul, cuja espinha dorsal é

formada por mulheres e jovens. Ele negocia com o governo a implementação de uma reforma agrária redistributiva e também favorece as ocupações, conforme articulado em seu plano de 2004, que inclui uma "Campanha de retomada da terra" (Xezwi, 2005, p. 185-7). Movimentos rurais que usam táticas de ação direta também têm sido ativos em outras áreas do sul da África (Moyo, 2007, p. 16-8).

Mas o mais significativo desses movimentos talvez seja aquele que não se apresenta como tal, aparecendo como um conjunto de iniciativas espontâneas e isoladas. Esse é o "movimento" de mulheres sem-terra que migraram para as cidades e, usando táticas de ação direta, se apropriaram e cultivaram lotes de terras públicas. Essa prática não é nova. Uma cultura dos comuns está tão arraigada nas sociedades africanas que, até hoje, após décadas de comercialização, um espaço público é utilizado de formas que seriam impensáveis na Europa ou nos Estados Unidos. A venda nos acostamentos é a norma geral, mas não única: os cultivos crescem nos campi das universidades, e, no sul da Nigéria, em alguns momentos do ano, é possível ver vacas pastando na grama do campus antes de serem levadas para o mercado.

As mulheres, que formam a maior parte dos agricultores de subsistência, sempre cultivaram qualquer área disponível. Desde a década de 1980, contudo, com a deterioração das condições econômicas, essa prática passou a ser mais difundida, especialmente em áreas urbanas para as quais muitas migraram. A agricultura urbana se transformou em uma importante atividade econômica para mulheres sem-terra e também para alguns homens, fornecendo os meios pelos quais muitas famílias conseguem sobreviver. Em Acra, Gana, jardins urbanos abastecem a cidade com 90% de suas verduras. Em Dar es Salaam, na Tanzânia, um em cada cinco adultos cultiva frutas ou ver-

duras. Em Guiné-Bissau, na capital e em outras cidades, no início dos anos 1980, as mulheres começaram a cercar suas casas com hortas, plantando mandioca e árvores frutíferas; em tempos de escassez, optavam por renunciar aos ganhos que poderiam obter com a venda de seus produtos para garantir que suas famílias tivessem o suficiente para se alimentar. Na República Democrática do Congo, houve também uma explosão de "rurbanização". Como descreve Theodore Trefon, "a mandioca é plantada em toda a cidade, enquanto as cabras pastam ao longo de uma avenida central que é considerada a Champs-Élysées de Kinshasa" (Trefon, 2002, p. 490). Essa imagem é confirmada por Christa Wichterich, que deu o nome de "economia de panela" para a agricultura de subsistência e a jardinagem urbana.

> Em vez de jardins de flores, havia cebolas e mamoeiros em frente aos conjuntos habitacionais de funcionários públicos mal remunerados em Dar es Salaam; galinhas e bananeiras nos quintais de Lusaka; verduras nas amplas reservas centrais das vias arteriais de Kampala, e especialmente de Kinshasa, onde o sistema de suprimento de alimentos havia entrado em grande colapso [...]. Nas cidades [quenianas], faixas verdes na beira dos acostamentos, jardins e terrenos baldios foram imediatamente ocupados com milho, plantas e *sukuma wiki*, o tipo mais popular de repolho e cujo nome significa, literalmente, "empurrar a semana". (Wichterich, 2000, p. 73)

A maioria das terras públicas ou privadas cultivadas por mulheres foi apropriada por elas ao longo das margens das estradas, ferrovias e parques, sem permissões nem taxas. Nesse sentido, podemos dizer que essa terra é o começo de um comum, uma vez que sua apropriação

produz uma relação diferente com o espaço público — uma relação de gerenciamento e de responsabilidade diretos, restaurando a simbiose das pessoas com o ambiente natural.

Manter a terra limpa e cultivá-la é um grande acréscimo à carga de trabalho das mulheres, principalmente quando o terreno não fica perto de suas casas. Também existem muitos riscos envolvidos: roubo ou destruição das plantações, assédio policial e, é claro, poluição urbana. Como Donald B. Freeman descreve, com base nas entrevistas que realizou com as agricultoras de Nairóbi no início dos anos 1990, as mulheres usam muitos dispositivos para enfrentar esses problemas e esconder suas colheitas. Mas as dificuldades que enfrentam são compensadas pela satisfação de poderem fornecer mais alimentos e uma dieta diversificada às famílias e de serem autossuficientes. Para as mulheres, a agricultura urbana também é uma afirmação de autonomia, pois lhes dá alguma independência de suas famílias e do mercado. Algumas também engendram atividades complementares, como processar e vender os alimentos que cultivam (Freeman, 1993, p. 14). Não por acaso, Freeman descobriu que a agricultura urbana é uma atividade à qual muitas mulheres continuam se dedicando mesmo quando têm um emprego, prova de que algo além de simples sobrevivência está em jogo.

E o que está em jogo pode ser descrito, nas palavras de Fantu Cheru (2005), como a "revolução silenciosa dos pobres". É essa a expressão utilizada pelo autor para se referir ao crescimento das atividades de colaboração mútua entre camponeses e pobres urbanos, os quais, observando que o Estado vem "se tornando irrelevante para eles", reivindicam "a autossuficiência que possuíam até o advento do Estado-nação moderno" (Cheru, 2005, p. 78). Não é uma revolução organizada, embora

exija pensamento e planejamento estratégicos e cuidadosos, além de disposição de lutar para defender terras e plantações. Ela também surge como uma proliferação de iniciativas individuais, e não como um processo coletivo. Mas essa aparência é enganosa. As agricultoras urbanas aprendem umas com as outras e se beneficiam por ter umas às outras como exemplos de coragem em busca de maior autossuficiência. Também existem regras não verbais que estabelecem quais terras podem ser tomadas e quem tem precedência sobre elas. Além disso, há uma transformação coletiva da realidade social e física das cidades. Desobedecendo às leis municipais, e para decepção dos planejadores urbanos, que, desde os tempos coloniais, tentaram reservar os municípios da África para a elite, os agricultores urbanos estão dissolvendo a separação entre cidade e campo, e transformando as cidades africanas em jardins (Freeman, 1993, p. 19-20). Também estão impondo limites aos planos de desenvolvimento urbano e de empreendimentos comerciais que destroem as comunidades e a capacidade de seus residentes de se sustentar com a agricultura.

  Um exemplo é a luta que as mulheres travaram no bairro de Kawaala em Kampala, Uganda, onde, entre 1992 e 1993, o Banco Mundial e o Conselho da Cidade patrocinaram um grande projeto habitacional que teria destruído muitas terras agrícolas de subsistência no entorno da casa das pessoas ou nas proximidades. As mulheres se organizaram vigorosamente contra ele, formando um comitê de moradores e moradoras que forçou o banco a suspender o projeto. Como afirma uma das líderes:

> As mulheres reivindicavam mais [do que os homens] porque foram diretamente afetadas. Para elas, é muito difícil ficar sem fonte de renda [...]. A maioria delas

basicamente sustenta seus filhos, e sem qualquer renda e alimento não consegue fazê-lo [...]. Você vem e toma a paz e a renda delas, e elas vão lutar, não porque querem, mas porque foram oprimidas e suprimidas. (Tripp, 2004, p. 183)

A luta no bairro de Kawaala não é um caso isolado. Disputas semelhantes foram relatadas em diferentes lugares da África e da Ásia, onde as organizações de mulheres camponesas se opuseram ao desenvolvimento de zonas industriais que ameaçavam deslocá-las com suas famílias ou poluir o meio ambiente. O que essas lutas mostram é que, ao defenderem a terra do ataque promovido por interesses comerciais e afirmarem o princípio de que "terra e vida não estão à venda", as mulheres também estão defendendo sua história e sua cultura. No caso de Kawaala, os moradores das terras em disputa ali residiam e enterravam seus parentes havia gerações – para muitos ugandenses, a prova definitiva da propriedade. Refletindo sobre isso, Tripp comenta:

> os residentes, especialmente as mulheres envolvidas, estavam tentando institucionalizar algumas normas novas para mobilização da comunidade, tanto em Kawaala como mais amplamente, em busca de fornecer um modelo para outros projetos comunitários. Elas vislumbraram um esforço mais colaborativo que tomou as necessidades de mulheres, viúvas, crianças e idosos como ponto de partida e reconheceu sua dependência da terra para sobreviver. (Tripp, 2004, p. 194)

É essa visão implícita que dá sentido às aquisições e às lutas por terra das mulheres africanas. Ao se apropriarem da terra, elas estão, na verdade, elegendo uma "economia moral" diferente daquela promovida pelo Banco Mundial

e por outros agentes internacionais que há anos tentam erradicar a agricultura de subsistência, com o argumento de que a terra se torna produtiva somente quando é garantia para obter crédito no banco. É uma economia fundamentada em um modo de vida não competitivo e centrado na solidariedade. Veronika Bennholdt-Thomsen e Maria Mies a chamam de economia do "outro", dizendo que esta "instaura, no centro da atividade econômica e social, tudo o que é necessário para produzir e manter a vida neste planeta, e não a acumulação interminável de dinheiro morto" (Mies & Bennholdt-Thomsen, 1999, p. 5).

A luta das mulheres africanas pelos bens comuns também tomou a forma de uma mobilização contra a destruição dos recursos naturais. A iniciativa mais conhecida nesse contexto é o Green Belt Movement [Movimento do cinturão verde], que, sob a liderança de Wangari Maathai, tem implantado faixas de vegetação nas principais cidades do Quênia. Desde 1977, vários milhões de árvores foram plantadas para evitar o desmatamento, a perda de solo e a desertificação (Maathai, 2008). Mas a luta mais marcante pela sobrevivência das florestas ocorre no Delta do Níger, onde os manguezais estão ameaçados pela produção de petróleo. A oposição a esse cenário cresce há vinte anos, desde 1984, quando milhares de mulheres em Ogharefe sitiaram a estação de produção da empresa Pan Ocean, exigindo compensação pela destruição da água, das árvores e da terra. Para mostrarem sua determinação, as mulheres ameaçaram se despir caso suas exigências não fossem atendidas — uma ameaça que logo foi cumprida. Quando o diretor da empresa chegou, viu-se cercado por milhares de mulheres nuas, uma séria maldição aos olhos das comunidades do Delta do Níger, e se convenceu a aceitar as reivindicações de reparação (Turner & Oshare, 1994, p. 140-1).

CONCLUSÃO

Enquanto uma nova disputa pela África está em andamento, é evidente que as mulheres africanas não são observadoras passivas da expropriação de suas comunidades, e sua luta por mais terra e mais segurança desempenhará um papel fundamental nos contornos do futuro dos comuns africanos. Mas suas estratégias parecem se mover em direções opostas. Assim, uma análise dessas lutas aponta para uma conclusão importante: o comunalismo na África está em crise, minado não apenas por forças externas mas também pelas divisões entre os próprios atores envolvidos nas práticas dos comuns, começando pelas divisões entre mulheres e homens e até entre as próprias mulheres.

Ao mesmo tempo, novos comuns estão sendo criados, e podemos ter certeza de que os esforços para privatizar a terra continuarão a crescer. Como demonstra a "crise alimentar", entre outros "desastres", a reapropriação da terra e a criação de alternativas à economia monetária e ao mercado são, hoje, para milhões de pessoas em todo o planeta, condição de autonomia pessoal e coletiva, e também de sobrevivência física.

A LUTA DAS MULHERES PELA TERRA E PELO BEM COMUM NA AMÉRICA LATINA (2017)

O impeachment de Dilma Rousseff no Brasil, a profunda crise política e econômica na Venezuela e a vitória de Mauricio Macri nas eleições argentinas de 2015 sinalizam o fim de um período da política latino-americana. Está se dissolvendo a ilusão, sustentada por muitos, de que a emergência de governos "progressistas" e mais à esquerda poderia transformar a política da região, implantar as reformas pelas quais os movimentos sociais lutaram por décadas e promover justiça social — objetivos que não foram alcançados. Seguindo o exemplo da Revolução Bolivariana na Venezuela, os governos de Evo Morales, Rafael Correa, Cristina Kirchner e Lula transferiram parte da receita de seus países para os setores populares, com a instituição de programas assistenciais (como o Bolsa Família) que fornecem subsídios para a educação das crianças e outras necessidades básicas. As formas mais extremas de pobreza foram atenuadas, mas essas medidas ainda ficaram longe do que esperavam os movimentos sociais. Tomando o Brasil como exemplo, pelo menos trinta milhões de pessoas se beneficiaram dos programas assistenciais adotados pelo governo Lula. Mesmo assim, os gastos com tais programas não passam de um décimo do que foi investido em empresas de mineração e do agronegócio, que continuam a ter papel hegemônico na política do país. O extrativismo permanece o modelo de desenvolvimento econômico, e a reforma agrária, defendida pelos movimentos que levaram o Partido dos Trabalhadores (PT) ao poder, não foi realizada; ao contrário, a concentração

de terras continuou aumentando, mantendo-se em um dos índices mais altos do continente, e as terras das populações indígenas foram diretamente atacadas em nome da modernização.[105] Enquanto isso, a violência policial não foi controlada: de acordo com as estatísticas oficiais, milhares de pessoas, principalmente jovens negros, são mortos todos os anos pela polícia — foram 4.224 mortes efetuadas por policiais só em 2016. Essa pode ser uma das explicações para a pouca adesão de membros do proletariado aos movimentos de rua que pediam o restabelecimento de Dilma Rousseff ao poder depois de destituída, ainda que o caráter inconstitucional e fraudulento do processo de impeachment tenha sido amplamente condenado. Como declarou uma das fundadoras e líderes do movimento Mães de Maio,[106] Débora Maria da Silva, em uma reunião em São Paulo no dia 13 de setembro de 2016: "Eu não vou chorar pela Dilma porque, para nós, nas favelas, a ditadura nunca terminou".

Com variações locais, o modelo "progressista" de desenvolvimento brasileiro, com sua mistura de assistencialismo e extrativismo e sua dependência de uma economia orientada para exportação como base para uma distribuição mais igualitária da riqueza, foi também o caminho adotado pelos governos da Bolívia, do Equador

---

[105] Em relação às políticas de agricultura do governo Lula, ver Zibechi (2012a, p. 307-11). O autor pontua que "a extraordinária expansão do agronegócio, fortemente sustentada pelos governos Lula e Dilma, levaram a luta pela reforma agrária a uma crise".

[106] O movimento das Mães de Maio foi fundado em maio de 2006, uma semana após o assassinato de centenas de pessoas pela polícia nas favelas de São Paulo — seiscentas, de acordo com os registros oficiais, embora a mãe de uma das vítimas desse massacre fale em mais de mil. Sobre a origem e o trabalho do movimento das Mães de Maio, ver "Especial Mães de Maio 10 anos", *Fala Guerreira*, n. 3, 22 mar. 2016.

e da Argentina, antes da eleição de Mauricio Macri. O chavismo, apesar de maior apoio ao poder popular, ancorou-se igualmente na extração do petróleo para subsidiar seus programas sociais e não conseguiu oferecer ao país uma segurança material de longo prazo que fosse independente das variações do mercado global de mercadorias.

Embora o "progressismo" não tenha sido capaz de sustentar suas promessas e testemunhemos agora uma tomada institucional da direita, seria um erro concluir que as mudanças radicais chegaram ao fim na América Latina. A mobilização social se intensificou – não somente nessa região –, e Raúl Zibechi (2012b [2015]), um teórico perspicaz, menciona o conceito de "sociedades em movimento". É especialmente significativo que a resistência a esse ataque e à amplitude das relações capitalistas esteja criando formas mais cooperativas de existência e oferecendo uma visão de como uma sociedade não capitalista pode vir a ser. Como defendo neste artigo, as mulheres são as principais protagonistas dessa mudança. De fato, o ativismo delas é, atualmente, a principal força de transformação social na América Latina. Setenta mil mulheres de diferentes localidades da região se encontraram na província do Chaco, na Argentina, em 2017, para o 32º Encontro Nacional de Mulheres, que acontece anualmente na semana de 11 de outubro, a fim de discutir o que precisa ser feito para mudar o mundo e mediante quais estratégias.

Mobilizações dessa magnitude – acontecendo no momento de um realinhamento da política institucional na América Latina – não são nenhuma surpresa. As mulheres assumem papel central nas lutas sociais porque são as mais afetadas pela expropriação e pela degradação ambiental, sofrendo diretamente as consequências das políticas públicas em seu cotidiano. São elas que devem cuidar daqueles que adoecem por contaminação

do petróleo, ou porque a água usada para cozinhar, lavar e limpar é tóxica. Elas não conseguem alimentar a família porque perderam suas terras e por causa do desmonte da agricultura local (Colectivo Miradas Críticas del Territorio desde el Feminismo, 2014). Portanto, as mulheres estão na linha de frente contra as corporações transnacionais de mineração e do agronegócio, que invadem as áreas rurais e devastam o meio ambiente. Como apontou a ativista e pesquisadora equatoriana Lisset Coba Mejía (2016, p. 7), as mulheres lideram a luta em defesa da água na região amazônica. São também as principais opositoras à extração petrolífera, pois têm consciência da ameaça que representa às suas atividades produtivas; nas palavras da ativista equatoriana Esperanza Martínez (2014, p. 42-5), fundadora da ONG Acción Ecológica, é uma prática que "exacerba o machismo" – os salários que as companhias de petróleo pagam aos homens aprofundam as desigualdades de gênero, aumentam o consumo do álcool e intensificam a violência contra as mulheres. Suas palavras ecoam as reclamações de muitas mulheres amazônicas que lutam contra a extração petrolífera. "Não podemos alimentar nossas crianças com petróleo", diz a líder kíchwa Patricia Gualinga, de Sarayaku, um vilarejo na floresta amazônica. "Não queremos o alcoolismo, não queremos a prostituição, não queremos homens que batem em nós. Não queremos essa vida, porque, mesmo que nos deem escolas, banheiros e casas de zinco, eles roubam a nossa dignidade" (Gualinga, 2014, p. 48-50).

Em anos recentes, essa oposição levou as mulheres a um confronto direto com o então presidente Rafael Correa, cujo ápice se deu no dia 16 de outubro de 2013, quando cem líderes de movimentos de mulheres indígenas saíram de suas terras na floresta tropical e caminharam até Quito carregando suas crianças nos braços, em resposta à deci-

são presidencial de abandonar o plano de conservação e extrair petróleo no Parque Nacional Yasuní, berço de um dos ecossistemas mais diversos da Terra. Elas seguiram o exemplo de milhares de outras mulheres que, no ano anterior, também haviam marchado até a capital para defender as águas de seus territórios contra um projeto de mineração contratado pelo governo Correa em parceria com a companhia chinesa EcuaCorriente. Mas, em uma demonstração de arrogância e desrespeito, coerente com sua reputação de ter sido o mais misógino dos presidentes equatorianos, Correa se recusou a recebê-las.[107]

Na Bolívia, mulheres indígenas também contestaram o "progressismo" e, em particular, a proclamada defesa da Pacha Mama (Mãe Natureza) por Evo Morales, liderando passeatas em 2011 e 2012 contra a construção de uma estrada que, de acordo com o plano do governo, atravessaria o Território Indígena e Parque Nacional Isiboro Sécure (Tipnis). Como de costume, as mulheres ofereceram a infraestrutura de apoio necessária para as marchas, de comida a cobertores, e organizaram a limpeza dos acampamentos montados ao longo do caminho, em um acordo para garantir que os homens fizessem a sua parte (Álvarez, 2012). Mulheres indígenas/camponesas, ao lado de redes feministas como a Marcha Mundial das Mulheres, também estavam no coração da Cúpula dos Povos, um encontro de movimentos sociais que aconteceu no Rio de Janeiro em junho de 2012, na ocasião da Rio+20, a Conferência das Nações Unidas sobre Desenvolvimento Sustentável que se deu vinte anos

---

[107] Sobre a marcha das líderes amazônicas a Quito, ver Colectivo Miradas Críticas del Territorio desde el Feminismo (2014, p. 82-5, 69-76).

depois da Cúpula da Terra da ONU, ocorrida em 1992 (Sempreviva Organização Feminista, 2012).

Uma das características desses novos movimentos é o processo de radicalização política que refletem. As mulheres estão cada vez mais conscientes de que seu ativismo não deve se limitar a proteger suas comunidades contra as atividades das corporações transnacionais e a lutar, por exemplo, por soberania alimentar e contra a engenharia genética de sementes; precisam também transformar o atual modelo econômico em um sistema que respeite os seres humanos e a Terra. Elas sabem que os problemas que enfrentam não são resultado de políticas ou de corporações específicas, mas estão enraizados na lógica mercenária da acumulação capitalista, que, mesmo com a promoção de uma "economia verde", está transformando a limpeza do meio ambiente em uma nova fonte de especulação e lucro.

Outro aspecto dessa radicalização diz respeito ao fato de as mulheres indígenas/camponesas estarem progressivamente assimilando questões levantadas pelo feminismo popular, como a desvalorização do trabalho doméstico, o direito das mulheres de controlar seu corpo e sua capacidade de reprodução, além da necessidade de resistir à crescente violência que sofrem. Esse processo não foi provocado por considerações ideológicas, mas pelas contradições que as próprias mulheres experimentam cotidianamente, inclusive dentro das próprias organizações das quais participam.[108]

As mulheres zapatistas são um caso típico, e o papel-chave de despatriarcalização de suas comunidades

---

[108] Sobre a relação entre o desenvolvimento capitalista e a violência contra as mulheres, ver Sempreviva Organização Feminista (2012).

é mais evidente. Como bem documentaram os livros *Compañeras* (2015), de Hilary Klein, e *Des-ordenando el género/¿Des-centrando la nación?* (2014), de Márgara Millán, foram as mulheres que conduziram o zapatismo desde o primeiro momento, participando dos primeiros grupos que se encontraram nas montanhas de Chiapas, quando o movimento ainda era recente, com a intenção de mudar sua condição de vida e se contrapor à opressão institucional. Foi por meio de sua iniciativa e com base em suas ideias e demandas que o movimento adotou, em 1993, a Lei Revolucionária das Mulheres – que, como diz Klein (2015, p. 72), "diante da realidade das mulheres indígenas na área rural de Chiapas naquele momento, representou um posicionamento radical e [...] implicou uma série de mudanças dramáticas". A lei garante às mulheres o direito de participar da luta revolucionária na forma como escolherem, de acordo com suas capacidades; o direito de decidir o número de crianças que querem ter e criar; o direito de escolher seus parceiros e não serem obrigadas a se casar; de participar das questões da comunidade e de ocupar posições de autoridade, se eleitas de modo livre e democrático; de ocupar posições de liderança na organização militar e de assumir postos nas forças armadas revolucionárias (Klein, 2015, p. 71).[109] Nas palavras de Klein (2015, p. 72), a adoção da lei foi um "divisor de águas" que "transformou a vida pública e privada nas comunidades zapatistas". Entretanto, as mulheres perceberam que seu trabalho não estava concluído. Depois que a lei se tornou pública, algumas viajaram por todo o território zapatista para promover sua aplicação e impor a proibição do consumo

---

[109] Ver também Millán (2014, p. 74-81).

de álcool, pois estavam convencidas de que essa era uma das maiores causas da violência que sofriam.[110]

Outro sinal de uma crescente consciência feminista é o surgimento de um novo posicionamento crítico entre as mulheres indígenas, questionando as estruturas patriarcais que governam suas comunidades, em especial no que se refere à transmissão da terra, que frequentemente acontece de forma patrilinear. Como argumenta Gladys Tzul Tzul, acadêmica e ativista indígena da região de Totonicapán, na Guatemala, essa "inclusão diferencial" (Tzul Tzul, 2016, p. 71-6) tem consequências maiores, pois afeta "o registro da propriedade de uma família, o cuidado com as crianças e o significado simbólico de ter filhos fora do casamento" (Tzul Tzul, 2016, p. 168). Mulheres que se casam fora de seu grupo étnico, por exemplo, correm o risco de ver seus descendentes excluídos do acesso às terras comunais do clã. O desafio, argumenta Tzul Tzul, é mudar esse costume sem recorrer à titulação individual da terra, que legitima a tendência de privatização, estratégia defendida pelo Banco Mundial desde a Conferência de Pequim em 1995.

Uma das táticas utilizadas pelas mulheres dos movimentos indígenas para acabar com a sua marginaliza-

---

[110] Sobre a mobilização das mulheres zapatistas em relação ao álcool, ver Klein (2015, p. 61-6). O significado dessa iniciativa é resumido por um grupo de mulheres entrevistadas por Klein no caracol de Morelia, uma das cinco regiões de governo zapatista: "Começamos a nos organizar porque sofríamos muito nas mãos de nossos maridos. Víamos diversas mulheres sendo vítimas de abuso e de violência doméstica e tínhamos de fazer algo [...]. Na organização, a vida das mulheres mudou, e não somos mais oprimidas. Antes, quando os homens bebiam, ser vítima de violência era parte da rotina das mulheres, mas isso acabou [...]. Marchamos com cartazes e fomos à prefeitura para pressioná-los a decretar a lei seca. Havia aproximadamente 250 mulheres de diferentes comunidades. Gritamos e gritamos" (Klein, 2015, p. 62).

ção foi a criação de espaços femininos autônomos. Um exemplo é o Hijas del Maíz, um "ponto de encontro para mulheres das comunidades agrícolas e indígenas do litoral equatoriano, das montanhas e da Amazônia" (Colectivo Miradas Críticas del Territorio desde el Feminismo, 2014, p. 51). "Muito mudou na vida dos nossos povos", diz Blanca Chancosa, uma das fundadoras. "[Os homens] migraram [...], [e] quem ficou [...] foram as mulheres. Isso quer dizer que precisamos saber mais para seguir em frente [...]. Por isso, necessitávamos de um espaço para mulheres, no qual pudéssemos discutir nossas ideias" (Chancosa, 2014, p. 51-3). Uma estratégia similar de busca por autonomia para ampliar a participação social feminina foi a formação de movimentos rurais compostos exclusivamente por mulheres. Um exemplo é o Movimento de Mulheres Camponesas do Brasil (MMC), que, de acordo com Roxana Longo (2012), "recupera a teoria e a prática do movimento feminista". Criada em 1983, quando as populações rurais começaram a sentir os efeitos negativos da "Revolução Verde",[111] essa aliança de mulheres envolvidas de formas variadas no trabalho agrícola vem lutando para mudar a identidade social das mulheres do campo — para que

---

[111] A "Revolução Verde" é um amplo programa de agricultura, financiado pela ONU, pelos Estados Unidos e pela Organização das Nações Unidas para Alimentação e Agricultura (FAO), com o intuito de promover melhorias nas práticas agrícolas do "Terceiro Mundo". Esse programa leva os métodos de agricultura industrial, já utilizados na Europa e nos Estados Unidos, aos antigos territórios coloniais e requer dos países que o adotaram, como México e Filipinas, a construção de barragens para irrigação e o uso extensivo de fertilizantes, pesticidas e sementes geneticamente modificadas. A Revolução Verde aprofundou as divisões de classe, aumentou a concentração fundiária e articulou a expulsão de vários pequenos proprietários rurais, incapazes de arcar com os gastos da compra de novas tecnologias agrícolas. Para uma crítica, ver, entre outros, Shiva (1993, p. 39-49 [2003, p. 56-67], 1989, p. 96-8, 135-40, 143-5).

sejam reconhecidas como trabalhadoras e consigam o direito à seguridade social. Em 1995, elas criaram uma rede nacional de entidades constituídas por mulheres do campo e de outros movimentos que obteve o direito à licença-maternidade remunerada e lutou para defender a saúde pública (Longo, 2012, p. 156-7). Elas também se envolveram em ações de protesto contra as atividades de corporações transnacionais, cientes de que estas representariam o fim de suas comunidades.

O aumento de sua participação política as conscientizou da necessidade de autoeducação e formação política. Esses são elementos comuns, atualmente, em muitos movimentos compostos por mulheres, porque elas confrontam forças sociais cuja lógica é moldada internacionalmente; logo, é necessário compreender a política internacional. Combinadas à autoconfiança adquirida pelo ativismo social, tais práticas criam outras formas de subjetividade, que contrastam com a imagem das mulheres rurais propagada pelas instituições internacionais – imagem ancorada no passado, como se fossem conhecedoras de saberes datados e que estariam a caminho da extinção. As mulheres camponesas na América do Sul não estão apenas preocupadas com os direitos de cultivo local ou com o bem-estar da família; elas participam de assembleias, desafiam o governo e a polícia, e veem a si mesmas como guardiãs da terra, já que são menos passíveis de cooptação do que os homens, frequentemente seduzidos pelos salários que prometem as corporações transnacionais – remunerações que lhes permitem exercer um poder maior sobre as mulheres, alimentando uma cultura machista que instiga a violência contra elas (Álvarez, 2014, p. 57).

Um fator que encoraja a função das mulheres como guardiãs da terra e dos bens comuns é a transmissão

e a preservação do conhecimento tradicional. As *tejedoras de memoria* [tecelãs da memória] (Navarro, 2015, p. 264), como pontua a teórica e ativista mexicana Mina Navarro, constituem um instrumento importante de resistência, porque o conhecimento que sustentam e compartilham produz uma identidade coletiva fortalecida e coesa diante da expropriação (Navarro, 2015, p. 248). A participação dos novos movimentos de mulheres indígenas, que trazem uma visão do futuro através de uma conexão com o passado e um forte sentido de continuidade entre os seres humanos e a natureza, é crucial nesse contexto. Em referência às "cosmovisões" que tipificam as culturas indígenas na América Latina, algumas feministas cunharam o termo "feminismo comunitário", que entende o conceito de comum como expressão de uma concepção específica do espaço, do tempo, da vida e do corpo humano. Como comenta Francesca Gargallo em *Feminismos desde Abya Yala* (2013), feministas comunitárias, como a feminista xinca Lorena Cabnal, da Guatemala, contribuíram com novos conceitos; por exemplo, a ideia de *corpo-território*, que compreende o corpo como um *continuum* com a terra — na qual a placenta dos recém-nascidos é frequentemente enterrada —, uma vez que ambos possuem memória histórica e estão igualmente implicados no processo de libertação (Gargallo, 2013, p. 227). Ao mesmo tempo que honra suas origens ancestrais, o feminismo comunitário rejeita tanto o patriarcalismo de muitas culturas indígenas quanto aquele trazido pelos colonizadores, descrito por elas como "fundamentalismo étnico" (Gargallo, 2013, p. 230-7, 245).

A LUTA DAS MULHERES E A PRODUÇÃO DOS COMUNS URBANOS

A luta nas áreas rurais continua na cidade: homens e mulheres deslocados de suas terras formam novas comunidades em áreas urbanas. Apropriam-se de espaços públicos, constroem abrigos, ruas, comércios, por meio do trabalho coletivo e dos processos comunais de tomada de decisão. Mais uma vez, as mulheres tomaram a frente. Como escrevi outras vezes (Federici, 2017b), nas periferias das crescentes megacidades da América Latina, em áreas ocupadas principalmente pela ação coletiva, e encarando uma crise econômica permanente, as mulheres estão criando uma nova economia política ancorada em formas cooperativas de reprodução social, estabelecendo seu "direito à cidade" e criando uma base para novas práticas de resistência e recuperação (Harvey, 2012 [2014]).

Igualmente importante é a socialização das atividades reprodutivas, como fazer compras, cozinhar e costurar. A história dessas atividades é longa. Em 1973, no Chile, depois do golpe militar, mulheres de assentamentos proletários, paralisadas pelo medo e sujeitas a um programa brutal de austeridade, uniram seu trabalho e seus recursos. Começaram a fazer compras e cozinhar em equipes de vinte ou mais pessoas nos bairros em que viviam. Essas iniciativas, fruto da necessidade, produziram muito mais que uma expansão de recursos limitados. O ato de se reunirem e rejeitarem o isolamento forçado a que estavam sujeitas no regime de Pinochet transformou qualitativamente a vida delas, dando-lhes autoestima e quebrando a paralisia induzida pela estratégia de terror do governo. Além disso, reativou a circulação de informação e de conhecimento, essencial à resistência. E transformou a ideia do que significa ser boa mãe e esposa, con-

tribuindo para a redefinição do termo ao saírem de casa e participarem de lutas sociais (Fisher, 1993a). O trabalho de reprodução social deixou de ser uma atividade puramente doméstica e individual; junto com as grandes *ollas comunes* [panelas comunitárias], o trabalho de casa foi para as ruas e adquiriu uma dimensão política.

Essa política não passou despercebida pelas autoridades, que viram a organização de cozinhas populares como subversivas, como atividade comunista. Em resposta a essa ameaça, a polícia passou a realizar batidas nos bairros. Algumas das mulheres que participavam das cozinhas populares rememoram esse período:

> Sara: Com trezentas pessoas envolvidas, era difícil esconder o que estava acontecendo. Eles vinham e derrubavam as despensas, nos faziam parar de cozinhar e prendiam todas as lideranças [...]. Vieram muitas vezes, mas a cozinha continuava de pé [...].
>
> Olga: A polícia vinha: "O que está acontecendo aqui? Uma cozinha comunitária? Por que estão fazendo isso se sabem que é proibido?". "Porque estamos com fome." "Parem de cozinhar!" Eles diziam que fazíamos política. Os feijões quase prontos, e eles jogavam tudo fora [...]. A polícia veio muitas vezes, mas conseguíamos fazer com que a cozinha continuasse funcionando, uma semana em uma casa, na semana seguinte, em outra.
> (Fisher, 1993a, p. 32-3)

Essas estratégias de sobrevivência fortaleciam o sentimento de solidariedade e identidade, e demonstravam a capacidade das mulheres de reproduzir a vida sem depender completamente do mercado, contribuindo, no período pós-golpe, para manter vivo o movimento que havia levado Allende ao poder. Na década de 1980, esse

movimento se fortaleceu o suficiente para organizar uma resistência bem-sucedida à ditadura.

Formas coletivas de reprodução social também proliferaram no Peru, na Argentina e na Venezuela. Nos anos 1990, de acordo com o teórico social uruguaio Raúl Zibechi (2012b, p. 236-9 [2015, p. 66-9]), só em Lima havia mais de quinze mil organizações populares que forneciam leite ou café da manhã para crianças e organizavam as cozinhas e os conselhos de bairro.

Na Argentina, as *piqueteras*, mulheres proletárias, ao lado de seus filhos e outros rapazes, exerceram função primordial na resposta à crise econômica catastrófica de 2001, que paralisou o país por meses. Fecharam as ruas, construíram acampamentos e organizaram barricadas (piquetes) que chegavam a durar mais de uma semana. Parafraseando o que Zibechi (2003) escreve a respeito das famosas Madres de la Plaza de Mayo, podemos dizer que as *piqueteras* "entenderam a importância de ocupar o espaço público". Elas reorganizaram as atividades de reprodução social nas ruas, cozinhando, limpando, tomando conta das crianças e sustentando as relações sociais; nesse processo, transmitiam a paixão e a coragem que fortaleceram e enriqueceram sua luta (Rauber, 2002, p. 115). O testemunho da pesquisadora e cientista social Isabel Rauber é significativo:

> Desde o começo, desde os primeiros piquetes [...], a presença de mulheres e crianças era crucial. Determinadas a não voltar para casa sem algo para colocar nas panelas, as mulheres iam aos piquetes para defender sua vida com unhas e dentes. Determinadas a conquistar seus objetivos, participavam diretamente e garantiam a organização da vida cotidiana nas barricadas, que geralmente duravam mais de um dia. Se precisassem montar barracas, se fosse

> necessário um revezamento para vigiar a segurança do piquete, preparar a comida – certamente, junto com os homens –, para construir barricadas e defender as posições escolhidas, ali estavam as mulheres. (Rauber, 2002, p. 115)

Rauber enfatiza – e eu diria que isso se aplica às lutas de muitas mulheres atualmente, não só na América Latina – que, conforme o neoliberalismo promove ataques genocidas aos meios de subsistência das pessoas, o papel das mulheres se torna mais importante. A luta contra o neoliberalismo deve ter raízes nas atividades que reproduzam nossa vida, porque, nas palavras de um militante citado por Rauber (2002, p. 115), "tudo começa no cotidiano e, então, é traduzido em termos políticos. Onde não há vida cotidiana, não há organização, e onde não há organização, não há política".

Seu ponto de vista se confirma no que dizem Natalia Quiroga Díaz e Verónica Gago sobre o movimento das *piqueteras*, argumentando que a crise econômica de 2001 induziu "a feminização da economia e, com isso, a escassez dos recursos necessários para a reprodução" (Díaz & Gago, 2014, p. 13). Assim que a economia oficial colapsou, levando ao fechamento de muitas empresas e até de bancos, impedindo que as pessoas conseguissem sacar suas poupanças, uma economia diferente, "feminina", emergiu. Foi inspirada na lógica do trabalho doméstico, mas organizada coletivamente em espaços públicos, evidenciando o caráter político e o valor social do trabalho reprodutivo. Uma economia de subsistência emergia quando as mulheres ocupavam as ruas, levando pratos e panelas às barricadas e assembleias de bairro, formando redes de escambo e vários tipos de cooperativas. Isso permitiu a sobrevivência de milhares de pessoas e, ao mesmo tempo, redefiniu o que é valor e onde ele é produ-

zido, identificando-o cada vez mais com a capacidade de gerenciar coletivamente a reprodução de nossa vida, cujo ritmo e cuja necessidade dão uma nova forma ao espaço e ao tempo urbanos.

Apesar de o movimento das *piqueteras* ter se desmobilizado desde então, suas lições não foram esquecidas. Pelo contrário: o que era uma resposta a uma crise imediata se transformou, em muitos bairros proletários argentinos, em uma ampla realidade social e em uma parte do tecido social mais duradouro. Como documentou Marina Sitrin (2012, p. 81-3), anos depois da rebelião de 2002 as assembleias de bairro e as formas de cooperação e ação coletiva que nasceram nos piquetes se mantiveram. Nas *villas* [favelas] de Buenos Aires, podemos ver melhor de que maneira a recusa ao empobrecimento e à expropriação — propulsora dos piquetes — se materializou na construção de um novo mundo.[112] Ali se encontram mulheres em tal situação que todos os momentos da vida cotidiana se tornaram instâncias de escolha política, pois nada lhes é devido nem assegurado: tudo chega por meio de negociação e luta, tudo precisa ser continuamente defendido. Água potável e eletricidade precisam ser negociadas com o Estado, assim como boa parte do material para asfaltar ruas e evitar que a chuva as transforme em rios de lama. Mas as mulheres que lutam para conseguir esses recursos não esperam nem efetivamente permitem que o Estado organize sua vida. Cooperando umas com as outras, determinadas a não ser derrotadas e a escapar do empobrecimento social e econômico, elas estão criando novos espaços que não pertencem a ninguém, nos quais

---

[112] Na Argentina, são conhecidos como *villas* os acampamentos urbanos construídos, em geral, por pessoas expulsas de áreas rurais e imigrantes.

as decisões a respeito da reprodução da vida cotidiana são tomadas coletivamente, incluindo o fornecimento de serviços para todos os que contribuem. Zibechi descreve a situação na Villa Retiro Bis, uma das 21 favelas de Buenos Aires:

> Aqui há vizinhos que almoçam nas cozinhas populares [...] à noite, estudam nas escolas primárias e socializam nas casas das mulheres [...]. Certamente são espaços precários que possuem alguma relação com o Estado e com o mercado, mas são relações mínimas, marginais. O mais importante é que são projetos sustentados com apoio mútuo, autogestão, cooperação e confraternização. (Zibechi, 2015, p. 108)

Quando visitei essa mesma favela, em abril de 2015, as mulheres integrantes da Corriente Villera Independiente estavam orgulhosas do que haviam conquistado. "Tudo o que você vê", explicaram, "construímos com as nossas mãos". E pude ver, andando pelas ruas que elas ajudaram a pavimentar, visitando os *comedores populares* [cozinhas comunitárias] em que serviam centenas de refeições por dia, revezando-se no trabalho, assistindo a uma apresentação do Teatro do Oprimido[113] organizada por elas, que aquele espaço era delas, e não um território estrangeiro por onde passamos, sobre o qual não temos nenhuma participação e nenhum controle. Antes da minha visita, a cidade de Buenos Aires construiu um muro para impedir a expansão da favela, mas as mulheres imediatamente o

---

[113] O Teatro do Oprimido foi criado nos anos 1960 pelo ator, educador e diretor de teatro Augusto Boal. É um teatro político no qual o próprio público é protagonista, atuando para resolver os problemas apresentados pelos atores.

derrubaram, dizendo: "Queremos poder nos movimentar livremente e recusamos o enclausuramento".

Enquanto a crise da agricultura de subsistência produzida pela política neoliberal resultou, muitas vezes, na formação de acampamentos parcialmente autogeridos, como aqueles encontrados nas favelas, na Bolívia o fenômeno mais comum foi a proliferação de vendedores ambulantes, que ocuparam áreas urbanas e as transformaram em *ciudades mercado*, por meio do "trabalho incessante de milhares e milhares de mulheres" (Linsalata, 2015, p. 64-5). Quando confrontadas com a necessidade de sair das áreas rurais e com o empobrecimento de suas comunidades, muitas proletárias levaram o trabalho reprodutivo para fora de casa e "transformaram diariamente os mercado em suas salas de estar", onde "cozinham, cuidam das crianças, passam roupa, assistem à TV, visitam umas às outras, em meio ao alvoroço de compras e vendas" (Linsalata, 2015, p. 65).

Como aponta María Galindo, da organização anarcofeminista Mujeres Creando, a luta das bolivianas quebrou o universo do lar e da domesticidade. Rompeu a característica de isolamento do trabalho doméstico de tal forma que a figura da mulher trancada em casa virou uma imagem do passado. Em resposta à precarização do trabalho e à crise salarial dos homens, emergiu uma cultura de resistência. As mulheres se apropriaram das cidades, "transformando a cidade em um espaço doméstico" (Galindo, 2010, p. 111-2), onde passam a maior parte do tempo vendendo mercadorias (comida, produtos contrabandeados, música pirateada etc.) que "baratearam o custo de vida para toda a população", organizando-se com outras mulheres, confrontando a polícia e, nesse processo, "reinventando sua relação com a sociedade" (Galindo, 2010, p. 114). A organização Mujeres Creando

contribuiu para essa nova apropriação feminina do espaço urbano ao abrir um centro social, a Virgen de los Deseos [Virgem dos desejos] – descrita por Galindo como uma "máquina reprodutiva" devido às diversas atividades ali realizadas –, oferecendo serviços especialmente planejados para mulheres de rua, tais como creches, venda de comida, emissora de rádio para transmitir notícias sobre suas lutas, ou denunciando abusos que sofreram, além da publicação de materiais políticos e educacionais.

Vender produtos nas ruas pode não parecer uma atividade radical, mas quem está familiarizado com as intrincadas relações sociais que precisam ser criadas para viabilizar a ocupação do espaço público de uma forma não autorizada pelo Estado, especialmente em nossos tempos, sabe que essa impressão é errada. Para as mulheres que formam a maioria dos vendedores ambulantes, é preciso muita negociação e política para criar condições que lhes permitam passar a maior parte de seus dias na rua, garantir a segurança de suas mercadorias – sobretudo por causa das batidas policiais – e trabalhar pacificamente ao lado umas das outras, coordenando o uso compartilhado do espaço e do tempo, assim como as atividades de limpeza e o tabelamento dos preços. Uma vez atendidos, esses esforços criam um contrapoder que as autoridades não podem ignorar. É por essa razão que, pelo resto do mundo, governos promovem campanhas de higienização e usam pretextos como melhorias sanitárias e embelezamento para destruir as presenças que, por ocuparem o espaço público e terem visibilidade, se impõem como ameaça às autoridades governamentais.

Um exemplo das ameaças às quais os ambulantes estão expostos é a criminalização da Unión Popular de

Vendedores y Ambulantes 28 de Octubre,[114] uma organização de feirantes localizada na cidade mexicana de Puebla, que foi declarada inimiga pública do então presidente Enrique Peña Nieto. Grande parte da liderança masculina da organização está presa ou ameaçada de morte em um país lamentavelmente conhecido pelo expressivo número de assassinatos políticos, o que levou as mulheres do 28 de Octubre a darem continuidade, agora, ao trabalho político. Atuam como mães, esposas e vendedoras ambulantes, cuidam dos presos e de seus filhos enquanto passam longas horas trabalhando, tendo ainda de conciliar, em meio a tudo isso, a tarefa de organização política. O cenário é o de uma vida de preocupação permanente, sem tempo para descanso ou qualquer forma de diversão. Contudo, como é comum em organizações de mulheres, o que se ouve delas é o orgulho pelo que estão conquistando e pela maior compreensão de mundo que vêm obtendo, individual e coletivamente, assim como uma capacidade maior de resistir à intimidação e o aumento do respeito por si próprias e por outras mulheres. Nas palavras de mulheres como essas, é possível ver a possibilidade de um mundo diferente, no qual o compromisso com a justiça social e com a cooperação engendra um novo conceito de política que é a antítese do que geralmente se reconhece como tal. A diferença pode ser percebida nas práticas organizacionais que as mulheres do 28 de Octubre adotaram, inspiradas nos princípios de *horizontalidad* e na insistência em tomar decisões cole-

---

[114] O nome do grupo homenageia os mortos e feridos em uma batida policial violenta, ocorrida em 28 de outubro de 1973 em uma feira, quando dezenas de barracas foram queimadas e uma criança morreu no incêndio. Um relato sobre a batida e as atividades da organização pode ser encontrado em García (2013).

tivas, que frequentemente ocorrem em assembleias de bairro e das quais todos podem participar.

Os novos movimentos de mulheres serão capazes de resistir ao ataque da expansão das relações capitalistas? Terão o poder de contestar as tentativas de recolonizar suas terras e comunidades? Não há respostas prontas para esses questionamentos. No entanto, é certo que, nos momentos de crises agudas, quando colapsaram os mecanismos da política econômica capitalista, as mulheres se apresentaram e, por meio de um esforço coletivo, garantiram formas básicas de reprodução social e romperam a barreira do medo que aprisiona suas comunidades. Quando uma crise econômica e política se "normaliza", a alternativa econômica criada pelas mulheres é, muitas vezes, desmantelada aos poucos, mas sempre deixa o legado de novas formas de organização comunitária e um sentido mais amplo de possibilidades.

Da mesma maneira, Raúl Zibechi com frequência lembra que, nas favelas da Argentina, do México, do Peru, assim como nas comunidades camponesas/indígenas e afrodescendentes da América Latina, um mundo novo está sendo criado, e também novas políticas. É um mundo que dá uma nova vitalidade à noção já desgastada de comuns, ressignificando-a não somente como uma riqueza a ser compartilhada mas também como um comprometimento do princípio de que essa vida precisa ser *una vida digna de ser vivida*. Em seu centro, como Raquel Gutiérrez Aguilar escreveu, estão a reprodução da vida material, seu cuidado e a reapropriação da riqueza coletiva produzida e organizada de uma forma subversiva, pois alicerçada na possibilidade de "articular a atividade humana e a criatividade para fins autônomos" (Aguilar, 2015, p. 126-7).

A autora promove um grupo de pesquisa de mulheres acadêmicas e ativistas na Universidade Autônoma de

Puebla, no México, e é hoje uma das que mais contribuíram, na América Latina, para a articulação das experiências que descrevi, com toda a habilidade de recuperar práticas, conhecimentos, valores e visões sedimentadas por gerações de comunidades indígenas e sua contínua produção de novos significados e formas de existir. Seu trabalho, assim como o de outras participantes do grupo – Mina Lorena Navarro, Gladys Tzul Tzul, Lucia Linsalata –, é uma parte importante da luta, um exemplo de "comum do conhecimento", já que trabalha em um contexto acadêmico, mas de uma forma contrária aos princípios impostos pela academia à produção de conhecimento, esforçando-se para dar voz àquele complexo de afetos e emoções, poderoso e geralmente invisível, que é a substância na qual as relações comunitárias são produzidas. Atualmente, tal trabalho é mais indispensável do que nunca, por tornar visível o modo como as relações comunitárias estão enraizadas em nossa vida afetiva, como são essenciais para a nossa sobrevivência e para a valorização da nossa vida, e como nos dão coragem e força para encarar o ataque mais brutal e mais violento que o capitalismo já empreendeu a todas as formas de solidariedade social desde o auge da colonização. Demonstra que a comunalização é um aspecto indispensável de nossa vida, que nenhuma violência consegue destruir, já que é recriada continuamente e entendida como uma necessidade para a nossa existência.

MARXISMO, FEMINISMO E OS COMUNS (2014)

> Para nós, o comunismo não é nem um *estado* a ser criado, nem um *ideal* pelo qual a realidade deverá se guiar. Chamamos de comunismo o movimento *real* que supera o atual estado de coisas. As condições desse movimento resultam das premissas atualmente existentes.
> — Karl Marx & Friedrich Engels, *A ideologia alemã* (1970 [2007])

INTRODUÇÃO

Quais ferramentas, princípios e ideias o marxismo pode agregar ao feminismo político e teórico em nossos dias? Podemos pensar hoje em uma relação entre marxismo e feminismo que não seja a do "casamento infeliz" descrita por Heidi Hartmann em um ensaio bastante citado de 1979? Quais aspectos do marxismo são mais importantes para o feminismo e o comunismo no século XXI? E como o conceito de comunismo de Marx se relaciona com o princípio dos comuns, o paradigma político que tanto inspira o pensamento feminista radical hoje em dia?

Ao fazer essas perguntas, vou ao encontro de uma discussão sobre a construção de alternativas ao capitalismo que começou em acampamentos e praças por todo o planeta. Apesar de suas contradições, descortina novas possibilidades e faz surgir uma sociedade de novos inte-

grantes dos comuns, que se esforçam para construir espaços e relações sociais não orientados pela lógica do mercado capitalista.

Avaliar o legado da visão de Marx sobre o comunismo para o século XXI não é uma tarefa fácil. À complexidade de seu pensamento soma-se o fato de que, na última fase de sua vida, após a derrota da Comuna de Paris, Marx aparentemente abandonou alguns de seus axiomas políticos, em particular os que dizem respeito às precondições materiais necessárias para a construção de uma sociedade comunista.[115] Entende-se também que há diferenças importantes entre suas duas principais obras, *O capital* e os *Grundrisse*,[116] e que Marx não é um escritor cujo pensamento pode ser compreendido por um conjunto qual-

---

[115] Esse argumento se baseia nas leituras dos cadernos etnológicos, uma série de notas que Marx coletou em seus últimos anos de vida, enquanto preparava uma grande obra sobre o tema. Seus comentários mostram que *A sociedade antiga*, de Lewis Henry Morgan (1964 [2005]), "e especialmente seu relato detalhado dos iroqueses permitiram a Marx, pela primeira vez, entrever a possibilidade de uma sociedade livre, tal como já existiu na história", e também de um caminho revolucionário independente do desenvolvimento das relações capitalistas. Rosemont argumenta que Marx pensava na obra de Morgan quando, em correspondência com os revolucionários russos, considerou a possibilidade de um processo revolucionário na Rússia que se dirigisse para formas comunais de propriedade com base na comuna camponesa russa, e não através de sua dissolução. Ver Franklin Rosemont, "Karl Marx and the Iroquois" [Karl Marx e os iroqueses], *libcom.org*, 7 jul. 2009. Sobre esse assunto, ver também Anderson (2002) e Shanin (1983, p. 29-31 [2017]).

[116] Antonio Negri, por exemplo, afirmou que os *Grundrisse* deveriam ser vistos como o ponto culminante do pensamento de Marx e que a importância de *O capital* teria sido superestimada, pois é nos *Grundrisse* que Marx desenvolveu seus principais conceitos e a definição mais radical de comunismo (Negri, 1991, p. 5-4, 8-9, 11-8 [2016, p. 34-5, 39-42, 44-58]). Por outro lado, George Caffentzis (2008) argumenta que *O capital* tem um conceito mais integrador de capitalismo e que, nesse trabalho mais tardio, Marx descartou algumas das principais teses dos *Grundrisse*, como a de que o capitalismo, através da automação da produção, pode ir além da lei do valor.

quer de formulações, já que "seu nível de análise mudava continuamente, acompanhando seus objetivos políticos" (Salleh, 1997, p. 71; Ollman, 1993).

NO ENTANTO, HÁ DUAS CERTEZAS

A linguagem política que Marx nos concedeu ainda é necessária para pensar um mundo sem capitalismo. Sua análise da mais-valia, do dinheiro, da forma mercadoria e, acima de tudo, seu método — que oferece à história e à luta de classes uma base material e se recusa a separar a economia da política — ainda são indispensáveis, embora insuficientes, para entender o capitalismo contemporâneo. Não é nenhuma surpresa que, com o aprofundamento da crise econômica global, o interesse por Marx tenha ressurgido — algo inimaginável na década de 1990, quando o pensamento dominante declarara que sua teoria estava ultrapassada. Em vez disso, no entanto, em meio aos escombros do socialismo, surgiram amplos debates sobre questões de "acumulação primitiva", sobre as modalidades da "transição" e sobre a possibilidade e o significado histórico e ético do comunismo. Misturada aos princípios feministas, anarquistas, antirracistas e queer, a teoria de Marx continua a influenciar, na Europa, nas Américas e em outras partes do mundo, os desobedientes. Um feminismo anticapitalista, portanto, não pode ignorar Marx. De fato, como Stevi Jackson (2001, p. 284) argumentou, "no início dos anos 1980, as perspectivas dominantes na teoria feminista eram geralmente informadas pelo marxismo ou formuladas em diálogo com ele". Contudo, não há dúvida de que as categorias de Marx devem receber novos fundamentos e que temos de ir "além de Marx" (Negri, 1991 [2016]), não

apenas em função das transformações socioeconômicas que ocorreram desde sua época como também por causa dos limites de sua compreensão sobre as relações capitalistas – limites cujo significado político foi evidenciado pelos movimentos sociais do último meio século, os quais trouxeram para o cenário mundial temas sociais que a teoria de Marx desconhecia ou marginalizava.

O FEMINISMO E O PONTO DE VISTA DA REPRODUÇÃO SOCIAL

As feministas não foram as únicas a dar uma contribuição importante para esse processo. Nas décadas de 1950 e 1960, na esteira da luta anticolonial, teóricos políticos, como Frantz Fanon,[117] questionaram algumas análises de Marx, como a ideia de que o papel de vanguarda se resumia ao proletariado urbano ou que se concentrava quase que exclusivamente no trabalho assalariado, deixando de lado os escravizados, os colonizados e os não remunerados, entre outros, no processo de acumulação e luta anticapitalista. Esses teóricos políticos perceberam que a experiência das colônias mostrava ser necessário repensar "o marxismo como um todo" e que a teoria marxista precisaria ser reformulada para incorporar as experiências de 75% da população mundial, ou então deixaria de ser uma força libertadora, tornando-se, em vez disso, um

---

[117] Escreveu Fanon em *Os condenados da terra*: "É por isso que as análises marxistas devem ser sempre ligeiramente distendidas cada vez que abordamos o problema colonial. Não há nem mesmo conceito de sociedade pré-capitalista, bem estudado por Marx, que não exigisse ser repensado aqui" (Fanon, 1986, p. 40 [1968, p. 29]).

obstáculo para sua libertação (Thurton, 2000). Os camponeses, os peões e o lúmpen, que fizeram as revoluções do século XX, não demonstraram nenhuma intenção de esperar uma futura proletarização ou "o desenvolvimento das forças produtivas" para exigir uma nova ordem mundial, como os marxistas ortodoxos e os partidos de esquerda os aconselhariam a fazer.

Os ecologistas, incluindo alguns ecossocialistas, também contestaram Marx por promover uma visão assimétrica e instrumental da relação homem/natureza, concebendo os seres humanos e o trabalho como os únicos agentes ativos e negando à natureza qualquer valor intrínseco e potencial de auto-organização.[118] Mas foi a ascensão do movimento feminista que permitiu a articulação de uma crítica mais sistemática ao marxismo, por colocar em pauta não só as pessoas não remuneradas do mundo mas a vasta população de sujeitos sociais (mulheres, crianças, às vezes homens) cujo trabalho em campos, cozinhas, quartos e ruas produz e reproduz diariamente a força de trabalho, acompanhada de um conjunto de questões e lutas relativas à organização da reprodução social muito pouco versado por Marx ou pela tradição política.

É por meio dessa crítica que compreendo o legado da visão do comunismo de Marx, concentrando-me nos aspectos mais importantes para um programa feminista e para a política dos comuns, que é como me refiro às práticas e perspectivas adotadas por movimentos sociais em

---

[118] Ver, por exemplo, Kovel (2011, p. 11-5). Ele argumenta que Marx permaneceu prisioneiro de um ponto de vista científico e produtivista, postulando "uma natureza passiva trabalhada por um homem ativo" (p. 13) e incentivando o "desenvolvimento total das forças produtivas" (p. 15). Existe, no entanto, um amplo debate sobre o assunto, que abordo aqui de modo superficial; ver, por exemplo, Foster (1995).

todo o planeta que hoje buscam fortalecer a cooperação social, minar o controle do mercado e do Estado sobre nossa vida, promover o compartilhamento de riquezas e, assim, estabelecer limites à acumulação de capital. Antecipando minhas conclusões, defendo que a visão de Marx do comunismo como uma sociedade não fundada no valor de troca, na propriedade privada e no dinheiro, mas baseada em associações de produtores livres e governada pelo princípio "de cada um segundo suas necessidades, a cada um segundo suas capacidades",[119] representa um ideal a que nenhuma feminista anticapitalista pode se opor. As feministas também podem abraçar a imagem inspiradora de Marx de um mundo para além da divisão social do trabalho, embora elas talvez queiram garantir que, depois de caçar pela manhã, pescar à tarde e escrever à noite, ainda haja tempo para que todos compartilhem o cuidado da casa e das crianças. Mas a política feminista nos ensina que não podemos aceitar a concepção de Marx sobre o que constitui o trabalho e a luta de classes, e que, ainda mais fundamentalmente, devemos rejeitar a ideia — que permeia a maior parte de sua obra publicada — de que o capitalismo seja um estágio necessário na história da emancipação humana e uma condição prévia e inevitável para a construção de uma sociedade comunista. Esse rechaço deve ser contundente, pois a ideia de que o desenvolvimento capitalista fortalece a autonomia e a cooperação social entre os trabalhadores, conduzindo-o, assim, à própria dissolução, é inaceitável.

Mais do que qualquer projeção ideal de uma sociedade pós-capitalista, o que interessa à política feminista

---

[119] Famosa passagem da *Crítica do programa de Gotha*, publicada em 1875; ver MARX, Karl. *Crítica do Programa de Gotha*. Trad. Rubens Enderle. São Paulo: Boitempo, 2012, p. 32. [N.T.]

é a crítica implacável de Marx à acumulação capitalista e seu método, começando pela leitura que ele faz do desenvolvimento capitalista como produto de relações sociais antagônicas. Em outras palavras, como argumentaram Roman Rosdolsky (1977 [2001]) e Antonio Negri (1991 [2016]), entre outros: mais do que o revolucionário e visionário que projeta um mundo em que a libertação é alcançada, o Marx que nos interessa é o teórico da luta de classes, que recusou qualquer programa político não baseado em possibilidades históricas reais e que, ao longo de seu trabalho, buscou a destruição das relações capitalistas, vendo a realização do comunismo no movimento que extingue o atual estado de coisas. Desse ponto de vista, o método materialista-histórico de Marx — que postula que nosso entendimento da história e da sociedade depende de compreendermos as condições materiais da reprodução social — é determinante para uma perspectiva feminista. O reconhecimento de que a subordinação social é um produto histórico associado a uma organização específica do trabalho teve um efeito libertador sobre as mulheres: desnaturalizou a divisão sexual do trabalho e as identidades por ela construídas, projetando categorias de gênero não apenas como construções sociais mas como conceitos cujo conteúdo é constantemente redefinido, infinitamente móvel, aberto e sempre político. De fato, muitos debates feministas sobre a validade das "mulheres" como categoria analítica e política poderiam ser mais facilmente resolvidos se esse método fosse aplicado, pois ele nos ensina que é possível expressar um interesse comum sem atribuir formas fixas e uniformes de comportamento e condições sociais.

  A análise da posição social das mulheres pelo prisma da exploração capitalista do trabalho também revela a

continuidade entre a discriminação com base no gênero e a discriminação com base na raça. Além disso, ela nos permite transcender a política de direitos que pressupõe a permanência da ordem social existente e deixa de confrontar as forças sociais antagônicas que estão no caminho da libertação das mulheres. Como muitas feministas mostraram, Marx não aplicou seu método consistentemente, pelo menos não quanto à questão da reprodução e das relações de gênero. De acordo com as teóricas do movimento Wages for Housework [Salários para o trabalho doméstico] — Mariarosa Dalla Costa (1975), Selma James (1975) e Leopoldina Fortunati (1995) — e ecofeministas como Maria Mies (1986) e Ariel Salleh (1997), há uma evidente contradição no cerne do pensamento de Marx. Embora considere a exploração do trabalho o elemento-chave da produção da riqueza capitalista, ele deixa de teorizar sobre algumas das atividades e relações sociais que são mais decisivas para a produção da força de trabalho, como o trabalho sexual, a procriação, o cuidado de crianças e o trabalho doméstico. Marx reconhece que nossa capacidade de trabalhar não nos é dada, sendo, na verdade, produto da atividade social,[120] que sempre assume uma forma histórica específica, pois "fome é fome, mas a fome que se satisfaz com carne cozida, comida com faca e garfo, não é a mesma fome de quem come carne

---

[120] "O valor da força de trabalho, como o de todas as outras mercadorias, é determinado pelo tempo de trabalho necessário para a produção — e, consequentemente, também para a reprodução — desse artigo específico. Como valor, a força de trabalho representa apenas uma quantidade determinada do trabalho social médio nela objetivado. A força de trabalho só existe como disposição do indivíduo vivo. A sua produção pressupõe, portanto, a existência dele. Dada a existência do indivíduo, a produção da força de trabalho consiste em sua própria reprodução ou manutenção" (Marx, 1990, p. 274 [2011, p. 245]).

crua com mãos, unhas e dentes" (Marx, 1970, p. 197 [2003, p. 236]). No entanto, não encontramos, em seus trabalhos publicados, nenhuma análise do trabalho doméstico, da família e das relações de gênero específicas no capitalismo; o que há são reflexões dispersas, apontando que o efeito da primeira divisão do trabalho ocorreu no ato sexual, que a escravidão está latente na família, e assim por diante (Marx & Engels, 1970, p. 51-2 [2007, p. 35]). No livro I de *O capital*, o trabalho sexual nunca é levado em conta, nem mesmo em sua forma remunerada, de modo que as prostitutas são excluídas até mesmo do grupo de criminosos e vagabundos, que aparecem na esfera dos "pobres" (Marx, 1990, p. 797 [2011, p. 452]), claramente associados àquele "lumpemproletariado" que Marx via no *18 de brumário* como definitivamente incapaz de transformar sua condição social (Marx, 1963 [2011]). O trabalho doméstico é mencionado em duas notas de rodapé: uma registra seu desaparecimento das casas de mulheres estafadas pelo trabalho fabril durante a Revolução Industrial, e a outra observa que a crise causada pela Guerra Civil dos Estados Unidos levou as trabalhadoras têxteis da Inglaterra de volta às tarefas domésticas.[121]

---

[121] Em uma das notas de rodapé de "Maquinaria e grande indústria", Marx comenta a crescente substituição de mulheres por trabalhadores do sexo masculino, processo resultante da introdução de máquinas na fábrica, "ao lançar no mercado de trabalho todos os membros da família do trabalhador". Ele escreve: "Como certas funções da família, por exemplo, cuidar das crianças e amamentá-las etc., não podem ser inteiramente suprimidas, as mães de família confiscadas pelo capital têm de arranjar quem as substitua em maior ou menor medida. É necessário substituir por mercadorias prontas os trabalhos domésticos que o consumo da família exige, como costurar, remendar etc. A um dispêndio menor de trabalho doméstico corresponde, portanto, um dispêndio maior de dinheiro, de modo que os custos de produção da família operária crescem e contrabalanceiam a receita aumentada" (Marx, 1990, p. 518 [2011, p. 469]). Referindo-se a essa passagem, Leopoldina Fortunati

A procriação é geralmente tratada como uma função natural[122] mais do que como uma forma de trabalho que, no capitalismo, é subordinada à reprodução da força de trabalho e, portanto, sujeita a uma regulação estatal específica. Mesmo ao apresentar sua teoria da "superpopulação relativa" (Marx, 1990, p. 794-7 [2011, p. 716-23]), ele praticamente não menciona o interesse do capital e do Estado na capacidade reprodutiva das mulheres, atribuindo a determinação de uma população excedente às exigências da inovação tecnológica (Marx, 1990, p. 782 [2011, p. 698-9]), embora argumente que a exploração dos filhos dos trabalhadores aumenta o valor de sua produção (Marx, 1990, p. 795 [2011, p. 716-7]).[123]

Por causa dessas omissões, muitas feministas acusaram Marx de reducionismo e viram a integração do feminismo e do marxismo como um processo de subordinação (Hartmann, 1979, p. 1). As autoras aqui citadas, no entanto, demonstraram que podemos trabalhar com as categorias de Marx,[124] mas devemos reconstruí-las e

---

(1995, p. 169) observa que "Marx só conseguia ver o trabalho doméstico quando o capital o destruía e tomava conhecimento dele por meio dos relatórios do governo, que haviam constatado muito antes os problemas postos pela usurpação do trabalho doméstico".

[122] Ele escreve, por exemplo, que "à produção capitalista não basta, de modo algum, a quantidade de força de trabalho disponível fornecida pelo crescimento natural da população" (Marx, 1990, p. 794 [2011, p. 710]).

[123] No entanto, ele não esclarece quem determina esse aumento da produção – uma questão apropriada, uma vez que, no livro I de *O capital*, suas descrições das relações maternas nos distritos industriais da Inglaterra indicam uma recusa generalizada à maternidade como uma preocupação digna de nota para os formuladores de políticas e empregadores contemporâneos (Marx, 1990, p. 521-2 [2011, p. 471- 3]).

[124] Uma exceção é Maria Mies (1986), que, em *Patriarchy and Accumulation on a World Scale* [Patriarcado e acumulação em escala mundial], afirmou repetidamente ser impossível pensar em relações de gênero dentro do marxismo.

alterar sua arquitetura, de modo que o centro gravitacional não seja exclusivamente o trabalho assalariado e a produção de mercadorias, mas a produção e a reprodução da força de trabalho, especialmente a parcela realizada pelas mulheres, em casa. Dessa forma, tornamos visível um novo terreno de acumulação e luta, bem como a verdadeira dimensão da dependência que o capital têm em relação ao trabalho não remunerado e a duração real de um dia de trabalho (Federici, 2012, p. 38 [2019, p. 82]). Ao expandirmos a teoria do trabalho produtivo de Marx para incluir o trabalho reprodutivo em suas diferentes dimensões, podemos elaborar uma teoria das relações de gênero no capitalismo e ainda alcançar uma nova compreensão da luta de classes e dos meios pelos quais o capitalismo é reproduzido, a saber, através da criação de diferentes regimes de trabalho e de formas diversas de desenvolvimento desigual e de subdesenvolvimento.

 Estabelecer a reprodução da força de trabalho no centro da produção capitalista traz à tona um mundo de relações sociais que permanece invisível em Marx, mas é essencial para expor os mecanismos reguladores da exploração laboral. Isso revela que o trabalho não remunerado extraído da classe trabalhadora pelo capital é muito maior do que Marx poderia imaginar: ele se estende do trabalho doméstico, que se esperava que as mulheres realizassem, até a exploração das colônias e periferias do mundo capitalista. Há, de fato, uma continuidade entre a desvalorização da reprodução da força de trabalho que ocorre dentro do lar e a desvalorização do trabalho realizado nas plantations implementadas pelo capitalismo nas regiões colonizadas e nos centros das áreas industriais. Nos dois casos, não apenas as formas de trabalho e de coerção envolvidas foram naturalizadas: ambas se tornaram parte de uma linha de monta-

gem global projetada para reduzir o custo de reprodução dos trabalhadores assalariados. Nessa linha, o trabalho doméstico não remunerado, atribuído às mulheres como seu destino natural, integra e retransmite o trabalho de milhões de camponesas, agricultoras de subsistência e trabalhadoras informais, que cultivam e produzem, por uma ninharia, as mercadorias consumidas pelos trabalhadores assalariados, ou fornecem, a baixíssimo custo, os serviços de sua reprodução. Disso decorrem as hierarquias de trabalho que a ideologia racista e sexista tanto tentou justificar, mas que só demonstram que a classe capitalista manteve seu poder por meio de um sistema de dominação indireta, dividindo efetivamente a classe trabalhadora, usando o salário para delegar poder aos homens trabalhadores em relação aos não remunerados, a começar pelo controle e supervisão do corpo e do trabalho das mulheres. O salário, portanto, é mais do que a arena de confronto entre capital e trabalho, na qual a classe trabalhadora negocia a quantidade e a constituição do trabalho socialmente necessário; ele é também um instrumento para a criação de relações desiguais de poder e de hierarquias, e a cooperação dos trabalhadores durante o processo laboral se revela insuficente para unificar a classe. Consequentemente, a luta de classes é um processo muito mais complicado do que Marx supunha. Como as feministas descobriram, esse processo precisa, muitas vezes, começar na família: para combater o capitalismo, as mulheres têm de lutar contra seus maridos e pais, da mesma maneira que pessoas de cor lutam contra os trabalhadores brancos e contra uma composição de classe particular, instaurada pelo capitalismo por meio da relação salarial. Por fim, reconhecer que o trabalho doméstico é aquele que produz a força de trabalho nos permite entender as identidades de gênero como funções laborais

e as relações de gênero como relações produtivas, um movimento que liberta as mulheres da culpa que sentem sempre que desejam recusar o trabalho doméstico, além de ampliar o significado do princípio feminista de que "o pessoal é político".[125]

Por que Marx negligenciou essa parte do trabalho reprodutivo, a mais essencial para a produção de força de trabalho? Em outro texto (Federici, 2012, p. 94-5 [2019, p. 199-200]),[126] sugeri que as condições da classe trabalhadora na Inglaterra no tempo dele podem indicar uma explicação. Na época em que Marx escrevia *O capital*, poucas tarefas domésticas eram realizadas na família da classe trabalhadora (como o próprio autor reconheceu), pois as mulheres trabalhavam ao lado dos homens nas fábricas, do amanhecer ao pôr do sol. O trabalho doméstico, como um ramo da produção capitalista, estava abaixo do horizonte histórico e político de Marx. Somente na segunda metade do século XIX, após duas décadas de revoltas da classe trabalhadora, quando o fantasma do comunismo assombrava a Europa, a classe capitalista passou a investir na reprodução da força de trabalho, em conjunto com uma mudança na forma de acumulação, passando da indústria leve (baseada na indústria têxtil) à indústria pesada (carvão e aço), exigindo uma disciplina de trabalho mais rigorosa e uma força de trabalho menos enfraquecida. Como escrevi em um ensaio recen-

---

[125] Sobre a origem desse lema, ver Carol Hanisch, "The Personal Is Political: The Women's Liberation Movement Classic with a New Explanatory Introduction" [O pessoal é político: o clássico movimento pela libertação das mulheres com uma nova introdução explicativa], jan. 2006. Disponível em: http://carolhanisch.org/CHwritings/PIP.html.

[126] Para uma análise e crítica da conceitualização de Marx da reprodução da força de trabalho, ver também Federici (2017a, p. 79-96).

te, em termos marxianos, podemos dizer que o desenvolvimento do trabalho reprodutivo e a consequente emergência de uma dona de casa proletária em tempo integral foram produtos da transição da extração do valor "absoluto" para a extração "do valor relativo" como modelo de exploração do trabalho (Marx, 1990, cap. 16, parte V [2011, cap. 14, seção V]). Foram resultado da mudança de um sistema exploratório baseado no prolongamento absoluto da jornada de trabalho para aquele em que a redução da jornada de trabalho seria compensada por uma revolução tecnológica que intensificaria a taxa de exploração. Certamente, contudo, houve um fator adicional que também contribuiu para essa transformação: o medo dos capitalistas de que a superexploração à qual os trabalhadores estavam sujeitos, devido ao aumento da jornada de trabalho e à destruição de seus bens comuns, estivesse levando à extinção da classe trabalhadora e influenciando a recusa das mulheres ao trabalho doméstico e ao cuidado das crianças — um tema frequente nos relatórios oficiais que o governo inglês passou a produzir a partir da década de 1840 para avaliar as condições de trabalho e o estado de saúde dos operários (Marx, 1990, p. 348, 591, 599, 630 [2011, p. 313, 533, 540-1, 567]).[127] Esse foi o contexto em que se introduziu uma reforma trabalhista que aumentou o investimento de capital (de fundos e de trabalho) na reprodução da força de trabalho, promovendo

---

[127] As três últimas páginas citadas aqui discutem o efeito que o emprego das mulheres em fábricas teve sobre sua disciplina e trabalho reprodutivo. Como afirma Marx (1990, p. 348 [2011, p. 313]): "Abstraindo de um movimento dos trabalhadores que se torna a cada dia mais ameaçador, a limitação da jornada de trabalho nas fábricas foi ditada pela mesma necessidade que forçou a aplicação do guano nos campos ingleses. A mesma rapacidade cega que, num caso, exauriu o solo, no outro matou na raiz a força vital da nação".

uma série de Factory Acts [Leis industriais] que primeiro reduziram e depois eliminaram o emprego feminino nas indústrias, e aumentaram substancialmente (em 40% até o final do século XIX) o salário masculino.[128] Nesse sentido, o nascimento da dona de casa proletária em tempo integral – um fenômeno acelerado pelo fordismo – pode ser interpretado como uma tentativa de compensar os trabalhadores assalariados do sexo masculino pelos comuns que haviam perdido com o advento do capitalismo. A compensação se daria por meio da ampla gama de trabalho não remunerado realizado pelas mulheres.

Essas reformas marcaram "a passagem para o Estado moderno" como planejador da construção da família da classe trabalhadora e da reprodução da força de trabalho (Fortunati, 1995, p. 173). Contudo, o que mais se destacou quando Marx escrevia *O capital* foi o fato de que os trabalhadores não conseguiam se reproduzir. Essa pode ser uma explicação parcial para a quase inexistência do trabalho doméstico em sua obra. É provável, no entanto, que Marx também o tenha ignorado por representar exatamente o tipo de trabalho que ele acreditava que a indústria moderna poderia e deveria substituir, e ele não conseguiu ver que a coexistência de diferentes regimes de trabalho continuaria sendo um componente essencial da produção capitalista e da disciplina do trabalho.

---

[128] Não é por acaso que, em 1870, há na Inglaterra, simultaneamente, uma nova Lei do Casamento e a Lei da Educação (que introduziu o direito universal à educação primária), ambas significando um novo nível de investimento na reprodução da força de trabalho. No mesmo período, acompanhando a alta do salário da família, há mudanças nos hábitos alimentares das pessoas na Grã-Bretanha e nos meios de distribuição de alimentos, com o surgimento das primeiras lojas alimentícias de bairro. É também nessa época que a máquina de costura começa a adentrar o lar proletário. Ver Hobsbawm (1968, p. 135-6, 141).

Minha hipótese é a de que Marx ignorou o trabalho doméstico porque este não possuía as características que considerava essenciais para a organização capitalista do trabalho, identificadas com a industrialização em larga escala – a qual, em sua visão, seria o modelo mais sofisticado de produção. Fundado no ambiente domiciliar, organizado de maneira não coletiva, não cooperativa, e realizado com um baixo nível de desenvolvimento tecnológico mesmo no século XX, no auge da domesticidade, o trabalho doméstico continuou a ser classificado pelos marxistas como um resquício das formas pré-capitalistas de produção. Como Dolores Hayden (1985) apontou em *The Grand Domestic Revolution* [A grande revolução doméstica], ainda que falassem em trabalho doméstico socializado, os pensadores socialistas não acreditavam que seria um trabalho significativo (Hayden, 1985, p. 6); e, como August Bebel (1971), eles também previam um tempo em que o trabalho doméstico seria reduzido ao mínimo. Foi necessária uma revolta de mulheres contra o trabalho doméstico, nas décadas de 1960 e 1970, para provar que se tratava de um "trabalho socialmente necessário"[129] do ponto de vista capitalista – mesmo não sendo organizado como uma indústria, é extremamente produtivo e, em grande parte, não pode ser mecanizado. Além disso, para reproduzir os indivíduos nos quais a força de trabalho subsiste, é necessária uma variedade de serviços afetivos e físicos de natureza interacional, o que consiste, portanto, em um trabalho muito intensivo. Essa percepção desestabilizou ainda mais o arcabouço teórico e polí-

---

[129] "Tempo de trabalho socialmente necessário é aquele requerido para produzir um valor de uso qualquer sob as condições normais para uma dada sociedade e com o grau social médio de destreza e intensidade do trabalho" (Marx, 1990, p. 129 [2011, p. 117]).

tico de Marx, forçando-nos a repensar um dos princípios centrais de sua teoria da revolução, ou seja, a premissa de que, com o desenvolvimento do capitalismo, todas as formas de trabalho seriam industrializadas e, mais importante ainda, que o capitalismo e a indústria moderna são precondições para libertar a humanidade da exploração.

MAQUINARIA, INDÚSTRIA MODERNA E REPRODUÇÃO

Marx entendia que o capitalismo e a indústria moderna deveriam, necessariamente, preparar o terreno para o advento do comunismo, pois acreditava que, sem o salto de produtividade do trabalho proporcionado pela industrialização, a humanidade estaria condenada a um conflito sem fim, motivado pela escassez, pela miséria e pela competição para saciar as necessidades vitais (Marx & Engels, 1970, p. 56 [2007, p. 38-9]). Ele também via a indústria moderna como a corporificação de uma racionalidade mais elevada, abrindo seu caminho no mundo por motivos sórdidos, mas ensinando aos seres humanos atitudes para desenvolver ao máximo suas capacidades, além de libertá-los do trabalho. Para Marx (1990, p. 618 [2011, p. 419-20]), a indústria moderna não é apenas o meio de reduzir o "trabalho socialmente necessário"; é também o próprio modelo de trabalho, ensinando aos trabalhadores uniformidade, regularidade e princípios do desenvolvimento tecnológico, permitindo nosso envolvimento de maneira intercambiável em diferentes tipos de trabalho. E isso, Marx adverte, é algo que o trabalhador minucioso da manufatura e mesmo o artesão atrelado à sua profissão jamais conseguiram fazer.

O capitalismo, nesse contexto, é a mão firme que cria a indústria em larga escala, abrindo caminho para a concentração dos meios de produção e para a cooperação no processo laboral, desenvolvimentos que Marx considerava essenciais para a expansão das forças produtivas e para o aumento da produtividade do trabalho. O capitalismo também é, para ele, o chicote que educa os seres humanos para as condições do autogoverno, como a necessidade de produzir além da subsistência e a capacidade de cooperação social em larga escala (Marx, 1990, p. 775 [2011, p. 496]). A luta de classes desempenha uma função importante nesse processo. A resistência dos trabalhadores à exploração obriga a classe capitalista a revolucionar a forma de produzir, de modo a economizar ainda mais o trabalho em uma espécie de condicionamento mútuo, reduzindo continuamente o papel do trabalho na produção de riqueza e empregando máquinas na realização de tarefas que os seres humanos têm, historicamente, tentado evitar. Para Marx, uma vez que esse processo fosse concluído e que a indústria moderna reduzisse ao mínimo o trabalho socialmente necessário, teria início uma era na qual finalmente seríamos os donos de nossa existência e de nosso ambiente natural, e não apenas capazes de satisfazer nossas necessidades: seríamos também livres para dedicar nosso tempo a propósitos mais elevados.

Ele jamais explicou de que maneira essa ruptura ocorreria, exceto por um conjunto de imagens metafóricas sugerindo que, uma vez totalmente desenvolvidas, as forças produtivas quebrariam a casca que as envolvia, desencadeando uma revolução social. Ele tampouco esclareceu como seríamos capazes de reconhecer que as forças produtivas estariam maduras o suficiente para a revolução, limitando-se a sugerir que o ponto de virada se

daria com a extensão mundial das relações capitalistas, quando a homogeneização e a universalização das forças produtivas, e também as capacidades correspondentes no proletariado, atingissem uma dimensão global (Marx & Engels, 1970, p. 55-6 [2007, p. 38-9], 1967 [2010]).

Ainda assim, sua visão de um mundo em que os seres humanos poderiam usar as máquinas para se libertar das carências materiais e do trabalho, de modo que o tempo livre se tornasse a medida da riqueza, exerceu uma imensa atração. A imagem de André Gorz (1982, 1985), de uma sociedade pós-industrial sem trabalho, em que as pessoas se dedicam ao autodesenvolvimento, deve muito à visão de Marx.[130] Também é testemunho disso o fascínio dos marxistas autonomistas italianos pelo "Fragmento sobre as máquinas" nos *Grundrisse*, texto em que essa ideia é apresentada com mais ousadia. Antonio Negri em particular, em *Marx além de Marx*, destacou esse aspecto como o mais revolucionário da teoria marxista. De fato, são impressionantes em seu poder antecipatório as páginas dos "Cadernos VI e VII", nas quais Marx descreve um mundo no qual a lei do valor deixou de funcionar, a ciência e a tecnologia eliminaram o trabalho vivo do processo de produção e os trabalhadores atuam meramente como supervisores das máquinas (Negri, 1991 [2016]). No entanto, especialmente como feministas, estamos hoje em uma boa posição para perceber como são ilusórios os poderes que um sistema automatizado de produção põe à nossa disposição. Podemos ver que "o suposto sistema industrial altamente produtivo" que Marx tanto admirava "era,

---

[130] Sobre esse assunto, ver também Granter (2009, p. 121), que ressalta que essa concepção de Gorz, de uma sociedade em que o tempo livre é uma medida de riqueza, é, por sua vez, uma ideia marxista. Gorz, de fato, faz referência explícita a Marx, com citações dos *Grundrisse*.

na realidade, um parasita do planeta, algo nunca visto na história da humanidade" (Ullrich, 1992, p. 281), e que esse sistema agora está consumindo a Terra em uma velocidade que projeta uma imensa sombra sobre o futuro. À frente de seu tempo no reconhecimento da interação entre humanidade e natureza, como observou Salleh (1997, p. 70), Marx intuiu esse processo observando que a industrialização da agricultura esgota o solo tanto quanto esgota o trabalhador.[131] Mas ele obviamente acreditava que essa tendência poderia ser revertida e que, uma vez assumidos pelos trabalhadores, seria possível redirecionar os meios de produção para servir a objetivos positivos, para expandir a riqueza social e natural em vez de esgotá-la, e que a iminência do fim do capitalismo limitaria o dano causado à Terra por um processo de industrialização voltado ao lucro.

Marx estava profundamente enganado em relação a todos esses aspectos. Máquinas não são produzidas por máquinas em uma espécie de concepção imaculada. Mesmo uma máquina tão comum como o computador é um desastre ecológico, exigindo toneladas de terra e água e uma quantidade imensa de trabalho humano para sua produção. Multiplicadas na ordem de bilhões, devemos concluir que, como as ovelhas na Inglaterra do

---

[131] Como escreveu no primeiro livro de *O capital*, no fim do capítulo sobre "Maquinaria e grande indústria": "E todo progresso da agricultura capitalista é um progresso na arte de saquear não só o trabalhador mas também o solo, pois cada progresso alcançado no aumento da fertilidade do solo por certo período é, ao mesmo tempo, um progresso no esgotamento das fontes duradouras dessa fertilidade. Quanto mais um país, como os Estados Unidos da América do Norte, tem na grande indústria o ponto de partida de seu desenvolvimento, tanto mais rápido se mostra esse processo de destruição. Por isso, a produção capitalista só desenvolve a técnica e a combinação do processo de produção social na medida em que solapa os mananciais de toda a riqueza: a terra e o trabalhador" (Marx, 1990, p. 638 [2011, p. 573-4]).

século XVI, as máquinas hoje estão "devorando o planeta" num ritmo tão acelerado que, ainda que uma revolução ocorresse num futuro próximo, o trabalho necessário para tornar o planeta habitável novamente seria interminável.[132] Além disso, as máquinas demandam uma infraestrutura material e cultural que afeta não apenas nossos bens comuns naturais — terras, florestas, águas, montanhas, mares, rios e praias — mas também nossa psique e nossas relações sociais, moldando subjetividades, criando novas necessidades e hábitos e produzindo dependências que também põem em xeque o futuro. Isso explica em parte porque, um século e meio após a publicação do livro I de *O capital*, o capitalismo não dá sinais de dissolução, embora as condições objetivas que Marx imaginava necessárias para a revolução social estejam bem amadurecidas. O que testemunhamos, em vez disso, é um regime de acumulação primitiva permanente, resquício dos cercamentos do século XVI, agora organizado pelo FMI e pelo Banco Mundial, com um grupo de empresas dos setores da mineração e do agronegócio que privatiza terras comunais e expropria pequenos produtores na África, na Ásia e na América Latina para adquirir lítio, coltan (columbita-tantalita) e diamantes necessários à indústria moderna.[133] Devemos também enfatizar que nenhum dos meios de produção desenvolvidos pelo capitalismo pode ser entendido ou aplicado de maneira não problemática, nem usado de forma diferente. Do mesmo modo que não podemos assumir o controle do Estado

---

[132] Pensemos, por exemplo, no trabalho necessário para monitorar e neutralizar os efeitos danosos dos resíduos nucleares acumulados em todo o mundo.

[133] Ver Federici (2012, p. 76-84 [2019, p. 162-81], 2011b, 2008a, p. 29-35, reimpresso em 2018, p. 60-86 [2019, p. 114-45]).

(como veremos mais adiante), não podemos assumir o controle da indústria, da ciência ou da tecnologia capitalistas, pois os objetivos de exploração para os quais foram criadas moldam sua constituição e seu *modus operandi*.

O desenvolvimento das indústrias química e nuclear é o melhor exemplo de que não podemos simplesmente nos apropriar da indústria e da tecnologia modernas e reprogramá-las para diferentes propósitos. Essas indústrias envenenam o planeta e proporcionam à classe capitalista um imenso arsenal de armas que agora nos ameaça com a aniquilação ou, pelo menos, com a destruição mútua das classes em disputa.[134] Como afirmou Otto Ullrich (1992, p. 227): "A conquista mais notável da tecnologia científica foi, sem dúvida, o aumento do poder destrutivo da máquina de guerra". Da mesma forma, o tratamento racional capitalista da agricultura – que Marx (1991, p. 948-9 [2017, p. 871-2]) contrastava com o método irracional de cultivo do pequeno produtor – destruiu a abundância, a diversidade e o valor dos alimentos, de modo que grande parte desse sistema terá de ser descartada em uma sociedade em que a produção é destinada aos seres humanos, em vez de ser o objetivo da humanidade.

Há outra consideração que nos faz questionar o conceito de Marx quanto à função da tecnologia na formação de uma sociedade comunista, especialmente quando exami-

---

[134] A afirmação ecoa a abertura da primeira parte do *Manifesto comunista*, intitulada "Burgueses e proletários": "A história de todas as sociedades até hoje existentes é a história das lutas de classes. [...] Opressores e oprimidos, em constante oposição, têm vivido numa guerra ininterrupta, ora franca, ora disfarçada; uma guerra que terminou sempre ou por uma transformação revolucionária da sociedade inteira, ou pela *destruição das duas classes em conflito*" (Marx & Engels, 2010, p. 40, grifos nossos). [N.T.]

nada do ponto de vista feminista. Um comunismo fundamentado em máquinas depende de uma organização de trabalho que exclui as atividades mais básicas realizadas pelos seres humanos. Como mencionei, o trabalho reprodutivo, ignorado pela análise de Marx, é, grosso modo, um trabalho que não pode ser mecanizado. Em outras palavras, a visão de Marx de uma sociedade na qual o trabalho necessário pode ser drasticamente reduzido por meio da automação entra em conflito com o fato de que a maior parte do trabalho no planeta é de natureza altamente relacional e dificilmente sujeita à mecanização. Idealmente, em uma sociedade pós-capitalista, várias tarefas domésticas seriam mecanizadas, e certamente criaríamos novas formas de comunicação para nos fazer companhia, nos ensinar alguma coisa e ter acesso à informação, uma vez que controlaríamos a tecnologia produzida, seus propósitos e suas condições. Mas como podemos mecanizar os atos de dar banho, carinho e alento, de vestir ou alimentar uma criança, de prover serviços sexuais ou de ajudar aqueles que estão doentes, que são idosos e não são autossuficientes? Que máquina poderia incorporar as habilidades e os afetos necessários para executar essas tarefas? Houve tentativas, como a criação de robôs-enfermeiros (Folbre, 2006, p. 356) e amantes interativos, e é possível que, no futuro, sejam desenvolvidas mães mecânicas. Contudo, mesmo pressupondo que pudéssemos pagar por esses dispositivos, precisamos nos perguntar a que custo emocional eles seriam introduzidos em nossos lares para substituir o trabalho vivo. E se o trabalho reprodutivo só pode ser parcialmente mecanizado, então o esquema marxista que torna a expansão da riqueza material dependente da automação e da redução do trabalho necessário não se sustenta, pois o trabalho doméstico, especialmente o cuidado das crianças, constitui a maior parte do trabalho

neste mundo. O próprio conceito de trabalho socialmente necessário perde muito de sua força. Como definir o que é trabalho socialmente necessário se o maior e mais indispensável setor laboral do planeta não é reconhecido como parte essencial dele? E quais critérios e princípios vão reger a organização do trabalho de cuidado, do trabalho sexual e da procriação se essas atividades não forem consideradas trabalho social indispensável?

O crescente ceticismo sobre a possibilidade de reduzir qualquer parcela significativa do trabalho doméstico por meio da mecanização é uma das razões pelas quais há agora, entre as feministas, um renovado interesse em formas mais coletivas de reprodução e criação de bens comuns reprodutivos,[135] redistribuindo o trabalho entre um número de sujeitos maior do que o da família nuclear. É exemplar aqui The Grand Domestic Revolution [A grande revolução doméstica], um projeto de pesquisa em andamento, inspirado no trabalho de Dolores Hayden, iniciado por artistas, designers e ativistas feministas em Utrecht, na Holanda, para explorar como a esfera doméstica, os bairros e as cidades podem ser transformados e de que modo podem ser construídas "novas formas de viver e trabalhar em comum". Enquanto isso, sob pressão da crise econômica, as lutas em defesa de nossos bens comuns naturais (terras, águas, florestas) e a criação de atividades comunais (por exemplo, a compra e o preparo coletivo de alimentos ou a jardinagem urbana coletiva) estão se multiplicando. Também é significativo que, "apesar da colonização e da transferência de tecnologia, a maior parte das necessidades diárias do mundo continua sendo suprida pelas mulheres que produzem alimentos no 'Terceiro Mundo', fora da lógi-

---

[135] Sobre esse assunto, ver Federici (2012, p. 138-48 [2019, p. 303-23]).

ca financeira" e com insumos tecnológicos muito limitados, geralmente fazendo o cultivo desses alimentos em terras públicas não utilizadas (Salleh, 1997, p. 79; Federici, 2012, p. 138-48 [2019, p. 303-23]). Numa época de programas genocidas de austeridade, o trabalho dessas agricultoras representa a diferença entre a vida e a morte para milhões de pessoas.[136] No entanto, esse é o tipo de trabalho orientado para a subsistência que, para Marx, deveria ser eliminado, pois ele considerava a racionalização da agricultura — isto é, sua organização em larga escala e em bases científicas — "os grandes méritos do modo de produção capitalista", argumentando que isso só seria possível por meio da expropriação do produtor direto (Marx, 1991, p. 754-5 [2017, p. 678-9]).

---

[136] De acordo com o Fundo de População das Nações Unidas, em 2001, "cerca de duzentos milhões de habitantes de cidades" estavam cultivando alimentos, "fornecendo parte de seus suprimentos para cerca de um bilhão de pessoas". Um relatório de 2011 do Worldwatch Institute, "Farming the Cities: Feeding an Urban Future" [Cultivando as cidades, alimentando um futuro urbano], confirma a importância da agricultura de subsistência numa observação feita em um comunicado à imprensa: "Atualmente, estima-se que oitocentos milhões de pessoas em todo o mundo estejam envolvidas na agricultura urbana, produzindo de 15% a 20%". Esses números não incluem a agricultura de subsistência nas áreas rurais.

SOBRE O MITO DE QUE CAPITALISMO É PROGRESSO

Ainda que seja apropriado criticar a teoria de Marx de que a industrialização tem o poder de libertar a humanidade da penúria e do esforço, há também outras razões pelas quais é preciso rejeitar sua crença na necessidade e na progressividade do capitalismo. Em primeiro lugar, essa teoria subestima o conhecimento e a riqueza produzidos por sociedades não capitalistas e o fato de que o capitalismo construiu seu poder por meio da apropriação desse conhecimento e dessa riqueza — uma consideração fundamental para não nos deslumbrarmos com o avanço do conhecimento no capitalismo e acabarmos nos dissuadindo de nosso empenho para sair dele. De fato, é politicamente importante lembrar que as sociedades destruídas pelo capitalismo alcançaram altos níveis de conhecimento e de tecnologia milhares de anos antes do advento da mecanização, aprendendo a navegar por vastas extensões de mares e oceanos, descobrindo, por observações noturnas, as principais constelações e concebendo formas de agricultura que sustentaram a vida humana no planeta (Conner, 2005, p. 63-4). Prova disso é a fantástica diversidade de sementes e plantas que as populações ameríndias foram capazes de desenvolver, alcançando um domínio da tecnologia agrícola até hoje insuperável, com mais de duzentas variedades de milho e batata inventadas apenas na Mesoamérica — fato que contrasta fortemente com a destruição da diversidade que testemunhamos nas mãos da agricultura capitalista cientificamente organizada de nossa época (Weatherford, 1988).

O capitalismo não inventou a cooperação social ou os intercâmbios em larga escala, chamados por Marx de trocas comerciais e culturais. Pelo contrário: o advento do capitalismo destruiu sociedades fundadas tanto em relações

comunitárias de propriedade e formas de trabalho cooperativas quanto em grandes redes comerciais. Sistemas de trabalho altamente cooperativos eram a norma antes de a colonização ser levada do Oceano Índico até os Andes. Podemos lembrar o sistema *ayllu* na Bolívia e no Peru e os sistemas de terras comunais da África que sobreviveram até o século XXI, todos eles contrapontos à visão de Marx sobre o "isolamento da vida rural".[137] Na Europa, o capitalismo ainda destruiu uma sociedade de comuns materialmente enraizada não somente no uso coletivo da terra e nas relações coletivas de trabalho mas também na luta diária contra o poder feudal, criando novas formas cooperativas de vida, como as experimentadas pelos movimentos heréticos (cátaros, valdenses) que analisei em *Calibã e a bruxa* (2004a [2017]). Não por acaso, o capitalismo só poderia prevalecer através da máxima violência e destruição, incluindo o extermínio de milhares de mulheres durante dois séculos de caça às bruxas, o que criou uma ruptura em uma resistência que, no século XVI, havia assumido a forma de guerras camponesas. Longe de ser o portador do progresso, o desenvolvimento capitalista foi a contrarrevolução, pois subverteu o surgimento de novas formas de comunalismo produzidas na luta, assim como as existentes nas propriedades feudais e que tinham sua base no uso compartilhado dos comuns. É necessário muito mais do que o desenvolvimento da indústria em larga escala para criar a combinação e a associação revolucionárias de produtores livres que Marx imaginou no final do livro I de *O capital* (Marx, 1990, p. 930, nota 2 [2011, p. 833, nota 252]). O capital e a indústria de grande escala podem aumentar a "concentração dos meios de

---

[137] Sobre essa tradução, ver Draper (1994).

produção" e a cooperação no processo de trabalho resultante da divisão do trabalho (Marx, 1990, p. 927 [2011, p. 831]), mas a cooperação necessária para um processo revolucionário é qualitativamente diferente do fator técnico, que Marx descreve (juntamente com a ciência e a tecnologia) como a "forma fundamental do modo de produção capitalista" (Marx, 1990, p. 454 [2011, p. 410]). Pode-se questionar, inclusive, se estamos falando de cooperação quando nos referimos a relações de trabalho que não são controladas pelos próprios trabalhadores e que, portanto, não geram processos de tomada de decisão independentes, salvo no momento de resistência, quando a organização capitalista do processo de trabalho é subvertida. Também não podemos ignorar que a cooperação, admirada por Marx como sendo a marca da organização capitalista do trabalho, só se tornou possível historicamente em virtude da destruição das habilidades e da cooperação dos trabalhadores no curso de suas lutas.[138]

Em segundo lugar, supor que o desenvolvimento capitalista tenha sido inevitável, para não dizer necessário ou desejável, em qualquer momento da história, passado ou presente, significa alinhar-se do lado oposto ao das lutas das pessoas que resistiram a ele. Será que podemos afirmar que os hereges, os anabatistas, os Diggers, os quilombolas e todos os rebeldes que resistiram aos cercamentos dos comuns, ou que lutaram para construir uma ordem social

---

[138] Sobre esse assunto, ver Marx (1990, p. 563-68 [2011, p. 508-13]). Na quinta seção de "Maquinarias e a grande indústria", intitulada "A luta entre trabalhador e máquina", Marx escreve: "O meio de trabalho liquida o trabalhador" (Marx, 1990, p. 559 [2011, p. 504]). Os capitalistas usam máquinas para se libertar da dependência do trabalho, mas elas são também a "arma mais poderosa para a repressão das periódicas revoltas operárias, greves etc., contra a autocracia do capital [...]. Poder-se-ia escrever a história dos inventos que, a partir de 1830, surgiram meramente como armas do capital contra motins operários" (Marx, 1990, p. 562-3 [2011, p. 508]).

igualitária, escrevendo, como Thomas Müntzer, *omnia sunt communia* (todas as propriedades deveriam ser mantidas em comum) nas faixas que seguravam, estavam do lado errado da história, a partir da perspectiva da libertação humana? Essa não é uma questão banal. A extensão das relações capitalistas não é coisa do passado, mas um processo contínuo, que ainda exige sangue e fogo, ainda gera uma imensa resistência que, sem dúvida, vem estabelecendo entraves para a inserção capitalista de toda forma de produção na terra, bem como para a extensão do trabalho assalariado.

Em terceiro lugar, posicionar o capitalismo como necessário e progressivo é subestimar um fato sobre o qual venho insistindo ao longo deste capítulo: o desenvolvimento capitalista não é, ou não é primariamente, o desenvolvimento de capacidades humanas, tampouco da capacidade de cooperação social, como Marx antecipava; é também o desenvolvimento de relações, hierarquias e divisões desiguais de poder, que, por sua vez, geram ideologias, interesses e subjetividades que constituem uma força social destrutiva. Não por acaso, diante da mais articulada tentativa neoliberal de privatizar os recursos públicos e comunitários restantes, não foram as comunidades mais industrializadas, e sim as mais coesas, que conseguiram resistir e, em alguns casos, reverter a maré de privatização. Como demonstraram as lutas dos povos indígenas – a luta dos Quéchua e Aimará contra a privatização da água na Bolívia (Aguilar, 2009) e a luta do povo U'wa, na Colômbia, contra a destruição de suas terras para a extração de petróleo, entre outros exemplos –, não é onde o desenvolvimento capitalista se encontra mais avançado, e sim onde os laços comunitários são mais fortes, que a expansão capitalista é suspensa e até forçada a retroceder. À medida que recua a perspectiva de uma

revolução mundial impulsionada pelo desenvolvimento capitalista, a reconstituição de comunidades devastadas por políticas racistas e sexistas e por vários ciclos de cercamento parece não só uma condição objetiva mas uma condição prévia da mudança social.

DO COMUNISMO AOS COMUNS: UMA PERSPECTIVA FEMINISTA

Opor-se às divisões criadas pelo capitalismo com base em raça, gênero e idade, reunir o que ele apartou em nossa vida e reconstruir um interesse coletivo deve ser prioridade política para feministas e outros movimentos em prol de justiça social. Em última análise, é isso o que está em jogo na política dos comuns, que, em sua melhor versão, pressupõe a partilha das riquezas, a tomada de decisões coletivas e uma revolução em nossa relação com nós mesmos e com as outras pessoas. A cooperação social e a construção de conhecimento que Marx atribuiu ao trabalho industrial só podem ser construídas por meio de atividades comunais — jardinagem urbana, troca de serviços entre pessoas, acesso aberto à propriedade intelectual — que são auto-organizadas e exigem, além da produção, uma comunidade. Nesse sentido, na medida em que visa reproduzir nossa vida de maneira a fortalecer os laços mútuos e limitar a acumulação de capital (De Angelis, 2007), a política dos comuns oferece uma tradução parcial da ideia de comunismo de Marx como abolição do atual estado de coisas. Também se poderia argumentar que, com o desenvolvimento dos comuns on-line — a ascensão dos movimentos por softwares livres e pela cultura livre —, estamos agora nos aproximando da universalização das capacidades humanas que Marx ante-

cipou como resultado do desenvolvimento de forças produtivas. Mas a política dos comuns difere radicalmente daquilo que significou o comunismo na tradição marxista e em grande parte da obra de Marx, começando com o *Manifesto comunista*. Existem várias diferenças cruciais entre a política dos comuns e o comunismo, especialmente quando consideramos essas formas políticas do ponto de vista feminista e ecológico.

Como argumentam as autoras feministas Vandana Shiva, Maria Mies e Ariel Salleh, assim como evidencia a prática de algumas organizações de base compostas por mulheres, a realização dos comuns não depende do desenvolvimento das forças produtivas, da mecanização da produção nem de uma extensão global das relações capitalistas — que são as precondições para o projeto comunista de Marx. Ao contrário: os comuns enfrentam as ameaças que lhes são impostas pelo desenvolvimento capitalista e revalorizam conhecimentos e tecnologias específicas locais (Mies & Shiva, 1993; The Ecologist, 1993). Essas escritoras não assumem a existência de uma conexão necessária entre desenvolvimento científico/tecnológico e desenvolvimento moral/intelectual, premissa subjacente à concepção de riqueza social de Marx; elas estabelecem, no centro de seu projeto político, a reestruturação da reprodução como terreno crucial para a transformação das relações sociais, subvertendo a estrutura de valor da organização capitalista do trabalho. Em particular, tentam quebrar o isolamento que caracterizou o trabalho doméstico no capitalismo, não com vistas à sua reorganização em escala industrial, mas para criar formas mais cooperativas do trabalho de cuidado.

Falamos em comuns no plural, inspirados pelo lema zapatista "Um não, muitos sins", que reconhece a existência de diversas trajetórias históricas e culturais e a

multiplicidade de resultados sociais compatíveis com a abolição da exploração. Embora a política dos comuns reconheça que a circulação de ideias e conhecimentos tecnológicos possa ser uma força histórica positiva, a perspectiva de uma universalização de conhecimentos, instituições e formas de comportamento é cada vez mais questionada, não apenas como um legado colonial mas como projeto que só pode ser realizado por meio da destruição de vidas e culturas locais.

Acima de tudo, os comuns não dependem da existência de um Estado que os sustente. Embora em círculos radicais ainda exista um desejo persistente do Estado como forma transicional, presumivelmente necessária para erradicar interesses capitalistas cristalizados e administrar os elementos da comunidade que exigem planejamento em larga escala (água, eletricidade, serviços de transporte etc.), a forma estatal está hoje em crise, e não somente em círculos feministas e outros círculos radicais. De fato, a popularidade da política dos comuns está diretamente relacionada à crise da forma estatal, que o fracasso do socialismo e a internacionalização do capital tornaram dramaticamente evidente. John Holloway explica isso com clareza em *Mudar o mundo sem tomar o poder*: imaginar que possamos usar o Estado para criar um mundo mais justo é atribuir-lhe uma existência autônoma, abstraída de sua rede de relações sociais que, inextricavelmente, o vinculam à acumulação de capital e o obrigam a reproduzir conflitos sociais e mecanismos de exclusão. Também implica ignorar o fato de que "as relações sociais capitalistas nunca foram limitadas pelas fronteiras estatais"; são, na verdade, constituídas globalmente (Holloway, 2002, p. 14 [2003, p. 28]). Além disso, se o proletariado mundial está dividido por hierarquias de raça e de gênero, a "ditadura do proletariado", concretizada em uma forma estatal, correria o risco de se transformar na ditadura do setor branco/masculino da classe trabalhadora. É bem

possível que aqueles que possuem mais poder social conduzam o processo revolucionário em direção a objetivos que preservem os privilégios adquiridos.

Depois de décadas de expectativas e eleições frustradas, existe agora um desejo profundo, especialmente entre os jovens de todos os países, de recuperar o poder para transformar nossa vida; de recuperar o conhecimento e a responsabilidade que, em um Estado proletário, delegaríamos a uma instituição centralizada, a qual, ao nos representar, nos substituiria. Essa seria uma virada desastrosa. Em vez de criarmos um novo mundo, seríamos privados do processo de autotransformação, sem o qual nenhuma nova sociedade seria possível, e reconstituiríamos as mesmas condições que hoje nos tornam passivos mesmo diante dos casos mais flagrantes de injustiça institucional. Esse é um dos atrativos dos comuns, como a "forma embrionária de uma nova sociedade" cujo poder vem da terra e não do Estado, e que se funda na cooperação e nas modalidades coletivas de tomada de decisão, e não na coerção (Holloway, 2010, p. 29). Nesse sentido, o espírito dos comuns ressoa a percepção de Audre Lorde (1983, p. 98-101 [2019, p. 135-9]) de que "as ferramentas do senhor nunca vão derrubar a casa-grande", e acredito que, se Marx estivesse vivo, concordaria com esse argumento. Embora não tenha se preocupado muito com os estragos produzidos pela organização capitalista do sexismo e do racismo, e mesmo que tenha dado pouca atenção à transformação na subjetividade do proletariado, ele, ainda assim, entendeu que precisamos de uma revolução para nos libertar tanto dos entraves externos quanto da internalização da ideologia e das relações capitalistas, de forma a "aniquilar toda a podridão do velho sistema", como ele disse, e "nos tornarmos aptos a fundar a sociedade sobre bases novas" (Marx & Engels, 1970, p. 95 [2007, p. 41]).

DA CRISE AOS COMUNS: TRABALHO REPRODUTIVO, TRABALHO AFETIVO, TECNOLOGIA E A TRANSFORMAÇÃO DA VIDA COTIDIANA (2015)

INTRODUÇÃO

A vida cotidiana é o principal terreno da mudança social, e nela encontramos uma longa tradição crítica da ortodoxia institucional e política. Em *A ideologia alemã* (1847), Marx já contrastava o estudo das condições materiais de nossa existência com as especulações dos neo-hegelianos. Um século depois, o sociólogo francês Henri Lefebvre e os situacionistas apelaram para a "vida cotidiana" como um antídoto para o marxismo francês burocrático da época. Desafiando a concentração da esquerda nas lutas das fábricas como motor da mudança social, Lefebvre argumentou, em 1947, que a teoria social deve tratar da vida do trabalhador (Lefebvre, 1991, p. 87-8) e começar a investigar o que constitui a "cotidianidade" e por que os filósofos a desvalorizavam constantemente. Nesse processo, ele inspirou e antecipou uma nova geração de radicais, começando pelos situacionistas, uma vez que sua discussão sobre "consumismo" e alienação tecnológica e sua crítica ao trabalho na sociedade capitalista prepararam o cenário para grande parte da literatura da New Left [Nova esquerda].

Foi com a ascensão do movimento feminista, porém, que a crítica da "vida cotidiana" se tornou essencial para

esse abrangente entendimento de sociedade que Lefebvre buscava em seu trabalho. Ao se rebelar contra o confinamento de mulheres ao trabalho reprodutivo e às hierarquias construídas por meio da divisão sexual do trabalho, o movimento das mulheres deu base material para a crítica da vida cotidiana e desvendou a "estrutura profunda", o "arco" que subjaz e une a multiplicidade de atos e eventos diários que Lefebvre havia procurado, mas nunca compreendido verdadeiramente.[139] O ponto de vista do feminismo possibilitou o reconhecimento de que a "vida cotidiana" não é um complexo genérico de eventos, atitudes e experiências em busca de uma ordem; é uma realidade estruturada, organizada em torno de um processo específico de produção — a produção de seres humanos, que, como apontaram Marx e Engels (1970, p. 48-9 [2007, p. 47-8]), é "o primeiro fato histórico" e "condição fundamental de toda a história". Essa descoberta desdobrou uma revolução teórica e prática que transformou nossos conceitos de trabalho, política e "feminilidade", bem como a metodologia das ciências sociais, o que nos permitiu transcender o ponto de vista psicológico tradicional que individualiza nossas experiências e separa o mental do social.

No cerne da revolução feminista, houve o reconhecimento de que não podemos olhar a vida em sociedade do ponto de vista de um sujeito social abstrato, universal e assexual, porque as hierarquias raciais e sexuais que caracterizam a divisão social do trabalho no capitalismo, especialmente a separação entre assalariados e não assalariados, produz não apenas relações desiguais de poder mas também experiências e perspectivas

---

[139] "A vida cotidiana, como a linguagem, contém formas manifestas e estruturas profundas que estão implícitas em suas operações, ainda que ocultadas nelas e por elas" (Lefebvre, 2005, p. 2).

qualitativamente diferentes sobre o mundo. Além disso, embora todas essas experiências estejam sujeitas à construção social, é de particular importância que, na sociedade capitalista, a reprodução da vida cotidiana tenha sido associada à reprodução da força de trabalho e estruturada como função não remunerada, "trabalho de mulher".[140] Na ausência de salário, o trabalho doméstico foi tão naturalizado que, para as mulheres, tem sido difícil lutar contra ele sem lidar com um enorme sentimento de culpa e sem que se tornem vulneráveis a maus-tratos. Se é natural que as mulheres sejam mães e donas de casa, então aquelas que recusam esses papéis não são tratadas como trabalhadoras em greve, mas como "mulheres más". Ademais, se o trabalho doméstico é subordinado às necessidades do mercado de trabalho, então as relações familiares, sexuais e de gênero são "relações de produção", e não devemos nos surpreender com as contradições que as permeiam, nem com a nossa incapacidade de fazê-las suprir nossos desejos. Essa constatação foi uma experiência libertadora para as mulheres, e podemos dizer que isso deu ao cotidiano "acesso à história e à vida política" (Lefebvre, 2002, p. 41), porque revelou que o pessoal é político e também que a separação público/privado é um ardil que mistifica o trabalho não remunerado das mulheres como um "trabalho de amor".[141]

É importante ressaltar que a crítica feminista à vida cotidiana tem sido não apenas teórica como também prática e política, desencadeando um processo de democratização que afeta todos os aspectos de nossa vida. Graças a isso, pela primeira vez, espancamentos e estupros na família, tradicionalmente tolerados como condições de

---

[140] O primeiro documento feminista a analisar o trabalho doméstico como força produtora de trabalho foi escrito por Mariarosa Dalla Costa (1975).
[141] Sobre esse assunto, ver Federici (2012, p. 15-22 [2019, p. 40-54]).

trabalho doméstico, passaram a ser vistos como crimes contra as mulheres. Um marido não tem mais o direito de controlar o corpo de sua esposa nem de lhe exigir serviços sexuais contra a vontade dela. Em vários países, o movimento feminista levou à legalização do divórcio e do direito ao aborto. De maneira mais ampla, as mulheres transformaram sua interação cotidiana com o mundo, afirmando um novo poder em relação à linguagem, ao conhecimento, às relações com os homens e à expressão de seus desejos. Até mesmo o ato sexual foi colocado em uma base mais igualitária, já que muitas mulheres começaram a recusar o "sexo rápido", típico da vida conjugal, defendendo seu direito à experimentação sexual e a uma relação de acordo com a configuração dos pontos de prazer em seu corpo. Mais importante ainda, o movimento feminista estabeleceu que as mulheres não vão mais aceitar uma posição social subordinada, tampouco uma relação com o Estado e com o capital mediada por homens.

Essa conjuntura, por si só, produziu uma revolução social, forçando mudanças institucionais significativas, como a censura de muitas práticas e políticas discriminatórias por razões de gênero. Assim, do ponto de vista da problemática de Lefebvre (1991, p. 87), poderíamos dizer que o movimento feminista "reabilitou" e revalorizou a vida cotidiana, tecendo críticas severas a algumas das mais importantes instituições que a estruturavam. Mas, dado que o movimento não conseguiu transformar sua crítica à família e ao que denomino "patriarcado do salário" em uma crítica a outras formas de exploração, além de haver equiparado "libertação" a "direitos iguais" e acesso ao trabalho assalariado, ele não foi capaz de escapar da cooptação de governos e da ONU, que, em meados da década de 1970, estavam prontos para adotar formas

editadas do feminismo como elementos-chave na reestruturação da economia mundial.

Como já escrevi em outro artigo (Federici, 2014 [2019]), há algumas considerações que possivelmente motivaram a decisão da ONU de intervir no campo de políticas feministas e designar a si mesma como a agência encarregada de despatriarcalizar sua estrutura internacional de poder. Primeiro, a percepção de que a relação entre mulheres, capital e Estado não podia mais se organizar por meio da mediação de homens trabalhadores assalariados, uma vez que o movimento de libertação das mulheres expressou uma enorme recusa a isso e uma demanda por autonomia em relação aos homens que não podia mais ser reprimida. Segundo, houve a necessidade de domesticar um movimento de grande potencial subversivo, ferozmente autônomo (até aquele momento), comprometido com uma transformação radical da vida cotidiana e desconfiado da representação política. Domesticar o movimento era especialmente urgente naquele então, pois, em resposta à intratável "crise trabalhista" de meados da década de 1970, estava em curso uma contraofensiva capitalista global, com o objetivo de restabelecer o comando da classe capitalista sobre a disciplina laboral e desmantelar as formas de organização responsáveis pela resistência dos trabalhadores à exploração. Nesse contexto, cabe situarmos o lançamento da Década da Mulher e a 1ª Conferência Mundial da Mulher na Cidade do México em 1975, que marcou o início da institucionalização do movimento feminista e a integração das mulheres na economia globalizada.

Como sabemos, ao longo de uma década, as mulheres integraram a mão de obra assalariada em larga escala, feito que pôs fim à revolução feminista da vida cotidiana. A reprodução como um terreno da luta feminista foi abandonada, e logo o próprio movimento feminista acabou

desmobilizado, incapaz de resistir ao desmantelamento dos programas de assistência social que haviam sido indispensáveis ao contrato social entre trabalho e capital desde a Segunda Guerra. É ainda mais problemático que, ao lutar por igualdade de oportunidades e trabalho assalariado, o movimento feminista tenha contribuído para voltar a legitimar a debilitada ética laboral e atenuar a recusa ao trabalho que havia se espraiado por todo o mundo industrial nas décadas de 1960 e 1970. A lição que aprendemos nesse processo é que não podemos mudar nossa vida cotidiana sem alterar as instituições diretas e o sistema político e econômico no qual elas estão estruturadas. De outro modo, nossa luta para transformar nossa "cotidianidade" pode ser facilmente absorvida e se tornar uma plataforma de racionalização das relações ainda mais difícil de ser questionada. Essa é a situação com a qual lidamos nos Estados Unidos atualmente, enfrentando uma enorme "crise reprodutiva" e revoltas recorrentes, mas que inauguram também a possibilidade de criarmos, como resposta a esse cenário, formas mais cooperativas de reprodução social. Isso, no entanto, ainda está para acontecer. Nas linhas que se seguem, discuto as condições para o surgimento de uma sociedade de comuns. Primeiro, porém, olho para a crise reprodutiva atual, particularmente no que se refere à situação nos Estados Unidos, com a qual estou mais familiarizada e que melhor expõe os processos que mencionei.

A VIDA COTIDIANA COMO CRISE PERMANENTE

Embora algumas feministas tenham interpretado como um exemplo de progresso as mudanças ocorridas na vida das mulheres estadunidenses a partir da década de 1970, a atual situação social e econômica de mulheres e homens, em muitos aspectos, é mais difícil do que na época em que o feminismo decolou. Até a evidência de relações mais igualitárias é inconsistente. A feminização da mão de obra aumentou a autonomia das mulheres em relação aos homens. Além disso, como apontou Nancy MacLean (1999, p. 68), a luta por empregos dominados pelos homens contribuiu para "aumentar a consciência de nossa era sobre a construção e a instabilidade social das categorias de gênero, raça e classe". As mulheres, no entanto, ingressaram como mão de obra remunerada no exato momento em que se suprimiam benefícios e garantias fornecidos anteriormente ao trabalho assalariado, impossibilitando a negociação de diversas mudanças na organização laboral e na jornada semanal que poderiam lhes permitir conciliar o trabalho fora de casa com os cuidados da família e da comunidade. Poucos empregos oferecem creche ou um programa compatível com a vida doméstica. Já a comercialização do trabalho doméstico, ou seja, sua organização como serviço comprável, um processo muito elogiado, provou ter sérias limitações, a começar pelo alto custo e a baixa qualidade dos serviços prestados. Sabemos, por exemplo, que o fast-food, do qual muitos trabalhadores dependem para se alimentar, é uma das principais causas de obesidade que agora afeta muitas crianças. Para aqueles que têm renda estável, contratar serviço doméstico é uma opção, mas não uma solução desejável, em razão das atuais condições do trabalho doméstico remunerado e do fato de os empregados serem,

sobretudo, mulheres imigrantes, que recorrem a esse emprego por causa da difícil situação econômica de seus países de origem (Ehrenreich & Hochschild, 2002).

Além disso, os cortes na educação, na saúde e na assistência hospitalar implicaram levar de volta para casa uma quantidade significativa de trabalho doméstico, notadamente em relação ao cuidado de crianças, idosos e pessoas com doenças ou deficiências. Assim, a independência econômica prometida pelo trabalho remunerado se revelou uma ilusão – ao menos para a maioria das mulheres –, a tal ponto que, recentemente, mesmo entre aquelas comprometidas com a carreira e a vida profissional, se observa uma tendência de retornar ao lar e de revalorizar a domesticidade (Matchar, 2013). Cansadas de lutar em um local de trabalho que nem sequer tenta cuidar da reprodução de seus trabalhadores – partindo do pressuposto de que eles ainda têm esposas em casa –, muitas mulheres, ao menos entre a classe média, provavelmente "jogaram a toalha" para se dedicar a oferecer à família uma reprodução de "alta qualidade": assam pão, cultivam vegetais, compram alimentos nutritivos, educam as crianças em casa, e assim por diante. Como Emily Matchar aponta em *Homeward Bound* [De volta para casa] (2013), a domesticidade recém-retomada também se molda por preocupações ecológicas e pelo desejo de saber a origem dos alimentos, levando à recusa de consumir comida congelada e mercadorias produzidas industrialmente. Muitas mulheres que fazem essa opção também são influenciadas pelos movimentos DIY [*do it yourself* – em português, "faça você mesmo"] e não ficam tão isoladas quanto suas mães possivelmente ficaram ao centrar sua vida no lar; tornam-se, inclusive, blogueiras para transmitir e adquirir informações. Mas essas são soluções individuais que não abordam os problemas enfrentados

pela maioria das mulheres e apenas aprofundam a distância social entre elas. São uma manifestação da ascensão de um novo individualismo em busca de uma "vida boa", mas não por meio de uma luta social pelo "bem comum".

Por causa da dupla carga de trabalho à qual muitas mulheres estão condenadas, das longas jornadas laborais, dos baixos salários e dos cortes de serviços essenciais de reprodução, a vida cotidiana se transformou, para a maioria das mulheres, em uma crise permanente. Nos Estados Unidos, as mulheres proletárias trabalham, em média, cinquenta horas por semana, 35 horas ou mais fora de casa, e cerca de três horas por dia em casa. Se adicionarmos o tempo (cada vez maior) de deslocamento e o tempo gasto nos preparativos para ir trabalhar, veremos que sobram poucas horas para o descanso ou outras atividades. Além disso, grande parte do trabalho que as mulheres fazem é emocional/afetivo — entretendo, animando, reconfortando e tranquilizando outras pessoas —, uma tarefa que, especialmente quando realizada para o mercado, é muito desgastante e, com o tempo, leva a uma profunda sensação de despersonalização e a uma incapacidade de entender seus verdadeiros anseios (Hochschild, 1983). Combinado à crise econômica e à precarização da vida, isso também explica por que as mulheres têm duas vezes mais chances de sofrer de depressão e ansiedade do que os homens. Os números são surpreendentes. Mulheres formam a maioria dos quinze milhões de adultos afetados por depressão nos Estados Unidos. Cerca de quarenta milhões de mulheres sofrem diariamente de ansiedade; uma em cada cinco sofrerá de depressão em algum momento da vida.[142]

---

[142] Mayo Clinic, "Depression in Women: Understanding the Gender Gap" [Depressão em mulheres: entendendo a lacuna de gênero], 29 jan. 2019. Disponível em: https://www.mayoclinic.org/diseases-conditions/depression/in-depth/depression/art-20047725; Pam Fessler, "Panel Charged with

Outros países exibem estatísticas semelhantes, e os números estão aumentando. Nos Estados Unidos, os indicadores também mostram um declínio tanto na felicidade de mulheres ao longo da última década quanto, mais significativamente, na expectativa de vida, ainda mais acentuado para as mulheres da classe trabalhadora, que, entre 1990 e 2008, perderam cinco anos em comparação com a geração de suas mães (Olshansky *et al.*, 2012).[143]

A crise da vida cotidiana não se limita às mulheres. A sobrecarga de trabalho e a insegurança em relação ao emprego e à possibilidade de planejar o futuro são agora problemas generalizados, afetando todos os grupos sociais, de todas as idades. Há também um colapso na solidariedade social e nas relações familiares. Na ausência de um salário estável, as famílias estão desmoronando no exato momento em que as formas de organização, que ainda na década de 1960 caracterizavam as comunidades da classe trabalhadora, também se desintegram, incapazes de resistir ao impacto da reestruturação econômica, da gentrificação e da mobilidade forçada. A reestruturação neoliberal da economia mundial é claramente a maior res-

---

Eliminating Child Abuse Deaths" [Comissão encarrega-se de eliminar mortes por abuso infantil], *National Public Radio*, 25 fev. 2014.

[143] Além disso, a edição de março de 2013 da *Health Affairs* relatou que a expectativa de vida nos Estados Unidos diminuiu na década passada em comparação a outros países, o que põe o país nas posições mais baixas em relação à expectativa de vida de 21 nações industrializadas. A queda foi especialmente notável para mulheres brancas sem instrução, que, em média, poderiam esperar viver cinco anos a menos do que suas mães (Kindig & Cheng, 2013). Taxas de suicídio entre mulheres, especialmente de meia-idade, tiveram aumento expressivo nos últimos anos; no entanto, os homens ainda lideram esses números. Os dados citados são do Centro de Controle e Prevenção de Doenças dos Estados Unidos; ver Tara Parker-Pope, "Suicide Rates Rise Sharply in U.S." [Taxas de suicídio aumentam vertiginosamente nos Estados Unidos], *The New York Times*, 2 maio 2013.

ponsável por essa situação. Mas, como Leopoldina Fortunati (1998) explica em sua introdução para *Telecomunicando in Europa* — um estudo do impacto das tecnologias comunicativas em relação à reprodução da vida cotidiana europeia —, também estamos testemunhando as consequências da incapacidade dos vários sujeitos sociais que estruturam a vida cotidiana de mediar seus interesses e de encontrar formas de organização que lhes permitam resistir às consequências devastadoras da globalização. A recusa dos homens em aceitar a autonomia das mulheres, por exemplo, como demonstra o aumento da violência masculina contra as mulheres, contribuiu para o enfraquecimento dos vínculos sociais. Nessas circunstâncias, a vida cotidiana, principal terreno de mediação entre as pessoas, foi abandonada — tornou-se um terreno do qual muitos estão fugindo, incapazes de sustentar relações interpessoais que pareçam muito trabalhosas e difíceis de lidar (Fortunati, 1998, p. 27). Isso significa que o trabalho de cuidado não é realizado nem por membros da família nem por amigos, com consequências especialmente graves no caso de crianças e idosos. A nova tendência em desenvolvimento na Europa é a de enviar parentes idosos, principalmente quando afetados por Alzheimer, para tratamento no exterior.[144] A comunicação interpessoal cara a cara, um componente essencial de nossa reprodução, também está em declínio, tanto entre pessoas adultas quanto entre adultos e crianças. Trata-se de uma queda em quantidade e conteúdo, limitada a um uso puramente instrumental, aos poucos substituída pela internet, pelo Facebook e pelo Twitter.

---

[144] Cerca de sete mil idosos alemães foram "deslocalizados" e agora vivem em casas de repouso na República Tcheca, na Grécia, na Hungria, na Espanha e na Tailândia; ver Heike Haarhoff, "Les Allemands exportent aussi leurs grands-parents" [Os alemães também exportam seus avós], *Le Monde Diplomatique*, jun. 2013.

Em resumo, um dos fatos mais importantes sobre a vida cotidiana atual é a "crise da reprodução" no sentido de um declínio drástico nos recursos a ela dedicados, algo que acontece também no trabalho de cuidado de outras pessoas, começando com os membros da família, e uma desvalorização maior da vida cotidiana para a qual as novas tecnologias de comunicação contribuem, embora não sejam sua causa principal. Nesse caso, as estatísticas também são reveladoras. Como vimos, a expectativa de vida está diminuindo, e o mesmo ocorre com a qualidade de vida, pois a experiência diária é caracterizada por um profundo senso de alienação, ansiedade e medo. Os transtornos mentais são avassaladores, pois muitos temem que a expropriação e a falta de moradia possam estar cada vez mais próximas, vivenciando uma desestabilizadora falta de projetos. O mais preocupante é que agora essas patologias afetam até crianças, provavelmente em razão do colapso do trabalho de cuidado então prestado pela família e pela escola. É difícil dizer até que ponto esses transtornos mentais são reais ou construídos – por médicos e companhias farmacêuticas, com o consentimento tácito de pais e professores –, a fim de medicalizar a infelicidade de uma geração de crianças às quais, tanto em casa quanto na escola, são negados tempo, espaço e atividades criativas. Nunca houve tantas crianças diagnosticadas com quadros de transtornos mentais. Em 2007, o número de crianças com diagnósticos do tipo nos Estados Unidos era 35 vezes maior do que em 1990. Uma em cada cinco, incluindo bebês, de acordo com os Centers for Disease Control and Prevention, pode sofrer de alguma doença mental,[145] que inclui distúrbios como depressão,

---

[145] Misty Williams, "CDC: Mental Disorders Rising in Children" [CDC: aumentam as doenças mentais em crianças], *The Atlanta Journal-Constitution*, 16 maio 2013.

hiperatividade e déficit de atenção. Para todas elas, a "cura" é uma variedade de drogas psicoativas, administradas livremente em escolas e nas famílias, de modo que, aos dez anos, algumas crianças chegam a tomar até sete comprimidos por dia, embora os efeitos negativos em seu desenvolvimento mental sejam bem conhecidos.

A realidade é que, na sociedade atual, as crianças são as grandes perdedoras. Em um mundo no qual a acumulação monetária é tudo, e todo o nosso tempo deve ser empregado "produtivamente", satisfazer as necessidades das crianças tem baixa prioridade e deve reduzir-se ao mínimo. Essa, pelo menos, é a mensagem transmitida pela classe capitalista, para quem as crianças hoje são essencialmente um mercado consumidor. Há quase um desejo de apagar a própria infância como um fator improdutivo: alguns economistas recomendam, por exemplo, que se ensine às crianças como gerenciar o dinheiro e como se tornar consumidoras sábias; que elas sejam submetidas, desde os quatro anos de idade, a "testes de atitude", presumivelmente como impulso para a competição econômica. O apagamento da infância também está acontecendo de forma acelerada nas famílias da classe trabalhadora, já que mães e pais são mais ausentes em casa e enfrentam graves crises econômicas, fonte de constante desespero e raiva. Adultos, sejam mães e pais, sejam professores, não têm tempo, energia e recursos para se dedicar às crianças. Como Fortunati afirma em *Telecomunicando in Europa*, eles podem ensiná-las a falar, mas não a se comunicar. E, a julgar pela propagação do abuso infantil, eles claramente as veem como um incômodo. Vivemos hoje uma grande crise de relações entre pais e filhos. Nos Estados Unidos, entre 2001 e 2011, mais de vinte mil crianças — 75% delas com menos de quatro anos — foram mortas por suas famílias, número quatro vezes superior ao de soldados mortos no Iraque e no Afeganistão no

mesmo período.[146] Não é de se estranhar, portanto, que até mesmo massacres de crianças por homens armados que invadem escolas – um fenômeno recente, que captura de forma dramática a desvalorização da vida das crianças e a desintegração das relações sociais – estejam evocando uma resposta tão morna e não haja nenhuma tentativa real de acabar com eles.

RIPRENDIAMOCI LA VITA – "REFAÇAMOS A VIDA"[147]

Como impedir essa fuga do terreno das relações cotidianas e da reprodução? Como reconstituir os tecidos sociais de nossa vida e transformar o lar e o bairro em locais de resistência e reconstrução política? Essas são, hoje, algumas das questões mais importantes sobre o futuro da humanidade. E são, por certo, a força motivadora por trás do crescente interesse – prático e filosófico – na produção de "comuns", isto é, a criação de relações e espaços sociais baseados na solidariedade, no compartilhamento de riquezas, no trabalho cooperativo e nas tomadas de decisão (Caffentzis & Federici, 2013, p. 83-99).

---

[146] Michael Petit, "America Can Fix Problem of Child Abuse" [Os Estados Unidos podem solucionar o problema do abuso infantil], *BBC News*, 17 out. 2011. Ver também Pam Fessler, "Panel Charged with Eliminating Child Abuse Deaths", *op. cit*. Segundo Petit, entre os países desenvolvidos, os Estados Unidos lideram o ranking de mortes por abuso infantil.

[147] *Riprendiamoci la vita* foi o lema entoado por feministas na Itália, na década de 1970, em muitas manifestações, dando voz a uma luta que excedia qualquer demanda específica, buscando libertar a vida das mulheres das garras do Estado.

Esse projeto – muitas vezes inspirado pelas lutas dos povos indígenas e agora compartilhado por diversos movimentos (feminista, anarquista, verde, marxista) – responde a uma gama de necessidades. Primeiro, há a necessidade de sobreviver em um contexto no qual o Estado e o mercado fornecem cada vez menos os meios de nossa reprodução. Na América Latina, nas décadas de 1980 e 1990, como documenta Raúl Zibechi em *Territórios em resistência*, a maioria das mulheres partilhava seus recursos para sustentar a família diante de medidas severas de austeridade que deixaram suas comunidades desmonetizadas ou dependentes das remessas dos que migraram. Em Lima, mulheres criaram milhares de comitês – de compras e culinária, de jardins urbanos, de leite para crianças etc. – que forneceram diferentes formas de assistência que, para muitos, significaram a diferença entre a vida e a morte (Zibechi, 2012b, p. 236-7 [2015, p. 66-7]). Formas semelhantes de organização se desenvolveram no Chile – depois do golpe de Pinochet em 1973, enfrentando a pauperização devastadora e a repressão política, a cozinha popular "nunca parou" (Fisher, 1993a, p. 177-200). Também na Argentina, elementos de uma "coletivização" ou socialização da reprodução apareceram na crise de 2002, quando mulheres trouxeram suas panelas para os piquetes (Rauber, 2002, p. 115-6). Na Colômbia, no início dos anos 1990, mulheres proletárias se organizaram em *madres comunitarias* para cuidar de crianças que viviam nas ruas. A iniciativa começou de forma voluntária e, depois de muita luta, está passando por um processo de formalização; até 2014, cerca de setenta mil *madres* receberão um pequeno salário do departamento de assistência social do país.[148] Mas o trabalho delas ainda é rea-

---

[148] "¿Madres comunitarias: del voluntariado a la formalidad?", *Agencia de Noticias Unal – Universidad Nacional de Colombia*, 4 out. 2013. [Formalizado pelo governo colombiano, o programa passou a reconhecer, em 2014, a atividade das

lizado com base na solidariedade comunitária, pois o salário que ganham mal lhes permite sobreviver e sustentar os filhos.

Nem nos Estados Unidos nem na Europa vimos esse tipo de coletivização, embora mais formas comunitárias e autogeridas de trabalho reprodutivo estejam despontando no mundo "desenvolvido". Nos Estados Unidos e na Europa, os jardins urbanos e a agricultura apoiada pela comunidade são agora práticas bem estabelecidas em muitas cidades, trazendo não apenas vegetais para as panelas como também várias formas de instrução, especialmente para crianças, que podem assistir a aulas sobre métodos de plantio e preservação de alimentos.[149] Os bancos de tempo, outrora um projeto radical, estão atualmente se espalhando pelos circuitos mais populares dos Estados Unidos como meio de adquirir serviços sem trocas monetárias e, acima de tudo, para fundar novas redes de apoio e relações.[150]

Todas essas iniciativas podem parecer pequenas diante dos enormes desastres – sociais e ecológicos – que estamos enfrentando. Mas, em um contexto de pauperização crescente e militarização da vida cotidiana que leva à para-

---

madres comunitarias como um trabalho regular, com direito a um salário mínimo e às garantias da legislação trabalhista do país. – N.E.]
149 Nos Estados Unidos, há muitas iniciativas alinhadas ao conceito de *community-supported agriculture* [apoio comunitário para a agricultura] (CSA), que conectam "consumidores" diretamente aos produtores (nesse caso, agricultores), pagando-lhes antecipadamente as próximas safras e compartilhando seus riscos (Federici, 2012, p. 141-2 [2019. p. 303-23]).
150 Rebecca Jarvis, "Diane Sawyer's Hometown in Kentucky Saves Money by Helping Each Other Out" [Na cidade natal de Diane Sawyer, em Kentucky, moradores economizam dinheiro ao ajudar uns aos outros], *ABC News*, 16 jan. 2014. Disponível em: http://www.youtube.com/watch?v=Zb_uu3v48Rk. A repórter afirma que bancos de tempo são uma prática crescente nos Estados Unidos: à época da reportagem, já estavam presentes em 42 estados.

lisia, ao afastamento e à desconfiança dos vizinhos, esses sinais de disposição em cooperar são encorajadores: são indícios de que cada vez mais pessoas percebem que enfrentar a crise sozinhas é um caminho para o fracasso, pois, em um sistema social comprometido com a desvalorização de nossa vida, a única possibilidade de sobrevivência econômica e psicológica está em nossa capacidade de transformar práticas cotidianas em um terreno de luta coletiva.

Há uma outra razão pela qual é crucial criarmos novas formas de vínculo social e cooperação na reprodução de nossa vida cotidiana. O trabalho doméstico, incluindo o trabalho de cuidado e o trabalho afetivo, é extremamente segregado, realizado de uma maneira que nos separa, individualiza nossos problemas e oculta nossas necessidades e sofrimentos. Também é extremamente árduo: exige a execução de muitas atividades, em geral simultâneas, que não podem ser mecanizadas e que são realizadas principalmente por mulheres, na forma de trabalho não remunerado, muitas vezes somado a uma atividade remunerada em período integral. Sem dúvida, a tecnologia – da comunicação, em particular – desempenha um papel na organização do trabalho doméstico e agora é parte essencial de nossa vida cotidiana. Mas, como argumenta Fortunati (1998), ela serviu principalmente para substituir a comunicação interpessoal, e não para torná-la melhor, permitindo que cada membro da família escape da crise comunicativa refugiando-se na máquina.[151] Da mesma forma, os projetos

---

[151] Fortunati (1998, p. 38) adverte que as tecnologias da comunicação não devem ser consideradas as únicas responsáveis pela crise comunicacional que estamos vivendo. Ela rejeita esse tipo de "determinismo tecnológico" que ignora que os "consumidores" são sujeitos políticos ativos e afirma que as tecnologias da comunicação intervêm em uma realidade social "cuja organização estrutural já está alienada". Ou seja, a crise das relações familiares permite que tecnologias invadam e dominem nossa vida cotidiana (Fortunati, 1998, p. 34-48).

de empresas japonesas e estadunidenses de robotizar nossa reprodução — por meio de robôs-enfermeiros (*nursebots*) e de robôs-companhia (*lovebots*) personalizados para satisfazer nossas necessidades (Folbre, 2006) — são mais um sinal do crescimento da solidão, da perda de relações de apoio, e menos uma alternativa propriamente dita a esses fenômenos; além disso, é difícil que esses robôs de fato estejam presentes em muitos lares no futuro. Por isso, é de suma importância o esforço das mulheres para, acima de tudo, desprivatizar nossa vida cotidiana e criar formas cooperativas de reprodução. Isso abre caminho para um mundo em que cuidar dos outros pode se tornar uma tarefa criativa, e não um fardo, e para quebrar o isolamento característico do processo de nossa reprodução, criando laços de solidariedade sem os quais a vida é um deserto afetivo no qual não temos poder social.

Nesse contexto, os comuns são tanto os objetivos quanto a condição de nossa vida cotidiana e de nossas lutas. Em uma forma embrionária, representam as relações sociais que pretendemos alcançar, bem como os meios para sua construção. Não são uma luta separada, mas uma perspectiva que trazemos a toda luta e todo movimento social de que participamos. Como uma integrante de uma comunidade zapatista pontuou: "Resistência não é meramente se recusar a apoiar um governo ruim ou não pagar impostos ou energia elétrica. Resistência é construir tudo o que for necessário para manter a vida do nosso povo" (Exército Zapatista de Libertação Nacional, 2013, p. 70).

REENCANTANDO O MUNDO: TECNOLOGIA, CORPO E CONSTRUÇÃO DOS COMUNS (2015)

Já se passou quase um século desde que Max Weber argumentou, em "Ciência como vocação", que o destino de nosso tempo se caracteriza, acima de tudo, pelo "desencantamento do mundo", um fenômeno que ele atribuiu à intelectualização e à racionalização produzidas pelas formas modernas de organização social (Weber, 1946, p. 155 [2011, p. 51]). Weber usou a palavra "desencantamento" para se referir ao desaparecimento da religião e do sagrado no mundo. Mas podemos interpretar seu aviso em um sentido mais político, como uma referência ao surgimento de um mundo em que nossa capacidade de reconhecer a existência de uma lógica que não seja a do desenvolvimento capitalista está cada vez mais em questão. Esse "bloqueio" tem muitas origens e impede que o tormento que vivemos no dia a dia se converta em ação transformadora. A reestruturação global da produção desmantelou as comunidades da classe trabalhadora e aprofundou as divisões implantadas pelo capitalismo no corpo do proletariado mundial. Mas o que impede nosso sofrimento de criar alternativas ao capitalismo é também a sedução que a tecnologia exerce sobre nós: ela nos dá a impressão de fornecer poderes sem os quais parece ser impossível viver. O objetivo deste artigo é desafiar esse mito. Não se trata de um ataque estéril contra a tecnologia, ansiando por um retorno impossível a um paraíso primitivista, e sim de reconhecer o custo das inovações tecnológicas que nos fascinam e, acima de tudo, de relembrar os conhecimentos e os poderes que perdemos com sua produção e aquisi-

ção. Quando falo sobre "reencantar o mundo", refiro-me à descoberta de razões e lógicas diferentes das do desenvolvimento capitalista, uma prática que acredito indispensável para a maioria dos movimentos antissistêmicos e um pré-requisito para resistir à exploração. Se tudo o que sabemos e almejamos são as coisas produzidas pelo capitalismo, então qualquer esperança de mudança qualitativa está fadada ao fracasso. As sociedades que não estiverem preparadas para reduzir o uso da tecnologia industrial irão deparar com catástrofes ecológicas, competição por recursos cada vez mais escassos e uma sensação de desespero crescente a respeito do futuro da Terra e do significado de nossa presença neste planeta. Nesse contexto, os esforços para rerruralizar o mundo — por meio da recuperação de terras, da liberação dos rios de suas barragens, da resistência ao desmatamento e, o que é fundamental para todos, da revalorização do trabalho reprodutivo — são cruciais para a nossa sobrevivência. São a condição não apenas para sobrevivermos fisicamente como também para um "reencantamento" da terra, pois reconectam o que o capitalismo dividiu: nossa relação com a natureza, com os outros e com nosso corpo. Essa reconexão nos permite escapar da força gravitacional do capitalismo e, mais ainda, recuperar uma sensação de completude em nossa vida.

TECNOLOGIA, CORPO E AUTONOMIA

Partindo dessas premissas, afirmo que a sedução da tecnologia é um efeito do empobrecimento — econômico, ecológico, cultural — que cinco séculos de desenvolvimento capitalista produziram em nossa vida, até mesmo — ou sobretudo — nos países em que ele chegou

ao ápice. Esse empobrecimento tem muitas facetas. Longe de criar as condições materiais para a transição ao comunismo, como Marx imaginava, o capitalismo produziu escassez em escala global. Desvalorizou as atividades que reconstituem nosso corpo e nossa mente após sermos consumidos pelo processo de trabalho e sobrecarregou a Terra a tal ponto que o planeta é cada vez menos capaz de sustentar a vida. Como Marx afirmou em relação ao desenvolvimento agrícola:

> E cada progresso da agricultura capitalista não é um progresso só na arte de saquear o trabalhador, mas, ao mesmo tempo, na arte de saquear o solo, pois cada progresso no aumento da fertilidade por certo período é simultaneamente um progresso na ruína das fontes permanentes dessa fertilidade. Quanto mais um país, como os Estados Unidos da América do Norte, toma a grande indústria como ponto de partida e fundamento de seu desenvolvimento, tanto mais rápido se dá esse processo de destruição. Por isso, a produção capitalista só desenvolve a técnica e a combinação do processo de produção social ao minar simultaneamente as fontes de toda a riqueza: a terra e o trabalhador. (Marx, 1990, p. 638 [2011, p. 572-3])

Essa destruição só não é mais clara porque o alcance global do desenvolvimento capitalista deixou fora de nosso campo de visão a maior parte de suas consequências sociais e materiais, para dificultar a avaliação do custo total de novas formas de produção. Como escreve o sociólogo alemão Otto Ullrich (1992, p. 283), o mito de que a tecnologia gera prosperidade só é sustentado pela capacidade que a tecnologia moderna tem de transferir custos por grandes períodos de tempo e por vastas porções espaciais e, consequentemente, pela nossa incapacidade

de ver o sofrimento causado pelo uso diário de dispositivos tecnológicos. Na realidade, a utilização capitalista de ciência e tecnologia na produção mostrou ter consequências tão onerosas para a vida humana e os sistemas ecológicos que, se generalizada, destruiria a Terra. Já se afirmou muitas vezes que sua generalização só seria possível se outro planeta estivesse disponível para ser saqueado e poluído (Wackernagel & Rees, 1996).

Há, no entanto, outra forma de empobrecimento, menos visível, mas igualmente devastadora, ignorada amplamente pela tradição marxista. Trata-se da perda provocada pela longa história do ataque capitalista a nossos poderes autônomos. Refiro-me aqui ao conjunto de necessidades, desejos e habilidades que milhões de anos de desenvolvimento evolutivo em estreita relação com a natureza sedimentaram em nós e que constitui uma das principais fontes de resistência à exploração. E também à nossa necessidade de sentir o sol, o vento, o céu, de tocar, de cheirar, de dormir, de fazer amor e de estar ao ar livre, em vez de ficarmos trancafiados (manter as crianças encerradas entre quatro paredes ainda é um dos principais desafios que professores encontram em muitos lugares do mundo). A insistência na construção discursiva do corpo nos fez perder de vista essa realidade. No entanto, essa estrutura acumulada de necessidades e desejos, uma precondição de nossa reprodução social, se tornou um limitador poderoso da exploração do trabalho. Por isso, desde a fase inicial de seu desenvolvimento, o capitalismo teve de travar uma guerra contra o corpo, transformando-o em um significante para tudo o que é limitado, material e oposto à razão.[152]

---

[152] Ver Federici (2004a [2017]), especialmente o capítulo 3.

A intuição de Foucault a respeito do primado ontológico da resistência (Hardt & Negri, 2009, p. 31 [2016, p. 10]) e da nossa capacidade de produzir práticas libertadoras pode ser explicada dessa maneira. Ou seja: como uma interação constitutiva entre nosso corpo e um "fora" – o cosmos, o mundo da natureza etc. –, prolífero em produzir capacidades, imaginações e visões coletivas, embora obviamente mediado por interações sociais/culturais. Todas as culturas da região do sul da Ásia – como lembra Vandana Shiva (1989) – tiveram sua origem em sociedades que viviam em contato direto com florestas. Além disso, as descobertas científicas mais importantes aconteceram em sociedades pré-capitalistas, nas quais a vida das pessoas era profundamente marcada, em todos os níveis, por uma interação diária com a natureza. Há quatro mil anos, na Babilônia e no Império Maia, observadores do céu descobriram e mapearam as principais constelações e os movimentos cíclicos dos corpos celestes (Conner, 2005, p. 63-4). Navegadores polinésios podiam viajar em alto-mar nas noites mais escuras, encontrando o caminho para a costa ao ler as ondas do oceano, tamanha a sintonia entre seu corpo e a mudança das ondulações.[153] As populações indígenas anteriores à conquista da América produziram as safras que hoje alimentam o mundo, com um domínio sem precedentes da técnica, insuperável por nenhuma inovação agrícola introduzida nos últimos quinhentos anos, criando uma abundância e uma diversidade jamais atingidas por nenhuma revolução agrícola (Weatherford, 1988). Mencionei essa história,

---

153 Conner (2005, p. 190-2) relata também que os marinheiros europeus adquiriram de navegadores nativos o conhecimento sobre ventos e correntes que lhes permitiu cruzar o Oceano Atlântico.

tão pouco conhecida, para enfatizar o grande empobrecimento que experienciamos ao longo do desenvolvimento capitalista e que nenhum dispositivo tecnológico foi capaz de compensar. De fato, paralelamente à história da inovação tecnológica capitalista, poderíamos escrever uma história da desacumulação de nossos conhecimentos e capacidades pré-capitalistas, premissa para que o capitalismo construísse a exploração de nosso trabalho. A capacidade de interpretar os elementos, descobrir as propriedades médicas das plantas e das flores, obter o sustento da terra, viver em bosques e florestas, guiar-se pelas estrelas e ventos nas estradas e nos mares foi, e continua sendo, uma fonte de "autonomia" a ser destruída. O desenvolvimento da tecnologia industrial capitalista foi construído sobre essa perda e a potencializou.

O capitalismo se apropriou de conhecimentos e capacidades dos trabalhadores no processo de produção, de modo que, parafraseando Marx (1990, p. 638 [2011, p. 572-3]), o instrumento do trabalho aparece como um meio de escravizar, explorar e empobrecer o trabalhador. Como discuto em *Calibã e a bruxa*, a mecanização do mundo teve como pressuposto a mecanização do corpo humano, realizada na Europa através dos "cercamentos", da perseguição aos andarilhos e da caça às bruxas dos séculos XVI e XVII. É importante lembrar que as tecnologias não são dispositivos neutros; envolvem, na verdade, sistemas de relações específicos, "infraestruturas sociais e físicas particulares" (Ullrich, 1992, p. 285), além de regimes disciplinares e cognitivos, capturando e incorporando os aspectos mais criativos do trabalho vivo usado no processo de produção. Isso também vale para as tecnologias digitais. No entanto, é difícil deixar de acreditar que a introdução do computador tenha sido

um benefício para a humanidade, que reduziu a quantidade de trabalho socialmente necessário e aumentou os bens sociais e a capacidade de cooperação. Entretanto, quando calculamos as consequências da informatização, fica difícil ter uma visão otimista da revolução da informação e da sociedade baseada no conhecimento. Como nos lembra Saral Sarkar, para produzir um único computador é necessário, em média, de quinze a dezenove toneladas de materiais e 33 mil litros de água pura, retirados de nossos bens comuns, das terras e das águas de comunidades na África ou na América Central e do Sul (Sarkar, 1999, p. 126-7; Shapiro, 2010). De fato, podemos aplicar à informatização o que Raphael Samuel escreveu sobre industrialização:

> Se observarmos a tecnologia [industrial] do ponto de vista não do capital, mas da mão de obra, dizer que o maquinário permite diminuir os esforços laborais é apresentar uma caricatura cruel [...]. Além das demandas impostas pelas próprias máquinas, houve um exército de trabalhadores empenhados em fornecer a matéria-prima para fabricá-las. (Samuel, 1992, p. 26-40)

A informatização também aumentou a capacidade militar da classe capitalista e sua vigilância sobre nosso trabalho e nossa vida – consequências que fazem os benefícios do uso de computadores pessoais perderem seu brilho (Mander, 1991). É importante notar que a informatização não reduziu nem mesmo a jornada semanal de trabalho, uma promessa de todas as tecnoutopias desde a década de 1950, nem o fardo do trabalho físico. Estamos trabalhando mais do que nunca. O Japão, berço do computador, inaugurou o fenômeno da "morte por sobrecarga de trabalho". Enquanto isso, nos Estados Unidos, um peque-

no exército de trabalhadores – que chega aos milhares – morre todos os anos devido a acidentes de trabalho, e muitos outros contraem doenças que diminuirão sua expectativa de vida.[154]

Com a informatização, a abstração e a regulação do trabalho estão chegando ao ápice, assim como a nossa alienação e dessocialização. O nível de estresse que o trabalho digital está produzindo pode ser medido pela epidemia de doenças mentais – depressão, pânico, ansiedade, déficit de atenção, dislexia – típica dos países mais avançados tecnologicamente, como os Estados Unidos. Essa epidemia também pode ser entendida como forma de resistência passiva, como recusa a obedecer, a tornar-se máquina e a aceitar os planos do capital como se fossem nossos (Berardi, 2009).

Em suma, a informatização aumentou o estado geral de sofrimento, materializando a ideia de "homem-máquina", de Julien de La Mettrie. Por trás da ilusão de interconectividade, a informatização produziu um novo tipo de isolamento e novas formas de distanciamento e de separação. O computador viabilizou o monitoramento, o registro e a eventual punição de todos os movimentos de milhões de pessoas durante o expediente de trabalho; as relações sociais se deterioraram enquanto passamos semanas diante de telas, abrindo mão do prazer do contato físico e das conversas presenciais; a

---

[154] De acordo com JoAnn Wypijewski, 40.019 trabalhadores morreram no trabalho de 2001 a 2009. Mais de cinco mil morreram no trabalho em 2007, com uma média de quinze mortes por dia, e mais de dez mil foram mutilados ou feridos. Ela calcula que, "por causa da subnotificação, o número de trabalhadores feridos a cada ano seja provavelmente mais próximo de doze milhões do que os quatro milhões oficiais"; ver JoAnn Wypijewski, "Death at Work in America" [Morte no trabalho nos Estados Unidos], *CounterPunch*, 29 abr. 2009.

comunicação se tornou mais rasa, já que a sedução da resposta imediata substitui cartas reflexivas por trocas superficiais. Também podemos constatar que os ritmos acelerados aos quais os computadores nos habituaram criam uma impaciência crescente em nossas interações diárias com outras pessoas, pois elas não acompanham a velocidade da máquina.

Nesse contexto, devemos rejeitar o axioma comum nas análises sobre o movimento Occupy de que as tecnologias digitais (Twitter, Facebook) são catalisadoras da revolução global, da "Primavera Árabe" e do movimento de ocupação de praças. Sem dúvida, o Twitter pode levar milhares de pessoas às ruas, desde que elas já estejam mobilizadas. Ele não pode ditar como nos reunimos, seja de maneira contínua, seja na forma comunal e criativa como vivemos nas praças, fruto de um desejo pelo outro, de se comunicar corpo a corpo e de compartilhar um processo de reprodução. Como mostrou a experiência do movimento Occupy nos Estados Unidos, a internet pode ser um facilitador, mas a atividade transformadora não é desencadeada pelas informações transmitidas on-line, e sim acampando no mesmo espaço, resolvendo problemas e cozinhando juntos, organizando uma equipe de limpeza ou confrontando a polícia – experiências reveladoras para milhares de jovens criados em frente à tela do computador. Não por acaso, uma das experiências mais apreciadas no movimento Occupy foi a do "jogral" (*mic check*), recurso utilizado quando a polícia proibiu o uso de alto-falantes no Parque Zuccotti, em Nova York, mas que logo se transformou em símbolo de independência do Estado e da máquina, expressão de um desejo coletivo, de uma voz e prática coletivas. Durante meses, as pessoas diziam "jogral!", nas reuniões, mesmo quando a

prática não era necessária, regozijando-se com essa afirmação de poder coletivo.

Todas essas considerações são contrárias aos argumentos que atribuem às novas tecnologias digitais uma expansão de nossa autonomia e supõem que aqueles que trabalham nos níveis mais altos de desenvolvimento tecnológico estão em melhor posição para promover mudanças revolucionárias. Na realidade, as regiões menos avançadas tecnologicamente do ponto de vista capitalista são hoje aquelas em que a luta política é mais intensa, mais confiante na possiblidade de mudança do mundo. Exemplos disso são os espaços autônomos construídos pelas comunidades camponesas e indígenas da América do Sul, que, apesar de séculos de colonização, mantiveram formas de reprodução comunais.

Atualmente, os alicerces materiais desse mundo estão sendo atacados como nunca se viu. São alvo de um processo incessante de cercamento, realizado por empresas de mineração, agronegócio e biocombustível. O fato de que nem mesmo os Estados latino-americanos supostamente "progressistas" estejam sendo capazes de superar a lógica do extrativismo revela a dimensão do problema. O ataque atual a terras e águas é agravado por uma tentativa igualmente perniciosa do Banco Mundial e de inúmeras ONGs de submeter todas as atividades de subsistência ao controle das relações monetárias por meio da política de crédito rural e microfinanciamento, que transformou em devedores uma multidão de comerciantes, agricultores, fornecedores de alimentos e cuidadores autossuficientes, principalmente mulheres. Mas, apesar desse ataque, esse mundo, que alguns chamam de "rurbano" para enfatizar sua dependência simultânea da cidade e do campo, se recusa a desaparecer. Basta observar a multiplicação de movimentos de ocupação de terras, de

guerras pela água, e a persistência de práticas de solidariedade, como o *tequio*,[155] inclusive entre imigrantes no exterior. Ao contrário do que diria o Banco Mundial, o "agricultor" — rural ou urbano — é uma categoria social ainda não destinada a ser o lixo da história. Alguns, como o falecido sociólogo zimbabuense Sam Moyo, falaram de um processo de "recampesinação", argumentando que a luta que se estende da Ásia até a África contra a privatização de terras e a favor da sua reapropriação é, provavelmente, a luta mais decisiva do planeta, além de ser a mais violenta (Moyo & Yeros, 2005).

Das montanhas de Chiapas às planícies de Bangladesh, muitas dessas lutas foram lideradas por mulheres, presença fundamental em todos os movimentos de ocupação e recuperação de terras. Diante de um novo ímpeto de privatização fundiária e do aumento dos preços dos alimentos, as mulheres também expandiram sua agricultura de subsistência, apropriando-se, para esse fim, de terras públicas disponíveis, transformando a paisagem urbana de muitas cidades nesse processo. Como afirmei em outro momento, uma das principais batalhas das mulheres de Bangladesh tem sido a de recuperar ou expandir terras para a agricultura de subsistência, levando à formação da Landless Women Association [Associação de mulheres sem-terra], que segue ocupando terras desde 1992 (Federici, 2012 [2019]). Da mesma forma, na Índia, as mulheres estão na linha de frente da reivindicação de terras, como no movimento que se opõe à construção de barragens. Elas também formaram a National

---

[155] *Tequio* é uma forma de trabalho coletivo que remonta à Mesoamérica pré-colonial, na qual membros de uma comunidade juntam forças e recursos para a elaboração de algum empreendimento comunitário, como uma escola, um poço ou uma estrada.

Alliance for Women's Food Rights [Aliança nacional pelos direitos alimentares das mulheres], um movimento nacional formado por 35 grupos de mulheres que faz campanha em defesa da economia da semente de mostarda, ameaçada desde que uma empresa estadunidense tentou patenteá-la. Lutas semelhantes também estão em curso na África e na América do Sul, e são cada vez mais recorrentes nos países industrializados, com o crescimento da agricultura urbana e das economias solidárias nas quais as mulheres têm um papel de destaque.

OUTROS MOTIVOS

O que estamos testemunhando, portanto, é uma "transvalorização" de princípios políticos e culturais. Do mesmo modo que um caminho marxista para a revolução teria os operários como líderes do processo, estamos começando a reconhecer que os novos paradigmas podem ser as pessoas que lutam em campos, cozinhas e vilas de pescadores de todo o planeta para libertar sua reprodução do domínio do poder corporativo e preservar nossa riqueza comum. Também nos países industrializados, como Chris Carlsson (2008) documentou em seu *Nowtopia*, mais pessoas estão buscando alternativas para uma vida regulada pelo trabalho e pelo mercado, devido à necessidade de serem mais criativas e porque, em um regime de precariedade laboral, o trabalho não é uma fonte de formação identitária. Na mesma linha, as lutas dos trabalhadores hoje seguem um padrão diferente daquele da greve tradicional, refletindo a busca de novos modelos de protesto e novas relações dos seres humanos entre si e com a natureza. Vemos o mesmo fenômeno no crescimento de práticas comunais, como

bancos de tempo, jardins urbanos e estruturas de responsabilização comunitárias. E também na preferência por modelos *andróginos* de identidade de gênero, na ascensão dos movimentos transexual e intersexual e na rejeição de gênero pelo movimento queer, com sua objeção implícita à divisão sexual do trabalho. Também devemos mencionar a difusão global da paixão por tatuagens e da arte da decoração corporal, que vem criando comunidades novas e imaginadas que atravessam limites de sexo, raça e classe. Todos esses fenômenos apontam não só o colapso dos mecanismos disciplinares como também um desejo profundo de remodelar nossa humanidade de maneiras diferentes e, de fato, opostas àquelas que tentaram nos impor durante séculos de disciplina industrial capitalista.

Como bem documentado por este livro, as lutas das mulheres pelo trabalho reprodutivo desempenham um papel-chave na construção dessa "alternativa". Já havia escrito em outro artigo que há algo único nesse trabalho — seja de agricultura de subsistência, seja de educação, seja de cuidados parentais — que o torna particularmente apto a criar relações sociais mais cooperativas. Produzir seres humanos ou colheitas para a nossa mesa é, de fato, uma experiência qualitativamente diferente da produção de carros, pois requer uma interação constante com processos naturais, cuja modalidade e cujo desenvolvimento não controlamos. Como tal, o trabalho reprodutivo pode gerar uma compreensão mais profunda dos limites naturais dentro dos quais operamos neste planeta, o que é essencial para o reencantamento do mundo como proponho aqui. Por outro lado, a tentativa de restringir o trabalho reprodutivo aos parâmetros de uma organização do trabalho industrializado teve efeitos especialmente perniciosos. É só ver as consequências da industrialização do parto, que transformou esse evento

potencialmente mágico em uma experiência alienante e assustadora (Kahn, 1989).

De maneiras diferentes, por meio desses novos movimentos sociais, vislumbramos o surgimento de outra racionalidade, oposta à injustiça socioeconômica e que nos reconecta com a natureza e reinventa o significado de ser um humano. Por ora, essa nova cultura ainda desponta no horizonte, pois o domínio da lógica capitalista sobre a nossa subjetividade permanece muito forte. A violência que os homens, em todos os países e de todas as classes, exercem contra as mulheres mostra o quanto ainda temos de trilhar para que possamos falar de comuns. Também me preocupo com o fato de que algumas feministas cooperem com a desvalorização capitalista da reprodução, evidenciada pelo medo de admitir que podem desempenhar um papel especial na reorganização do trabalho reprodutivo e pela tendência generalizada de conceber as atividades reprodutivas como necessariamente um fardo. Creio que esse é um erro grave, pois o trabalho reprodutivo, primeiro terreno em que podemos praticar nossa capacidade de autogoverno e que constitui a base material de nossa vida, é o "ponto zero da revolução".

CRÉDITO DAS IMAGENS

Capa
América. Indígenas colhendo milho. Gravura. Século XIX.
LANMAS / ALAMY STOCK PHOTO

Contra-capa
Montagem de plantas, flores e frutos do cacau.
CAMILA YOSHIDA / EDITORA ELEFANTE

p. 6
Nativas americanas colhendo arroz selvagem.
Nebraska. Século XIX.
ISTOCK / GETTY IMAGES

p. 39-40
Aldeia de nativos africanos. Imagem retirada do livro
The World's Wonders as Seen by the Great Tropical and Polar Explorers' (Londres, 1883).
ISTOCK / GETTY IMAGES

p. 135-6
Mulheres retirando grãos de cacau no Ceilão. Século XIX.
WORLD HISTORY ARCHIVE / ALAMY STOCK PHOTO

p. 316-7
Reclaim the commons
ERIK RUIN

REFERÊNCIAS

ABDULLAH, Hussaina J. & IBRAHIM, Hamza. "Women and Land in Northern Nigeria: The Need for Independent Ownership Rights". *In*: WANYEKI, L. Muthoni (org.). *Women and Land in Africa: Culture, Religion and Realizing Women's Rights*. Londres: Zed Books, 2003, p. 133-75.

ACHEBE, Chinua. *Things Falls Apart*. Londres: Heinemann, 1958. [Ed. bras.: *O mundo se despedaça*. Trad. Vera Queiroz da Costa e Silva. São Paulo: Companhia das Letras, 2009.]

ADOKO, Judy. "Land Rights: Where We Are and Where We Need to Go", *Mokoro*, set. 2005. Disponível em: https://mokoro.co.uk/wp-content/uploads/lemu_land_rights_where_we_are_and_where_we_need_to_go.pdf.

AGUILAR, Raquel Guitérrez. *Los ritmos del Pachakuti: Levantamiento y movilización en Bolivia (2000-2005)*. Cidade do México: Sisifo Ediciones, 2009.

AGUILAR, Raquel Gutiérrez. "Políticas en femenino: Transformaciones y sub-versiones no centradas en el Estado", *Contrapunto*, n. 7, p. 123-39, dez. 2015.

ALLEN, Paula Gunn. "Who Is Your Mother? Red Roots of White Feminism". *In*: SIMONSON, Rick & WALKER, Scott (orgs.). *Multi-Cultural Literacy*. Saint Paul: Graywolf Press, 1988.

ALTVATER, Elmar; HUBNER, Kurt; LORENTZEN, Jochen & ROJAS, Raúl. *The Poverty of Nations: A Guide to the Debt Crisis from Argentina to Zaire*. Londres: Zed Books, 1991 [1987].

ÁLVAREZ, Helen. "La Marcha de la Mujeres", *Mujer Pública*, n. 6, jun. 2012.

ÁLVAREZ, Mirabel. "Las actividades extractivas convierten a la gente en esclavos". *In*: COLECTIVO MIRADAS CRÍTICAS DEL TERRITORIO DESDE EL FEMINISMO. *La vida en el centro y el crudo bajo tierra: El Yasuní en clave feminista*. Quito: Colectivo Miradas Críticas del Territorio desde el Feminismo, 2014, p. 54-8.

AMOORE, Louise (org.). *The Global Resistance Reader*. Nova York: Routledge, 2005.

ANDERSON, Kevin B. "Marx's Late Writings on Non-Western and Precapitalist Societies and Gender", *Rethinking Marxism*, v. 14, n. 4, p. 84-96, 2002.

ANDERSON, Nels. *On Hobos and Homelessness*. Chicago: University of Chicago Press, 1998.

ANDREAS, Carol. *When Women Rebel: The Rise of Popular Feminism in Peru*. Westport: Lawrence Hill, 1985.

ANTON, Anatole. "Public Goods as Common Stock: Notes on the Receding Commons". *In*: ANTON, Anatole; FISK, Milton & HOLMSTRÖM, Nancy (orgs.). *Not for Sale: In Defense of Public Goods*. Boulder: Westview Press, 2000.

BANCO MUNDIAL. *Sub-Saharan Africa: From Crisis to Sustainable Growth*. Washington: The World Bank, 1989.

BARRERA, Claire & BUTNER, Meredith. *When Language Runs Dry: A Zine for People with Chronic Pain and Their Allies*. Portland: Microcosm Publishing, 2008.

BARROW, E. G. C. "Customary Tree Tenure in Pastoral Land". *In*: JUMA, Calestous & OJWANG, J. B. (orgs.). *In Land We Trust: Environment, Private Property and Constitutional Change*. Londres: Zed Books, 1996.

BATEMAN, Milford. *Why Doesn't Microfinance Work? The Destructive Rise of Local Neoliberalism*. Londres: Zed Books, 2010.

BEBEL, August. *Women under Socialism*. Nova York: Schocken Books, 1971.

BEITO, David T. *From Mutual Aid to the Welfare State: Fraternal Societies and Social Services, 1890-1967*. Chapel Hill: University of North Carolina Press, 2000.

BERARDI, Franco Bifo. *Precarious Rhapsody: Semiocapitalism and the Pathologies of the Post-Alpha Generation*. Londres: Minor Compositions, 2009.

BIKAAKO, Winnie & SSENKUMBA, John. "Gender, Land and Rights: Contemporary Contestations in Law, Policy and Practice in Uganda". *In*: WANYEKI, L. Muthoni (org.). *Women and Land in Africa: Culture, Religion and Realizing Women's Rights*. Londres: Zed Books, 2003, p. 232-78.

BOAL, Iain; STONE, Janferie; WATTS, Michael & WINSLOW, Cal (orgs.). *West of Eden: Communes and Utopia in Northern California*. Oakland: PM Press, 2012.

BOLLIER, David. *Silent Theft: The Private Plunder of Our Common Wealth*. Londres: Routledge, 2002.

BOLLIER, David & HELFRICH, Silke (orgs.). *The Wealth of the Commons: A World beyond Market and State*. Amherst: Levellers Press, 2012.

BONATE, Liazzat. "Women's Land Rights in Mozambique: Cultural, Legal and Social Contexts". *In*: WANYEKI, L. Muthoni (org.). *Women and Land in Africa: Culture, Religion and Realizing Women's Rights*. Londres: Zed Books, 2003, p. 96-132.

BONEFELD, Werner; GUNN, Richard; HOLLOWAY, John & PSYCHOPEDIS, Kosmas (orgs.). *Open Marxism*, v. 3, *Emancipating Marx*. Londres: Pluto Press, 1995.

BRANDON, William. *New Worlds for Old: Reports from the New World and Their Effect on the Development of Social Thought in Europe, 1500-1800*. Athens: Ohio University Press, 1986.

BUCK, Susan J. *The Global Commons: An Introduction*. Washington: Island Press, 1998.

BURCET, Josep; FORTUNATI, Leopoldina & RATTAZZI, Anna Maria Manganelli. "Le telecomunicazioni e il loro uso sociale nelle aree geografiche europee". *In*: FORTUNATI, Leopoldina (org.). *Telecomunicando in Europa*. Milão: Franco Angeli, 1998, p. 249-59.

BURKE, Peter. *Popular Culture in Early Modern Europe*. Nova York: New York University Press, 1978. [Ed. bras.: *Cultura popular na Idade Moderna: Europa, 1500-1800*. Trad. Denise Bottmann. São Paulo: Companhia das Letras, 2010.]

CAFFENTZIS, George. "The Fundamental Implications of the Debt Crisis for Social Reproduction in Africa". *In*: COSTA, Mariarosa Dalla & COSTA, Giovanna F. Dalla (orgs.). *Paying the Price: Women and the Politics of International Economic Strategy*. Londres: Zed Books, 1995, p. 15-41.

CAFFENTZIS, George. "Globalization, the Crisis of Neoliberalism and the Question of the Commons", *I Conference of the Global Justice Center*, San Miguel d'Allende, jul. 2004.

CAFFENTZIS, George. "Three Temporal Dimensions of Class Struggle", *ISA Annual Meeting*, San Diego, mar. 2006.

CAFFENTZIS, George. "Workers agains Debt Slavery and Torture: An Ancient Tale with a Modern Moral", *UE Newspaper*, jul. 2007.

CAFFENTZIS, George. "From the *Grundrisse* to *Capital* and Beyond: Then and Now", *Workplace: A Journal for Academic Labor*, n. 15, p. 59-74, set. 2008.

CAFFENTZIS, George. "The Future of the Commons: Neoliberalism's 'Plan B' or the Original Disaccumulation of Capital?", *New Formations*, v. 1, n. 69, p. 23-41, verão 2010.

CAFFENTZIS, George. "University Struggles at the End of the Edu-Deal", *Mute: Culture and Politics after the Net*, v. 2, n. 16, p. 110-7, jun. 2020.

CAFFENTZIS, George. "The Making of the Knowledge Commons: From Lobsters to Universities", *St. Anthony's International Review*, v. 8, n. 1, p. 25-42, 2012a.

CAFFENTZIS, George. "Two Cases in the History of Debt Resistance", manuscrito não publicado com base em uma apresentação na série de outono da Occupy University sobre dívida. Elizabeth Foundation for the Arts, 17 out. 2012b.

CAFFENTZIS, George. *In Letters of Blood and Fire: Work, Machines, and Crisis of Capitalism*. Oakland: PM Press, 2013.

CAFFENTZIS, George. "Divisions in the Commons? Ecuador's FLOK Society versus the Zapatistas' Escuelita", *Creative Alternatives to Capitalism Conference*, CUNY Graduate Center, Nova York, 24 maio 2014.

CAFFENTZIS, George. "African American Commons", manuscrito não publicado, 2015.

CAFFENTZIS, George. *No Blood for Oil! Essays on Energy, Class Struggle and War (1998-2016)*. Brooklyn: Autonomedia, 2017.

CAFFENTZIS, George & FEDERICI, Silvia. "Notes on Edu-Factory and Cognitive Capitalism". *In*: THE EDU-FACTORY COLLECTIVE. *Toward a Global Autonomous University: Cognitive Labor, the Production of Knowledge, and Exodus from the Education Factory*. Brooklyn: Autonomedia, 2009, p. 125-31.

CAFFENTZIS, George & FEDERICI, Silvia. "Commons against and beyond Capitalism", *Upping the Anti*, n. 15, p. 83-99, set. 2013.

CARLSSON, Chris. *Nowtopia: How Pirate Programmers, Outlaw Bicyclists, and Vacant-Lot Gardeners Are Inventing the Future Today!* Oakland: AK Press, 2008.

CHANCOSA, Blanca. "Saramanta Warmikuna (Hijas del Maíz), un espacio de aliadas naturales". *In*: COLECTIVO MIRADAS CRÍTICAS DEL TERRITORIO DESDE EL FEMINISMO. *La vida en el centro y el crudo bajo tierra: El Yasuní en clave feminista*. Quito: Colectivo Miradas Críticas del Territorio desde el Feminismo, 2014, p. 51-3.

CHANT, Sylvia (org.). *The International Handbook of Gender and Poverty: Concepts, Research, Policy*. Londres: Edward Elgar Publishing, 2010.

CHÁVEZ, Daniel. "El Barzón: Performing Resistance in Contemporary Mexico", *Arizona Journal of Hispanic Cultural Studies*, v. 2, p. 87-112, 1998.

CHERU, Fantu. "The Silent Revolution and the Weapons of the Weak: Transformation and Innovation from Below". *In*: AMOORE, Louise (org.). *The Global Resistance Reader*. Nova York: Routledge, 2005, p. 74-85.

CLEAVER, Harry. "Notes on the Origin of the Debt Crisis", *The New Enclosures*: Midnight Notes, n. 10, p. 18-22, outono 1990.

CLEAVER, Harry. "Introduction". *In*: NEGRI, Antonio. *Marx beyond Marx: Lessons on the Grundrisse*. Org. Jim Fleming, trad. Harry Cleaver, Michael Ryan & Maurizio Viano. Brooklyn: Autonomedia, 1991. [Ed. bras.: "Introdução". *In*: NEGRI, Antonio. *Marx além de Marx: ciência da crise e da subversão – caderno de trabalho sobre os* Grundrisse. Trad. Bruno Cava. São Paulo: Autonomia Literária, 2016.]

COLECTIVO MIRADAS CRÍTICAS DEL TERRITORIO DESDE EL FEMINISMO. *La vida en el centro y el crudo bajo tierra: El Yasuní en clave feminista*. Quito: Colectivo Miradas Críticas del Territorio desde el Feminismo, 2014.

COLLINSON, Helen (org.). *Green Guerrillas: Environmental Conflicts and Initiatives in Latin America and the Caribbean – A Reader*. Londres: Latin American Bureau, 1996.

CONNER, Clifford D. *A People's History of Science: Miners, Midwives, and "Low Mechanicks"*. Nova York: Nation Books, 2005.

COSTA, Mariarosa Dalla. "Women and the Subversion of the Community". *In*: JAMES, Selma & COSTA, Mariarosa Dalla (orgs.). *The Power of Women and the Subversion of the Community*. Bristol: Falling Wall Press, 1975.

COSTA, Mariarosa Dalla. "Capitalism and Reproduction". *In*: BONEFELD, Werner; GUNN, Richard; HOLLOWAY, John & PSYCHOPEDIS, Kosmas (orgs.). *Open Marxism: Emancipating Marx*, v. 3. Londres: Pluto Press, 1995, p. 7-16.

COSTA, Mariarosa Dalla & CHILESE, Monica. *Our Mother Ocean: Enclosure, Commons, and the Global Fishermen's Movement*. Nova York: Common Notions, 2015.

COSTA, Mariarosa Dalla & COSTA, Giovanna Franca Dalla (orgs.). *Women, Development and Labor Reproduction: Struggles and Movements*. Trenton: Africa World Press, 1995.

COTULA, Lorenzo; TOULMIN, Camilla & HESSE, Ced. *Land Tenure and Administration in Africa: Lessons of Experiences and Emerging Issues*. Londres: International Institute for Environment and Development, 2004.

CREISCHER, Alice; HINDERER, Max Jorge & SIEKMANN, Andreas (orgs.). *The Potosí Principle: How Can We Sing the Song of the Lord in an Alien Land? Colonial Image Production in the Global Economy*. Colônia: Verlag der Buchhandlung Walther König, 2010.

CRONON, William. *Changes in the Land: Indians, Colonists, and the Ecology of New England*. Nova York: Hill & Wang, 2011.

CROSS, Gary S. *Time and Money: The Making of a Consumer Culture*. Nova York: Routledge, 1993.

DAVIS, Mike. *Planet of Slums*. Nova York: Verso, 2006. [Ed. bras.: *Planeta favela*. São Paulo: Boitempo, 2006.]

DAVOUDI, Simin & STEAD, Dominic. "Urban-Rural Interrelationship in Land Administration: Urban Perspective", *Built Environment*, v. 28, n. 4, p. 269-77, jan. 2002.

DE ANGELIS, Massimo. *The Beginning of History: Value Struggles and Global Capital*. Londres: MIT Press, 2007.

DE ANGELIS, Massimo. "The Commons and Social Justice", manuscrito não publicado, 2009.

DE ANGELIS, Massimo. *Omnia Sunt Communia: On the Commons and the Transformation to Postcapitalism*. Londres: Zed Books, 2017.

DEERE, Carmen Diana & LEAL, Magdalena León de. *Empowering Women: Land and Property Rights in Latin America*. Pittsburgh: University of Pittsburgh Press, 2001.

DEPASTINO, Todd. *Citzen Hobo: How a Century of Homelessness Shaped America*. Chicago: University of Chicago Press, 2003.

DIAS, Elizabeth. "First Blood Diamonds, Now Blood Computers?", *Time*, 24 jul. 2009.

DÍAZ, Natalia Quiroga & GAGO, Verónica. "Los comunes en femenino: Cuerpo y poder ante la expropiación de las economías para la vida", *Economía y Sociedad*, v. 19, n. 45, p. 1-18, jun. 2014.

DIDUK, Susan. "The Civility of Incivility: Grassroots Political Activism, Female Farmers, and the Cameroon State", *African Studies Review*, v. 47, n. 2, p. 27-54, set. 2004.

DINHAM, Barbara & HINES, Colin. *Agribusiness in Africa: A Study of the Impact of Big Business on Africa's Food and Agricultural Production*. Trenton: Africa World Press, 1984.

DOWLING, Emma. "The Big Society, Part 2: Social Value, Measure and the Public Services Act", *New Left Project*, 30 jul. 2012.

DRAPER, Hal. *The Adventures of the Communist Manifest*. Berkeley: Center for Socialist History, 1994.

ECKERSLEY, Robyn. "Socialism and Ecocentrism: Towards a New Synthesis". *In*: BENTON, Ted (org.). *The Greening of Marxism*. Nova York: Guildford Publications, 1996, p. 272-97.

EHRENREICH, Barbara & HOCHSCHILD, Arlie Russell (orgs.). *Global Woman: Nannies, Maids and Sex Workers in the New Economy*. Nova York: Henry Holt, 2002.

ELYACHAR, Julia. "Empowerment Money: The World Bank, Non--Governmental Organizations, and the Value of Culture in Egypt", *Public Culture*, v. 14, n. 3, p. 493-513, outono 2002.

EMERGENCY EXIT COLLECTIVE. "The Great Eight Masters and the Six Billion Commoners", Bristol, May Day, 2008.

ENGELS, Friedrich. "The Housing Question", 1872. Disponível em: https://www.marxists.org/archive/marx/works/1872/housing-question/. [Ed. bras.: *Sobre a questão da moradia*. Trad. Nélio Schneider. São Paulo: Boitempo, 2015.]

ENGELS, Friedrich. "The Mark" (1882). *In*: ENGELS, Friedrich. *Socialism: Utopian and Scientific*. Nova York: International Publishers, 1935. [Ed. bras.: "A marca", *Crítica Marxista*, v. 1, n. 17, p. 147-63, 2003.]

ESMAN, Milton J. *Landlessness and Near Landlessness in Developing Countries*. Ithaca: Cornell University Press, 1968.

ESTEVA, Gustavo. "Enclosing the Encloser: Autonomous Experiences from the Grassroots beyond Development, Globalization and Postmodernity", *Anomie of the Earth Conference*, Universidade da Carolina do Norte, Chapel Hill, 3-5 maio 2012.

EXÉRCITO ZAPATISTA DE LIBERTAÇÃO NACIONAL. *Zapatistas! Documents of the New Mexican Revolution*. Brooklyn: Autonomedia, 1994.

EXÉRCITO ZAPATISTA DE LIBERTAÇÃO NACIONAL. *Autonomous Resistance: First Grade Textbook to the Course "Freedom According to the Zapatistas"*. Trad. El Kilombo. Chiapas: ELZN, 2013. Disponível em: https://schoolsforchiapas.org/library/autonomous-resistance-grade-textbook.

FANON, Frantz. *The Wretched of the Earth*. Nova York: Grove, 1986. [Ed. bras.: *Os condenados da terra*. Trad. José Laurênio de Melo. Rio de Janeiro: Civilização Brasileira, 1968.]

FATTON, Robert Jr. "Gender, Class, and State in Africa". *In*: PARPART, Jane L. & STAUDT, Kathleen A. (orgs.). *Women and the State in Africa*. Boulder: Lynne Rienner Publishers, 1989, p. 47-66.

FEDERICI, Silvia. "The Debt Crisis, Africa and the New Enclosures", *Midnight Notes*, n. 10, outono 1990.

FEDERICI, Silvia. "Women, Globalization, and the International Women's Movement", *Canadian Journal of Development Studies*, v. 22, n. 4, p. 1.025-36, jan. 2001.

FEDERICI, Silvia. *Caliban and the Witch: Women, the Body and Primitive Accumulation*. Brooklyn: Autonomedia, 2004a. [Ed. bras.: *Calibã e a*

bruxa: mulheres, corpo e acumulação primitiva*. Trad. Coletivo Sycorax. São Paulo: Elefante, 2017.]

FEDERICI, Silvia. "Women, Land Struggles and Globalization: An International Perspective", *Journal of Asian and African Studies*, v. 39, n. 1-2, p. 47-62, abr. 2004b.

FEDERICI, Silvia. "Witch-Hunting, Globalization, and Feminist Solidarity in Africa Today", *Journal of International Women's Studies*, v. 10, n. 1, p. 21-35, out. 2008a.

FEDERICI, Silvia. "Witch Hunts in Africa", *Wagadu*, jun. 2008b.

FEDERICI, Silvia. "On Affective Labor". *In*: PETERS, Michael A. & BULUT, Ergin (orgs.). *Cognitive Capitalism, Education and Digital Labor*. Nova York: Peter Lang, 2011a, p. 57-74.

FEDERICI, Silvia. "Women, Land Struggles, and the Reconstruction of the Commons", *WorkingUSA*, v. 14, n. 1, p. 41-56, mar. 2011b.

FEDERICI, Silvia. *Revolution at Point Zero: Housework, Reproduction, and Feminist Struggle*. Oakland: PM Press, 2012. [Ed. bras.: *O ponto zero da revolução: trabalho doméstico, reprodução e luta feminista*. Trad. Coletivo Sycorax. São Paulo: Elefante, 2019.]

FEDERICI, Silvia. "Commoning against Debt", *Tidal*, n. 4, 2013.

FEDERICI, Silvia. "Andare a Pechino: come le nazioni unite hanno colonizzato il movimento feminista". *In*: FEDERICI, Silvia. *Il punto zero della rivoluzione: Lavoro domestico, riproduzione e lotta femminista*. Verona: Ombre Corte, 2014. [Ed. bras.: "Rumo a Pequim: como a ONU colonizou o movimento feminista". *In*: FEDERICI, Silvia. *O ponto zero da revolução: trabalho doméstico e luta feminista*. Trad. Coletivo Sycorax. São Paulo: Elefante, 2019.]

FEDERICI, Silvia. "Capital and Gender". *In*: SCHMIDT, Ingo & FANELLI, Carlo. *Reading "Capital" Today*. Londres: Pluto Press, 2017a, p. 79-96.

FEDERICI, Silvia. "Commoning the City: From Survival to Resistance and Reclamation", *Journal of Design Strategies*, v. 9, n. 1, p. 33-7, 2017b.

FEDERICI, Silvia. *Witches, Witch-Hunting, and Women*. Oakland: PM Press, 2018. [Ed. bras.: *Mulheres e caça às bruxas*. Trad. Heci Regina Candiani. São Paulo: Boitempo, 2019.]

FEDERICI, Silvia; CAFFENTZIS, George & ALIDOU, Ousseina (orgs.). *A Thousand Flowers: Social Struggles against Structural Adjustment in African Universities*. Trenton: Africa World Press, 2000.

FERNANDEZ, Margarita. "Cultivating Community, Food, and Empowerment: Urban Gardens in New York City", manuscrito não publicado, 2003.

FISHER, Josephine. "Chile: Democracy in the Country and Democracy in the Home". *In*: FISHER, Josephine. *Out of the Shadows: Women, Resistance, and Politics in Latin America*. Londres: Latin America Bureau, 1993a, p. 177-200.

FISHER, Josephine. "'The Kitchen Never Stopped': Women's Self-Help Groups in Chile's Shanty Towns". *In*: FISHER, Josephine. *Out of the Shadows: Women, Resistance, and Politics in Latin America*. Londres: Latin America Bureau, 1993b, p. 17-43.

FOLBRE, Nancy. "Nursebots to the Rescue? Immigration, Automation, and Care", *Globalizations*, v. 3, n. 3, p. 349-60, set. 2006.

FOOD AND WATER WATCH. "Nestlé's Move to Bottle Community Water", *Food and Water Watch Fact Sheet*, jul. 2009.

FORTUNATI, Leopoldina. *The Arcane of Reproduction: Housework, Prostitution, Labor and Capital*. Trad. Hillary Creek. Brooklyn: Autonomedia, 1995.

FORTUNATI, Leopoldina (org.). *Telecomunicando in Europa*. Milão: Franco Angeli, 1998.

FOSTER, John Bellamy. "Marx and the Environment", *Monthly Review*, v. 47, n. 3, p. 108-23, jul.-ago. 1995.

FOX, Jeff. "Mapping the Commons: The Social Context of Spatial Information Technologies", *The Common Property Resource Digest*, n. 45, p. 1-4, maio 1998.

FREEMAN, Donald B. "Survival Strategy or Business Training Ground? The Significance of Urban Agriculture for the Advancement of Women in African Cities", *African Studies Review*, v. 36, n. 3, p. 1-22, dez. 1993.

FRIED, Albert & SANDERS, Ronald (orgs.). *Socialist Thought: A Documentary History*. Garden City: Doubleday Anchor Books, 1964.

FUNDO DE POPULAÇÃO DAS NAÇÕES UNIDAS. *State of the World Population 2001: Footprints and Milestones – Population and Environmental Change*. Nova York: ONU, 2001.

GALEANO, Eduardo. "Traditions of the Future". *In*: GALEANO, Eduardo. *The Book of Embraces*. Nova York: W.W. Norton, 1991. [Ed. bras.: "As tradições futuras". *In*: GALEANO, Eduardo. *O livro dos abraços*. Trad. Eric Nepomuceno. Porto Alegre: L&PM, 1991.]

GALINDO, María. "Prólogo". *In*: TORO IBÁÑEZ, Graciela. *La pobreza, un gran negocio: Un análisis crítico sobre oeneges, microfinancieras y banca*. La Paz: Mujeres Creando, 2010.

GALINDO, María. "La pobreza, un gran negocio", *Mujer Pública*, n. 7, p. 111-2, dez. 2012.

GALLY, Rosemary E. & FUNK, Ursula. "Structural Adjustment and Gender in Guinea-Bissau". *In*: THOMAS-EMEAGWALI, Gloria (org.). *Women Pay the Price: Structural Adjustment in Africa and the Caribbean*. Trenton: Africa World Press, 1995.

GARCÍA, Sandra C. Mendiola. "Vendors, Mothers, and Revolutionaries: Street Vendors and Union Activism in 1970s Puebla, Mexico", *Oral History Forum*, v. 33, edição especial, p. 1-26, 2013. Disponível em: http://www.oralhistoryforum.ca/index.php/ohf/article/view/463/542.

GARGALLO, Francesca. *Feminismos desde Abya Yala*. Buenos Aires: America Libre, 2013.

GELDER, Sarah van & YES! MAGAZINE (orgs.). *This Changes Everything: Occupy Wall Street and the 99% Movement*. Oakland: Berrett-Koehler Publishers, 2011.

GIBBON, Peter; HAVNEVIK, Kjell J. & HERMELE, Kenneth. *A Blighted Harvest: The World Bank and African Agriculture in the 1980s*. Trenton: Africa World Press, 1993.

GITLIN, Todd. *Occupy Nation: The Roots, the Spirit, and the Promise of Occupy Wall Street*. Nova York: Harper Collins, 2012.

GLADWIN, Christina H. (org.). *Structural Adjustment and African Women Farmers*. Gainesville: University of Florida Press, 1991.

GORZ, André. *A Farewell to the Working Class*. Londres: Pluto Press, 1982. [Ed. bras.: *Adeus ao proletariado: para além do socialismo*. Trad.

Angela Ramalho Viana & Sérgio Góes de Paula. Rio de Janeiro: Forense Universitária, 1982.]

GORZ, André. *Paths to Paradise: On the Liberation from Work*. Londres: Pluto Press, 1985.

GRAEBER, David. *Fragments of an Anarchist Anthropology*. Chicago: Prickly Paradigm Press, 1993.

GRAEBER, David. *Debt: The First Five Thousand Years*. Brooklyn: Melville House, 2011a. [Ed. bras.: *Dívida: os primeiros 5.000 anos*. São Paulo: Três Estrelas, 2016.]

GRAEBER, David. "The Greek Debt Crisis in Almost Unimaginably Long--Term Historical Perspective". *In*: VRADIS, Antonis & DALAKOGLOU, Dimitris (orgs.). *Revolt and Crisis in Greece: Between a Present Yet to Pass and a Future Still to Come*. Oakland: AK Press, 2011b, p. 229-44.

GRANTER, Edward. *Critical Social Theory and the End of Work*. Burlington: Ashgate, 2009.

GRAY, Leslie & KEVANE, Michael. "Diminished Access, Diverted Exclusion: Women and Land Tenure in Sub-Saharan Africa", *African Studies Review*, v. 42, n. 2, p. 15-39, set. 1999.

GRISWOLD, Deirdre. "Racism, Schooling Gap Cuts Years from Life", *Workers World*, 27 set. 2012.

GUALINGA, Patricia. "La voz y la lucha de las mujeres han tratado de ser minimizadas". *In*: COLECTIVO MIRADAS CRÍTICAS DEL TERRITORIO DESDE EL FEMINISMO. *La vida en el centro y el crudo bajo tierra: El Yasuní en clave feminista*. Quito: Colectivo Miradas Críticas del Territorio desde el Feminismo, 2014, p. 46-50.

HAKANSSON, Thomas. "Landless Gusii Women: A Result of Customary Land Law and Modern Marriage Pattern", *Working Papers in African Studies*, n. 29, 1986.

HAKANSSON, Thomas. *Bridewealth, Women and Land: Social Change Among the Gusii of Kenya*. Stockholm: Almquist and Wiksell International, 1988.

HARDIN, Garrett. "The Tragedy of the Commons", *Science*, v. 162, n. 3.859, p. 1243-8, dez. 1968.

HARDT, Michael & NEGRI, Toni. *Empire*. Cambridge: Harvard University Press, 2000. [Ed. bras.: *Império*. Trad. Berilo Vargas. Rio de Janeiro: Record, 2001.]

HARDT, Michael & NEGRI, Toni. *Multitude: War and Democracy in the Age of Empire*. Nova York: Penguin Press, 2004. [Ed. bras. *Multidão: guerra e democracia na era do império*. Trad. Clóvis Marques. Rio de Janeiro: Record, 2005.]

HARDT, Michael & NEGRI, Toni. *Commonwealth*. Cambridge: Harvard University Press, 2009. [Ed. bras.: *Bem-estar comum*. Trad. Clóvis Marques. Rio de Janeiro: Record, 2016.]

HARTMANN, Heidi I. "The Unhappy Marriage of Marxism and Feminism: Towards a More Progressive Union", *Capital and Class*, v. 3, n. 2, p. 1-33, jul. 1979.

HARTSOCK, Nancy. "Feminist Theory and Revolutionary Strategy". *In*: EISENSTEIN, Zillah R. *Capitalist Patriarchy and the Case for Socialist Feminism*. Nova York: Monthly Review Press, 1979, p. 56-77.

HARTSOCK, Nancy. "The Feminist Standpoint: Developing the Ground for a Specifically Feminist Historical Materialism". *In*: HARDING, Sandra & HINTIKKA, Merrill B. (orgs.). *Discovering Reality: Feminist Perspectives on Epistemology, Metaphysics, Methodology, and Philosophy of Science*. Dodrecht: D. Reidel, 1983, p. 283-310.

HARVEY, David. *The New Imperialism*. Oxford: Oxford University Press, 2003. [Ed. bras.: *O novo imperialismo*. Trad. Adail Sobral & Maria Stela Gonçalves. São Paulo: Loyola, 2004.]

HARVEY, David. *Rebel Cities: From the Right to the City to the Urban Revolution*. Londres: Verso, 2012. [Ed. bras.: *Cidades rebeldes: do direito à cidade à revolução urbana*. Trad. Jeferson Camargo. São Paulo: Martins Fontes, 2014.]

HAYDEN, Dolores. *The Grand Domestic Revolution: A History of Feminist Designs for American Homes, Neighborhoods, and Cities*. Cambridge: MIT Press, 1985 [1981].

HAYDEN, Dolores. *Redesigning the American Dream: The Future of Housing, Work, and Family Life*. Nova York: W.W. Norton, 1986.

HESS, Charlotte. "Mapping the New Commons", manuscrito não publicado, 2008.

HOBSBAWM, Eric J. *Industry and Empire: The Making of Modern English Society*, v. 2, *1750 to the Present Day*. Nova York: Random House, 1968.

HOCHSCHILD, Arlie Russell. *The Managed Heart: Commercialization of Human Feeling*. Berkeley: University of California Press, 1983.

HOCHSCHILD, Arlie Russell. *The Commercialization of Intimate Life: Notes from Home and Work*. Berkeley: University of California Press, 2003.

HOCHSCHILD, Arlie Russell. *The Outsourced Self: Intimate Life in Market Times*. Nova York: Metropolitan Books, 2012.

HOCHSCHILD, Arlie Russell & MACHUNG, Anne. *The Second Shift: Working Families and the Revolution at Home*. Londres: Penguin, 2012.

HOLLOWAY, John. "From Scream of Refusal to Scream of Power: The Centrality of Work". *In*: BONEFELD, Werner; GUNN, Richard; HOLLOWAY, John & PSYCHOPEDIS, Kosmas (orgs.). *Open Marxism*, v. 3: *Emancipating Marx*. Londres: Pluto Press, 1995, p. 155-81.

HOLLOWAY, John. *Change the World without Taking Power: The Meaning of Revolution Today*. Londres: Pluto Press, 2002. [Ed. bras.: *Mudar o mundo sem tomar o poder: o significado da revolução hoje*. São Paulo: Boitempo, 2003.]

HOLLOWAY, John. *Crack Capitalism*. Londres: Pluto Press, 2010. [Ed. bras.: *Fissurar o capitalismo*. Trad. Daniel Cunha. São Paulo: Publisher Brasil, 2013.]

HOSTETLER, Sharon *et al*. *"Extractivism": A Heavy Price to Pay*. Washington: Witness for Peace, 1995.

HUNT, D. "Power and Participation in the Design of Institutions Governing Rural Land Rights", Research Report n. 1, Federico Caffe Centre, 2005.

ISLA, Ana. "Enclosure and Micro-Enterprise as Sustainable Development: The Case of the Canada/Costa Rica debt-for-nature Investment", *Canadian Journal of Development Studies*, v. 22, n. 4, p. 935-55, jan. 2001.

ISLA, Ana. "Conservation as Enclosure: Sustainable Development and Biopiracy in Costa Rica — An Ecofeminist Perspective", manuscrito não publicado, 2006.

ISLA, Ana. "Who Pays for the Kyoto Protocol? Selling Oxygen and Selling Sex". *In*: SALLEH, Ariel (org.). *Eco-Sufficiency & Global Justice: Women Write Political Economy*. Londres: Pluto Press, 2009.

JACKSON, Stevi. "Why a Materialist Feminism Is (Still) Possible – and Necessary", *Women's Studies International Forum*, v. 24, n. 3-4, p. 283-93, maio 2001.

JAMES, Selma. *Sex, Race and Class*. Bristol: Falling Wall Press, 1975.

JOIREMAN, Sandra Fullerton. "Applying Property Rights Theory to Africa: The Consequences of Formalizing Informal Land Rights", *International Society for New Institutional Economics Conference*, Boulder, 21-24 set. 2006.

JUMA, Calestous & OJWANG, J. B. (orgs.). *In Land We Trust: Environment, Private Property and Constitutional Change*. Londres: Zed Books, 1996.

KAHN, Robbie Pfeufer. "Women and Time in Childbirth and Lactation". *In*: FORMAN, Frieda Johles & SOWTON, Caoran (orgs.). *Taking Our Time: Feminist Perspectives on Temporality*. Nova York: Pergamon Press, 1989, p. 20-36.

KARIM, Lamia. *Microfinance and Its Discontents: Women in Debt in Bangladesh*. Minneapolis: University of Minnesota Press, 2011.

KIM, Jim Yong; MILLEN, Joyce V.; IRWIN, Alec & GERSHMAN, John (orgs.). *Dying for Growth: Global Inequality and the Health of the Poor*. Monroe: Common Courage Press, 2000.

KIMANI, Mary. "Women Struggle to Secure Land Rights: Hard Fight for Access and Decision-Making Power", *Africa Renewal*, v. 22, n. 1, p. 10-3, abr. 2008.

KINDIG, David A. & CHENG, Erika R. "Even as Mortality Fell in Most U.S. Counties, Female Mortality Nonetheless Rose in 42,8% of Counties from 1992 to 2006", *Health Affairs*, v. 32, n. 3, p. 451-8, mar. 2013.

KINGSNORTH, Paul. *One No, Many Yeses: A Journey to the Heart of the Global Resistance Movement*. Londres: Free Press, 2003.

KIROS, Fasil G. (org.). *Challenging Rural Poverty: Experiences in Institution--Building and Popular Participation for Rural Development in Eastern Africa*. Trenton: Africa World Press, 1985.

KLEIN, Hilary. *Compañeras: Zapatista Women's Stories*. Nova York: Seven Stories Press, 2015.

KOVEL, Joel. *The Enemy of Nature: The End of Capitalism or the End of the World?* 2. ed. Londres: Zed Books, 2007.

KOVEL, Joel. "On Marx and Ecology", *Capitalism, Nature, Socialism*, v. 22, n. 1, p. 4-17, set. 2011.

LA METTRIE, Julien Offray de. *Machine Man and Other Writings*. Cambridge: Cambridge Univeristy Press, 1996.

LESTHAEGHE, Ron J. "Production and Reproduction in Sub-Saharan Africa: An Overview of Organizing Principles". *In*: LESTHAEGHE, Ron J. (org.). *Reproduction and Social Organization in Sub-Saharan Africa*. Berkeley: University of California Press, 1989, p. 13-59.

LAO ZI. *Dao De Jing*. Trad. Giorgio Sinedino. São Paulo: Unesp, 2015.

LAZZARATO, Maurizio. *The Making of the Indebted Man: An Essay on the Neoliberal Condition*. Cambridge: MIT Press, 2012.

LEFEBVRE, Henri. *Everyday Life in the Modern World*. Trad. Sacha Rabinovich. Nova York: Harper & Row, 1971 [1968].

LEFEBVRE, Henri. *The Critique of Everyday Life*, v. 1. Trad. John Moore. Londres: Verso, 1991 [1947].

LEFEBVRE, Henri. *The Critique of Everyday Life*, v. 2. Trad. John Moore. Londres: Verso, 2002 [1961].

LEFEBVRE, Henri. *The Critique of Everyday Life*, v. 3. Trad. Gregory Elliott. Londres: Verso, 2005 [1981].

LINEBAUGH, Peter. *The Magna Carta Manifesto: Liberties and Commons for All*. Berkeley: University of California Press, 2008.

LINEBAUGH, Peter. "Enclosures from the Bottom Up". *In*: BOLLIER, David & HELFRICH, Silke (orgs.). *The Wealth of the Commons: A World beyond Market and State*. Amherst: Levellers Press, 2012.

LINEBAUGH, Peter. *The Incomplete, True, Authentic, and Wonderful History of May Day*. Oakland: PM Press, 2016.

LINSALATA, Lucia. *Cuando manda la asamblea: Lo comunitario popular en Bolivia — Una mirada desde los sistemas comunitarios de agua de Cochabamba*. Cidade do México: SOCEE, 2015.

LONGO, Roxana. *El protagonismo de las mujeres en los nuevos movimientos sociales. Innovaciones y desafíos. Prácticas, sentidos y representaciones sociales*. Buenos Aires: America Libre, 2012.

LORDE, Audre. "The Master's Tools Will Never Dismantle the Master's House". *In*: MORAGA, Cherríe & ANZALDÚA, Gloria (orgs.). *This Bridge Called My Back: Writings by Radical Women of Color*. Nova York: Kitchen Table, 1983, p. 98-101. [Ed. bras.: "As ferramentas do senhor nunca vão derrubar a casa-grande". *In*: LORDE, Audre. *Irmã outsider*. Trad. Stephanie Borges. São Paulo: Autêntica, 2019, p. 135-9.]

MAATHAI, Wangari. *Unbowed: One Woman's Story*. Londres: Arrow Books, 2008.

MACLEAN, Nancy. "The Hidden History of Affirmative Action: Working Women's Struggles in the 1970s and the Gender of Class", *Feminist Studies*, v. 25, n. 1, p. 42-78, primavera 1999.

MANDER, Jerry. *In the Absence of the Sacred: The Failure of Technology and the Survival of the Indian Nations*. San Francisco: Sierra Club Books, 1991.

MANJI, Ambreena. *The Politics of Land Reform in Africa: From Communal Tenure to Free Market*. Londres: Zed Books, 2006.

MARAZZI, Christian. *The Violence of Financial Capitalism*. Cambridge: MIT Press, 2010.

MARTIN, Randy. *Financialization of Daily Life*. Filadélfia: Temple University Press, 2002.

MARTÍNEZ, Esperanza. "La actividad petrolera exacerba el machismo". *In*: COLECTIVO MIRADAS CRÍTICAS DEL TERRITORIO DESDE EL FEMINISMO. *La vida en el centro y el crudo bajo tierra: El Yasuní en clave feminista*. Quito: Colectivo Miradas Críticas del Territorio Desde el Feminismo, 2014, p. 42-5.

MARX, Karl. *The Eighteenth Brumaire of Louis Bonaparte*. Nova York: International Publishers, 1963 [1852]. [Ed. bras.: *O 18 de brumário de Luís Bonaparte*. Trad. Nélio Schneider. São Paulo: Boitempo, 2011.]

MARX, Karl. *Pre-Capitalist Economic Formations*. Nova York: International Publishers, 1964. [Ed. bras.: *Formações econômicas pré-capitalistas*. Trad. João Maia. 4. ed. Rio de Janeiro: Paz e Terra, 1985.]

MARX, Karl. *A Contribution to the Critique of Political Economy*. Ed. Maurice Dobb. Nova York: International Publishers, 1970 [1859]. [Ed. bras.: *Contribuição à crítica da economia política*. 3. ed. Trad. Maria Helena Barreiro Alves. São Paulo: Martins Fontes, 2003.]

MARX, Karl. *Grundrisse: Foundations of the Critique of Political Economy*. Trad. Martins Nicolaus. Londres: Penguin, 1973. [Ed. bras.: *Grundrisse: manuscritos econômicos de 1857-1858 – esboços da crítica da economia política*. Trad. Mario Duayer & Nélio Schneider. São Paulo: Boitempo, 2011.]

MARX, Karl. *Capital: A Critique of Political Economy*, book I. Ed. Friedrich Engels, trad. Ben Fowkes. Londres: Penguin, 1990. [Ed. bras.: *O capital: crítica da economia política*, livro I, *O processo de produção do capital*. 2. ed. Trad. Rubens Enderle. São Paulo: Boitempo, 2011.]

MARX, Karl. *Capital: A Critique of Political Economy*, book III. Ed. Friedrich Engels, trad. Ben Fowkes. Londres: Penguin, 1991. [Ed. bras.: *O capital: crítica da economia política*, livro III, *O processo global da produção capitalista*. Trad. Rubens Enderle. São Paulo: Boitempo, 2017.]

MARX, Karl & ENGELS, Friedrich. *The Communist Manifesto*. Trad. Samuel More. Nova York: Penguin, 1967 [1848]. [Ed. bras.: *Manifesto comunista*. Trad. Álvaro Pina & Ivana Jinkings. São Paulo: Boitempo, 2010.]

MARX, Karl & ENGELS, Friedrich. *The German Ideology*, part 1. Ed. C. J. Arthur. Nova York: International Publishers, 1970 [1847]. [Ed. bras.: *A ideologia alemã: crítica da mais recente filosofia alemã em seus representantes Feuerbach, B. Bauer e Stirner, e do socialismo alemão em seus diferentes profetas (1845-1846)*. Trad. Rubens Enderle, Nélio Schneider & Luciano Cavini Martorano. São Paulo: Boitempo, 2007.]

MARX-AVELING, Eleanor & AVELING, Edward. *The Woman Question*. Orgs. Joachim Müller & Edith Schotte. Leipzig: Verlaug für die Frau, 1986 [1886].

MATCHAR, Emily. *Homeward Bound: Why Women Are Embracing the New Domesticity*. Nova York: Simon & Schuster, 2013.

MCINTYRE, Kathleen. *The Worst: A Compilation Zine on Grief and Loss*. Portland: Microcosm Publishing, 2008.

MEJÍA, Lisset Coba. "Agua y aceite: La sostenibilidad de la vida en crisis en la Amazonía", *Flor del Guanto*, n. 5, jan. 2016.

MIES, Maria. *Patriarchy and Accumulation on a World Scale: Women in the International Division of Labor*. Londres: Zed Books, 1986.

MIES, Maria & BENNHOLDT-THOMSEN, Veronika. *The Subsistence Perspective: Beyond the Globalised Economy*. Londres: Zed Books, 1999.

MIES, Maria & SHIVA, Vandana. *Ecofeminism*. Londres: Zed Books, 1993.

MILLÁN, Márgara. *Des-ordenando el género/¿Des-centrando la nación? El zapatismo de las mujeres indígenas y sus consequencias*. Cidade do México: Ediciones del Lirio, 2014.

MILTON, John. *Means to Remove Hirelings*. Edimburgo/Glasgow: A. Murdoch, 1659. Disponível em: https://archive.org/details/miltonsconsider00miltgoog.

MILTON, John. *Paradise Lost*. DjVu Editions E-books, 2001 [1667]. Disponível em: http://triggs.djvu.org/djvu-editions.com/MILTON/LOST/Download.pdf. [Ed. bras.: *Paraíso perdido*. Trad. Daniel Jonas. São Paulo: Editora 34, 2016.]

MITCHELL, John Hanson. *Trespassing: An Inquiry into the Private Ownership of Land*. Reading: Perseus Books, 1998.

MORGAN, Lewis Henry. *Ancient Society*. Cambridge: Harvard University Press, 1964 [1877]. [Ed. bras. "A sociedade antiga". *In*: CASTRO, Celso (org.). *Evolucionismo cultural: textos de Morgan, Tylor e Frazer*. Rio de Janeiro: Zahar, 2005, p. 41-65.]

MOYO, Sam. "Land in the Political Economy of African Development: Alternative Strategies for Reform", *Africa Development*, v. 32, n. 4, p. 1-34, 2007.

MOYO, Sam & YEROS, Paris (orgs.). *Reclaiming the Land: The Resurgence of Rural Movements in Africa, Asia and Latin America*. Londres: Zed Books, 2005.

MUKANGARA, Fenella & KODA, Bertha. *Beyond Inequalities: Women in Tanzania*. Harare: Southern Africa Research and Documentation Centre, 1997.

MURO, Asseny. "Women Commodity Producers and Proletariats: The Case of African Women". *In*: KIROS, Fassil G. *Challenging Rural Poverty:*

Experiences in Institution-Building and Popular Participation for Rural Development in Eastern Africa*. Trenton: Africa World Press, 1985, p. 61-79.

MWANGI, Esther. "Subdividing the Commons: The Politics of Property Rights Transformation in Kenya Maasailand", CAPRI Working Paper n. 46, jan. 2006.

NAVARRO, Mina. *Luchas por lo común: Antagonismo social contra el despojo capitalista de los bienes naturales en México*. Puebla: Bajo Tierra Ediciones, 2015.

NEGRI, Antonio. *Marx beyond Marx: Lessons on the Grundrisse*. Ed. Jim Fleming, trad. Harry Cleaver, Michael Ryan & Maurizio Viano. Brooklyn: Autonomedia, 1991. [Ed. bras.: *Marx além de Marx: ciência da crise e da subversão — caderno de trabalho sobre os* Grundrisse. Trad. Bruno Cava. São Paulo: Autonomia Literária, 2016.]

NETTING, Robert McCorkle. *Balancing on an Alp: Ecological Change and Continuity in a Swiss Mountain Community*. Cambridge: Cambridge University Press, 1981.

NORDHOFF, Charles. *The Communistic Societies of the United States: From Personal Visit and Observation*. Nova York: Dover Publications, 1966.

OGEMBO, Justus M. *Contemporary Witch-Hunting in Gusii, Southwestern Kenya*. Lewiston: Edwin Mellen Press, 2006.

OGOLLA, Bondi D. & MUGABE, John. "Land Tenure Systems and Natural Resource Management". *In*: JUMA, Calestous & OJWANG, J. B. (orgs.). *In Land We Trust: Environment, Private Property and Constitutional Change*. Londres: Zed Books, 1996.

OLIVERA, Oscar & LEWIS, Tom. *Cochabamba! Water War in Bolivia*. Cambridge: South End Press, 2004.

OLLMAN, Bertell. *Dialectical Investigations*. Nova York: Routledge, 1993.

OLSHANSKY, S. Jay *et al*. "Differences in Life Expectancy Due to Race and Educational Differences Are Widening, and Many May Not Catch Up", *Health Affairs*, v. 31, n. 8, p. 1803-13, ago. 2012.

OSTROM, Elinor. *Governing the Commons: The Evolution of Institutions for Collective Action*. Cambridge: Cambridge University Press, 1990.

PALMER, Robin. "Gendered Land Rights: Process, Struggle, or Lost C(l)ause?", *Mokoro*, 28 nov. 2001. Disponível em: http://mokoro.co.uk/wp-content/uploads/gendered_land_rights.pdf.

PALTROW, Lynn M. & FLAVIN, Jeanne. "Arrests of and Forced Interventions on Pregnant Women in the United States, 1973-2005: Implications for Women's Legal Status and Public Health", *Journal of Health Politics, Policy and Law*, v. 38, n. 2, p. 299-343, abr. 2013a.

PALTROW, Lynn M. & FLAVIN, Jeanne. "New Study Shows Anti-Choice Policies Leading to Widespread Arrests of and Forced Interventions on Pregnant Women", *Rewire News*, 14 jan. 2013b.

PARPART, Jane L. & STAUDT, Kathleen A. *Women and the State in Africa*. Boulder: Lynne Rienner Publishers, 1989.

PEARCE, Fred. *The Land Grabbers: The New Fight over Who Owns the Earth*. Boston: Beacon Press, 2012.

PODLASHUC, Leo. "Saving Women: Saving the Commons". *In*: SALLEH, Ariel (org.). *Eco-Sufficiency and Global Justice: Women Write Political Ecology*. Nova York/Londres: Macmillan Palgrave, 2009, p. 374-96.

POLANYI, Karl. *The Great Transformation: The Political and Economic Origins of Our Time*. Boston: Beacon Press, 1957 [1944]. [Ed. bras.: *A grande transformação*. Trad. Fanny Wrobel. Rio de Janeiro: Campus, 2000.]

POTTS, Monica. "What's Killing Poor White Women?", *American Prospect*, 3 set. 2014.

RAUBER, Isabel. "Mujeres piqueteras: El caso de Argentina". *In*: REYSOO, Fenneke (org.). *Economie mondialiseé et identités de genre*. Genebra: Institut Universitaire d'Études du Développement, 2002, p. 107-23.

RAWICK, George. *From Sundown to Sunup: The Making of the Black Community*. Santa Barbara: Greenwood, 1973.

REITMAN, Ben. *Sister of the Road: The Autobiography of Boxcar Bertha*. Oakland: AK Press, 2002 [1937].

ROSDOLSKY, Roman. *The Making of Marx's "Capital"*. Londres: Pluto Press, 1977. [Ed. bras.: *Gênese e estrutura de* O capital *de Karl Marx*. Trad. César Benjamin. São Paulo: Contraponto, 2001.]

SALE, Kirkpatrick. *The Conquest of Paradise: Christopher Columbus and the Columbian Legacy*. Nova York: Knopf, 1990.

SALLEH, Ariel. *Ecofeminism as Politics: Nature, Marx and the Postmodern*. Londres: Zed Books, 1997.

SALLEH, Ariel (org.). *Eco-Sufficiency and Global Justice: Women Write Political Ecology*. Nova York/Londres: Macmillan Palgrave, 2009.

SAMPERIO, Ana Cristina. *Se nos reventó El Barzón: Radiografía del movimiento barzonista*. Cidade do México: Edivision, 1996.

SAMUEL, Raphael. "Mechanization and Hand Labour in Industrializing Britain". *In*: BERLANSTEIN, Lenard R. (org.). *The Industrial Revolution and Work in Nineteenth-Century Europe*. Londres: Routledge, 1992, p. 26-40.

SARKAR, Saral. *Eco-Socialism or Eco-Capitalism? A Critical Analysis of Humanity's Fundamental Choices*. Londres: Zed Books, 1999.

SCHREIBER, Laurie. "Catch Shares on Share-Croppers?", *Fishermen's Voice*, v. 14, n. 12, dez. 2009.

SEMPREVIVA ORGANIZAÇÃO FEMINISTA. *En lucha contra la mercantilización de la vida: La presencia de la Marcha Mundial de las Mujeres en la Cumbre de los Pueblos*. São Paulo: SOF, 2012.

SHANIN, Teodor. *Late Marx and the Russian Road: Marx and the Peripheries of Capitalism*. Nova York: Monthly Review Press, 1983. [Ed. bras.: *Marx tardio e a via russa: Marx e as periferias do capitalismo*. São Paulo: Expressão Popular, 2017.]

SHAPIRO, Tricia. *Mountain Justice: Homegrown Resistance to Mountaintop Removal for the Future of Us All*. Oakland: AK Press, 2010.

SHIVA, Vandana. *Staying Alive: Women, Ecology and Development*. Londres: Zed Books, 1989.

SHIVA, Vandana. *Ecology and the Politics of Survival: Conflicts over Natural Resources in India*. Nova Déli: Sage Publications, 1991.

SHIVA, Vandana. *Monocultures of the Mind: Perspectives on Biodiversity and Biotechnology*. Londres: Zed Books, 1993. [Ed. bras.: *Monoculturas da mente: perspectivas da biodiversidade e da biotecnologia*. Trad. Dinah de Abreu Azevedo. São Paulo: Gaia, 2003.]

SHIVA, Vandana. "Vandana Shiva Responds to the Grameen Bank", *Synthesis/Regeneration*, n. 17, outono 1998. Disponível em: http://www.greens.org/s-r/17/17-15.html.

SHIVA, Vandana. "The Suicide Economy of Corporate Globalisation", *Countercurrents.org*, 5 abr. 2004. Disponível em: https://www.countercurrents.org/glo-shiva050404.htm.

SHIVA, Vandana. *Earth Democracy: Justice, Sustainability, and Peace*. Cambridge: South End Press, 2005.

SITRIN, Marina A. *Everyday Revolutions: Horizontalism and Autonomy in Argentina*. Londres: Zed Books, 2012.

SNELL, Geoffrey Stuart. *Nandi Customary Law*. Nairóbi: Kenya Literature Bureau, 1986 [1954].

SNYDER, Margaret C. & TADESSE, Mary. *African Women and Development: A History*. Londres: Zed Books, 1995.

STAVRIDES, Stavros. *Common Space: The City as Commons*. Londres: Zed Books, 2016.

STRIKE DEBT & OCCUPY WALL STREET. *The Debt Resisters' Operations Manual*. Oakland/Brooklyn: PM Press/Common Notions, 2012. Disponível em: http://strikedebt.org/The-Debt-Resistors-Operations-Manual.pdf.

TEAM COLORS COLLECTIVE (org.). *Uses of a Whirlwind: Movement, Movements, and Contemporary Radical Currents in the United States*. Oakland: AK Press, 2010.

THE CHILDREN OF THE GALLERY (TPTG). "Burdened with Debt: 'Debt Crisis' and Class Struggles in Greece". *In*: VRADIS, Antonis & DALAKOGLOU, Dimitris (orgs.). *Revolt and Crisis in Greece: Between a Present Yet to Pass and a Future Still to Come*. Oakland: AK Press, 2011, p. 245-78.

THE ECOLOGIST. *Whose Common Future? Reclaiming the Commons*. Londres: Earthscan, 1993.

THOMAS-EMEAGWALI, Gloria (org.). *Women Pay the Price: Structural Adjustment in Africa and the Caribbean*. Trenton: Africa World Press, 1995.

THURTON, Roderick. "Marxism in the Caribbean". *In*: CAFFENTZIS, George & FEDERICI, Silvia. *Two Lectures by Roderick Thurton: A Second Memorial Pamphlet*. Nova York: 2000.

TORO IBÁÑEZ, Graciela. *La pobreza, un gran negocio: un análisis crítico sobre oeneges, microfinancieras y banca*. La Paz: Mujeres Creando, 2010.

TOWNSEND, Janet G. "Pioneer Women and the Destruction of the Rain Forest". *In*: COLLINSON, Helen (org.). *Green Guerrillas: Environmental Conflicts and Initiatives in Latin America and the Caribbean – A Reader*. Londres: Latin American Bureau, 1996, p. 108-14.

TREFON, Theodore. "The Political Economy of Sacrifice: Kinois and the State", *Review of African Political Economy*, v. 29, n. 93-4, p. 481-98, 2002.

TRIPP, Aili Mari. "Women's Movements, Customary Law, and Land Rights in Africa: The Case of Uganda", *African Studies Quarterly*, v. 7, n. 4, p. 1-19, primavera 2004.

TURNER, Terisa & OSHARE, M. O. "Women's Uprising against the Nigerian Oil Industry". *In*: TURNER, Terisa & OSHARE, M. O. (orgs.). *Arise Ye Mighty People! Gender, Class and Race in Popular Struggles*. Trenton: Africa World Press, 1994.

TZUL TZUL, Gladys. *Sistemas de gobierno comunal indígena: Mujeres y tramas de parentesco en Chuimeq'ena'*. Puebla: Sociedad Comunitaria de Estudios Estratégicos, 2016.

TZUL TZUL, Gladys. *Gobierno comunal indígena y Estado guatemalteco: Algunas claves críticas para comprender su tensa relación*. Guatemala: Instituto Amaq'/Ediciones Bizarras, 2018.

ULLRICH, Otto. "Technology!". *In*: SACHS, Wolfgang. *The Development Dictionary: A Guide to Knowledge as Power*. Londres: Zed Books, 1992. [Ed. bras.: "Tecnologia". *In*: SACHS, Wolfgang. *Dicionário do desenvolvimento: guia para o conhecimento como poder*. Petrópolis: Vozes, 2000.]

VANEIGEM, Raoul. *The Revolution of Everyday Life*. Trad. Donald Nicholson-Smith. Oakland: PM Press, 2012 [1967].

VRADIS, Antonis & DALAKOGLOU, Dimitri (orgs.). *Revolt and Crisis in Greece: Between a Present Yet to Pass and a Future Still to Come*. Oakland: AK Press, 2011.

WACKERNAGEL, Mathis & REES, William. *Our Ecological Footprint: Reducing Human Impact on the Earth*. Gabriola Island: New Society Press, 1996.

WANYEKI, L. Muthoni (org.). *Women and Land in Africa: Culture, Religion and Realizing Women's Rights*. Londres: Zed Books, 2003.

WEATHERFORD, Jack. *Indian Givers: How the Indians of the Americas Transformed the World*. Nova York: Fawcett Books, 1988.

WEBER, Max. "Science as a Vocation" [1918-1919]. *In*: GERTH, H. H. & MILLS, C. Wright (orgs.). *From Max Weber: Essays in Sociology*. Nova York: Oxford University Press, 1946. [Ed. bras. *Ciência e política: duas vocações*. 18. ed. Trad. Leonidas Hegenberg & Octany Silveira da Mota. São Paulo: Cultrix, 2011.]

WERLHOF, Claudia von. "'Globalization' and the 'Permanent' Process of 'Primitive Accumulation': The Example of the MAI, the Multilateral Agreement on Investment", *Journal of World-Systems Research*, v. 6, n. 3, p. 727-47, 2000.

WESTON, Burns H. & BOLLIER, David. *Green Governance: Ecological Survival, Human Rights, and the Law of the Commons*. Cambridge: Cambridge University Press, 2013.

WHATLEY, Christopher A. *Scottish Society 1707-1830: Beyond Jacobitism, towards Industrialization*. Manchester: Manchester University Press, 2000.

WHITAKER, Robert. *Anatomy of an Epidemic: Magic Bullets, Psychiatric Drugs, and the Astonishing Rise of Mental Illness in America*. Nova York: Broadway Books, 2010.

WICHTERICH, Christa. *The Globalized Woman: Reports from a Future of Inequality*. Londres: Zed Books, 2000.

WILSON, Peter Lamborn & WEINBERG, Bill. *Avant Gardening: Ecological Struggle in the City and the World*. Brooklyn: Autonomedia, 1999.

WILY, Liz Alden. "Reconstructing the African Commons", *Africa Today*, v. 48, n. 1, p. 77-99, primavera 2001.

WINSTANLEY, Gerrard. *The True Levellers Standard Advanced: Or, the State of Community Opened, and Presented to the Sons of Men*, 1649. Disponível em: https://www.marxists.org/reference/archive/winstanley/1649/levellers-standard.htm.

WOODARD, Colin. *The Lobster Coast: Rebels, Rusticators, and the Struggle for a Forgotten Frontier*. Nova York: Penguin Books, 2004.

WORLDWATCH INSTITUTE. "Farming the Cities, Feeding and Urban Future", 16 jun. 2011.

XEZWI, Bongani. "The Landless People Movement", *Research Report*, Center for Civil Society, RASSP Research Reports, n. 10, p. 185-7, 2005.

YOSHIDA, Masao. "Land Tenure Reform Under the Economic Liberalisation Regime: Observations from the Tanzanian Experience", *Africa Development*, v. 30, n. 4, p. 139-49, 2005.

ZIBECHI, Raúl. *Genealogía de la revuelta: Argentina, la sociedad en movimiento*. La Plata: Letra Libre, 2003.

ZIBECHI, Raúl. *Brasil potencia: entre la integración regional y un nuevo imperialismo*. Bogotá: Ediciones Desde Abajo, 2012a. [Ed. bras.: *Brasil potência: entre a integração regional e um novo imperialismo*. Coord. trad. Carlos Walter Porto-Gonçalves. Rio de Janeiro: Consequência, 2012.]

ZIBECHI, Raúl. *Territories in Resistance: A Cartography of Latin American Social Movements*. Oakland: AK Press, 2012b. [Ed. bras.: *Territórios em resistência: cartografia política das periferias urbanas*. Rio de Janeiro: Consequência, 2015.]

ZIBECHI, Raúl. *Descolonizar el pensamiento crítico y las práticas emancipatórias*. Bogotá: Ediciones Desde Abajo, 2015.

ZINN, Howard. *A People's History of the United States: 1492-Present*. Nova York: HarperCollins, 1999 [1980].

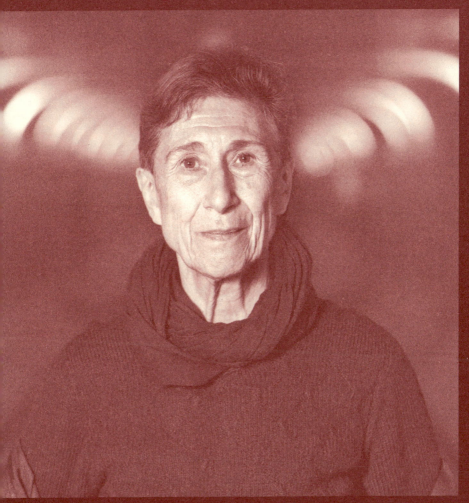

FOTO: REBECA FIGUEIREDO

SILVIA FEDERICI é uma intelectual militante de tradição feminista marxista autônoma. Nascida na cidade italiana de Parma em 1942, mudou-se para os Estados Unidos em 1967, onde foi cofundadora do International Feminist Collective [Coletivo internacional feminista], participou da International Wages for Housework Campaign [Campanha internacional por salários para o trabalho doméstico] e contribuiu com o Midnight Notes Collective.

Durante os anos 1980 foi professora na Universidade de Port Harcourt, na Nigéria, onde acompanhou a organização feminista Women in Nigeria [Mulheres na Nigéria] e contribuiu para a criação do Committee for Academic Freedom in Africa [Comitê para a liberdade acadêmica na África].

Na Nigéria pôde ainda presenciar a implementação de uma série de ajustes estruturais patrocinados pelo Fundo Monetário Internacional e pelo Banco Mundial.

Atualmente, Silvia Federici é professora emérita da Universidade Hofstra, em Nova York.

É autora de *Calibã e a bruxa: mulheres, corpo e acumulação primitiva* (Elefante, 2017) e de *O ponto zero da revolução: trabalho doméstico, reprodução e luta feminista* (Elefante, 2019) e publicou inúmeros artigos sobre feminismo, colonialismo, globalização, trabalho precário e comuns.

TRADUÇÃO	COLETIVO SYCORAX: SOLO COMUM
	ANA FRANÇA
	ANA LUÍSA SERTÃ
	ANA MARIA PICHINI
	CECÍLIA FARIAS
	CECÍLIA ROSAS
	DANIELI CORRÊA
	ELISA ROSAS
	JOANA BENETTON
	JOANA PLAZA
	LAURA PINHATA BATTISTAM
	LETÍCIA BERGAMINI
	LUCIANA CARVALHO FONSECA
	MAIRA DAHER
	MARIA TERESA MHEREB
	MILENA DURANTE
	ODARA G. DE ANDRADE
	PAULA DUTRA
	RAQUEL PARRINE
	VANESSA DALCANAL
	ZENAIDE MONTEIRO
EDIÇÃO	TADEU BREDA
ASSISTÊNCIA DE EDIÇÃO	LUIZA BRANDINO
PREPARAÇÃO	PAULA CARVALHO
REVISÃO TÉCNICA	DOUGLAS ANFRA
REVISÃO	FÁBIO FUJITA
	LAURA MASSUNARI
	TOMOE MOROIZUMI
DIREÇÃO DE ARTE	BIANCA OLIVEIRA
ASSISTÊNCIA DE ARTE	VICTOR PRADO
DIAGRAMAÇÃO	DENISE MATSUMOTO

FONTES	Guardian & Akhand
PAPEL	Cartão 250 g/m² e Pólen bold 70 g/m²
IMPRESSÃO	BMF Gráfica

[cc] Silvia Federici, 2022
[cc] Editora Elefante, 2022
Tradução [cc] Coletivo Sycorax, 2022

Título original:
Re-enchanting the World: Feminism and the Politics of the Commons
[cc] PM Press, 2019

Você tem a liberdade de compartilhar, copiar, distribuir e transmitir esta obra, desde que cite a autoria e não faça uso comercial.

Primeira edição, janeiro de 2022
Primeira reimpressão, maio de 2023
São Paulo, Brasil

Dados Internacionais de Catalogação na Publicação (CIP)
Angélica Ilacqua CRB - 8/7057

Federici, Silvia
    Reencantando o mundo: feminismo e a política dos comuns / Silvia Federici; tradução de Coletivo Sycorax — São Paulo: Elefante, 2022.
    320 p.: il., color

ISBN 978-65-87235-71-4

1. Feminismo 2. Ciências sociais I. Título II. Coletivo Sycorax

21-4878	CDD 305.42

Índices para catálogo sistemático:
1. Feminismo

COLETIVO SYCORAX: SOLO COMUM
coletivosycorax.org
coletivosycorax@gmail.com

elefante

editoraelefante.com.br   Aline Tieme [vendas]
contato@editoraelefante.com.br Katlen Rodrigues [midia]
fb/editoraelefante   Leandro Melito [redes]
@editoraelefante   Samanta Marinho [financeiro]

COLETIVO SYCORAX: SOLO COMUM
ANA FRANÇA
ANA LUÍSA SERTÃ
ANA MARIA PICHINI
CECÍLIA FARIAS
CECÍLIA ROSAS
DANIELI CORRÊA
ELISA ROSAS
JOANA BENETTON
JOANA PLAZA
LAURA PINHATA BATTISTAM
LETÍCIA BERGAMINI
LUCIANA CARVALHO FONSECA
MAÍRA DAHER
MARIA TERESA MHEREB
MILENA DURANTE
ODARA G. DE ANDRADE
PAULA DUTRA
RAQUEL PARRINE
VANESSA DALCANAL
ZENAIDE MONTEIRO

CONSELHO EDITORIAL
BIANCA OLIVEIRA
JOÃO PERES
TADEU BREDA

elefante